全国革命老区县发展史丛书·广东卷

始兴县革命老区发展史

始兴县革命老区发展史编委会　编

SPM 南方出版传媒、广东人民出版社
·广州·

图书在版编目（CIP）数据

始兴县革命老区发展史／始兴县革命老区发展史编委会编. —广州：广东人民出版社，2020.12

（全国革命老区县发展史丛书·广东卷）

ISBN 978-7-218-14423-8

I. ①始… II. ①始… III. ①始兴县—地方史 IV. ①K296.54

中国版本图书馆 CIP 数据核字（2020）第 150479 号

SHIXING XIAN GEMING LAOQU FAZHANSHI

始兴县革命老区发展史

始兴县革命老区发展史编委会 编

出 版 人：肖风华

责任编辑：廖智聪 李尔王
装帧设计：张力平等
责任技编：吴彦斌 周星奎

出版发行：广东人民出版社
地　　址：广州市海珠区新港西路 204 号 2 号楼（邮政编码：510300）
电　　话：(020) 85716809（总编室）
传　　真：(020) 85716872
网　　址：http://www.gdpph.com
印　　刷：广州市浩诚印刷有限公司
开　　本：715mm×995mm　1/16
印　　张：25　插 页：4　字 数：310 千
版　　次：2020 年 12 月第 1 版
印　　次：2020 年 12 月第 1 次印刷
定　　价：92.00 元

如发现印装质量问题，影响阅读，请与出版社（020-85716849）联系调换。
售书热线：(020) 85716826

广东省编纂《革命老区县发展史》丛书
指导小组

组　　长：陈开枝（广东省老区建设促进会会长）

副组长：林华景（广东省老区建设促进会常务副会长）

　　　　　宋宗约（广东省农业农村厅二级巡视员、广东省老
　　　　　　　　　区建设促进会副会长）

　　　　　刘文炎（广东省老区建设促进会副会长）

　　　　　郑木胜（广东省老区建设促进会副会长）

　　　　　姚泽源（广东省老区建设促进会副会长兼秘书长）

　　　　　谭世勋（广东省老区建设促进会副会长）

　　　　　廖纪坤（广东省农业农村厅总经济师）

办公室

主　　任：姚泽源（兼）

副主任：韦　浩（广东省农业农村厅扶贫协作与老区建设处
　　　　　　　　　处长）

　　　　　柯绍华（广东省老区建设促进会副秘书长）

　　　　　伍依丽（广东省老区建设促进会副秘书长）

《始兴县革命老区发展史》编纂委员会

主　任：黄建华（中共始兴县委书记）

副主任：叶洪番（中共始兴县委副书记、县人民政府县长）

　　　　温　鑫（中共始兴县委常委、办公室主任）

　　　　叶常青（始兴县人民政府副县长）

　　　　邓炳光（政协始兴县委员会副主席）

　　　　阳日成（始兴县老区建设促进会会长）

委　员：陈腾清（中共始兴县委办公室副主任）

　　　　陈春银（始兴县人民政府办公室主任）

　　　　单小红（始兴县史志办公室主任）

　　　　段吉榜（始兴县老区建设促进会副会长）

　　　　林海养（始兴县老区建设促进会副会长）

　　　　张卫明（始兴县发展改革局局长）

　　　　肖家锋（始兴县经济信息化局局长）

　　　　沈小明（始兴县教育局局长）

　　　　邓国柱（始兴县财政局局长）

　　　　何建雄（始兴县住房和城乡规划建设局局长）

　　　　李新兵（始兴县自然资源局局长）

　　　　李英华（始兴县环境保护局局长）

　　　　夏　昶（始兴县交通运输局局长）

　　　　邱焕雄（始兴县农业农村工作局局长）

　　　　钟万年（始兴县水务局局长）

　　　　朱慧芳（始兴县文化广电旅游体育局局长）

　　　　刘丰文（始兴县卫生和健康局局长）

赖　雄（始兴县统计局局长）

陈尚福（始兴县林业局局长）

罗祥生（始兴县工业园区管理委员会常务副主任）

编辑部

主　编：单小红

副主编：段吉榜

编　辑：（按全书内容编排顺序排列）

官见全　温家胜　李莉优　何文娟　张熙恩

钟良江　李富根　李炳强　邓　斌　吴　婷

邓旺山　肖松华

编审委员会

主　任：黄建华

副主任：叶洪番　温　鑫　叶常青　邓炳光　阳日成

成　员：陈腾清　陈春银　单小红　林海养　段吉榜

在举国欢庆新中国成立 70 周年前夕，中国老区建设促进会王健会长请我为《全国革命老区县发展史》丛书作序，作为一名在老区战斗过并得到老区人民生死相助的老兵，回首往事，心潮澎湃，感慨万千，深感义不容辞，欣然应允。

中国革命老区，是以毛泽东为代表的中国共产党人在领导人民推翻帝国主义、封建主义和官僚资本主义三座大山，争取民族独立和人民解放伟大斗争中建立的革命根据地，在这片红色的土地上，诞生了无数可歌可泣的革命英雄儿女，为后人树起了一座不朽的丰碑，她是新中国的摇篮，是党和军队的根。

在艰苦卓绝的战争年代，老区人民把自己的命运与中华民族的命运紧紧地联系在一起，与中国共产党和人民军队的命运紧紧地联系在一起，他们生死相依，患难与共。我曾亲历过战争年代，并得到过老区红哥红嫂的救助，切身感受到发生在身边的一幕幕撼天动地的革命故事，在那极其艰难的条件下，老区人民倾其所有、破家支前，不怕艰难困苦，不怕流血牺牲。"最后一碗米送去做军粮，最后一尺布送去做军装，最后一件老棉袄盖在担架上，最后一个亲骨肉送去上战场"，这是当时伟大的老区人民为建立新中国做出巨大牺牲的真实写照，它将永远镌刻在中国共产党、中国人民解放军、中华人民共和国的历史丰碑上。他们的光辉业绩永载史册，他们的革命精神必将影响一代又一代的革命新人，造就一代又一代的民族脊梁。

在社会主义革命和建设时期，革命老区和老区人民响应党的号召，面对落后的面貌、脆弱的经济、恶劣的生态环境，他们本色不变，精神不丢，自力更生，艰苦奋斗，干一行爱一行。始终坚持"革命理想高于天"，自觉做共产主义远大理想的坚定信仰者和忠实实践者，勇于向恶劣的自然环境和贫穷落后宣战，他们在各条战线上为国建功立业，用平凡的双手创造了一个又一个不平凡的奇迹，彰显了老区人的崇高精神和人格力量。

在改革开放的伟大进程中，老区人民解放思想，勇于创新，发奋图强，攻坚克难，老区的经济社会建设取得了辉煌成就。特别是在改变中国的面貌、中华民族的面貌、中国人民的面貌、中国共产党的面貌的伟大实践中发挥了至关重要的作用。老区人民既是改革开放的参与者，也是改革开放的推动者。

艰苦练意志，危难见精神。老区人民在近百年的革命战争、社会主义建设和改革开放的伟大实践中，孕育形成了伟大的老区精神：爱党信党、坚定不移的理想信念；舍生忘死、无私奉献的博大胸怀；不屈不挠、敢于胜利的英雄气概；自强不息、艰苦奋斗的顽强斗志；求真务实、开拓创新的科学态度；鱼水情深、生死相依的光荣传统。这是党和人民宝贵的精神财富、丰厚的政治资源，是凝心聚力、振奋民族精神的重要法宝，也是社会主义核心价值观的重要内容。

中国老区建设促进会怀着强烈的政治责任感和历史使命感，组织全国各地老促会人员克服困难，尽心竭力编纂《全国革命老区县发展史》丛书，记录老区的光辉历史和辉煌成就，传承红色基因，弘扬老区精神，是功在当代、利及千秋的一件大事。手捧这部丛书的部分书稿，读着书中的故事，倍感亲切，深感这部丛书具有资政、育人、存史的社会功能，有着重要的时代和历史价值。它是不忘初心、牢记使命的源头活水,是赞颂共产党、讴歌老区人民的一部精品力作,是弘扬老区精神、传承红色记忆的丰厚载体,是一项继承优秀传统文化、弘扬革命文化、发展社会主义先进文化,坚定"四个自信"的宏大文化工程。它必将成为一种文化品牌,为各界人士了解老区宣传老区支持老区提供一部有价值的研究史料。希望读者朋友们能从中了解并牢记这些为党和民族的利益不断奉献的老区人民,从中得到教益,汲取人生奋斗的精神动力。

新时代赋予新使命,新起点开启新征程。让我们更加紧密地团结在以习近平同志为核心的党中央周围,坚持以习近平新时代中国特色社会主义思想为指导,增强"四个意识",坚定"四个自信",做到"两个维护",弘扬老区精神,铭记苦难辉煌。为实现"两个一百年"奋斗目标,实现中华民族伟大复兴的中国梦作出新的更大的贡献!

遆治田

2019 年 4 月 11 日

2017 年 6 月，中国老区建设促进会组织全国各地老促会启动编纂《全国革命老区县发展史》丛书，按照"建立中国共产党、成立中华人民共和国、推进改革开放和中国特色社会主义事业"三大里程碑的历史脉络，系统书写革命老区百年历史，深入挖掘革命老区红色文化资源，这对于充实丰富中国革命史籍宝库、在新时代传承红色基因、弘扬革命精神、强固根本，对于激励人们在新的历史条件下夺取中国特色社会主义伟大胜利，实现中华民族伟大复兴的中国梦具有重要意义。

从书编纂以习近平新时代中国特色社会主义思想为指导，以《中国共产党历史》《中国共产党的九十年》等重要文献为基本依据，以党的领导为核心，以老区人民为主体，以老区发展为主线，体现历史进程特征，突出时代发展特色，坚持辩证唯物主义和历史唯物主义相统一、历史真实性与内容可读性相统一的原则，书写革命老区从站起来、富起来到强起来的光辉革命史、不懈奋斗史、辉煌成就史，把老区人民的伟大贡献、伟大创造、伟大成就、伟大精神充分展示出来，形成一部具有厚重历史特征和鲜明时代特色的精品力作。这是一部培根铸魂、守正创新，既为历史立言，又为时代服务，字里行间流淌着红色血脉、催生着革命激情的传世之作。丛书的编纂出版将成为讴歌党讴歌人民讴歌时代、传播红色文化、为革命老区和老区人民树碑立传的重要载体。

　　丛书按照编年体与纪事本末体相结合、以编年体为主的编写体例确定框架结构；运用时经事纬、点面结合的方式记述史实；坚持人事结合、以事带人的原则处理人与事的关系；采取夹叙夹议、叙论结合以叙为主的方法展开内容。做到了史料与史论、历史与现实、政治与学术统一，文献性、学术性、知识性相兼容。

　　为编纂好《全国革命老区县发展史》丛书，打造红色文化品牌，中国老区建设促进会认真组织积极协调，提出政治立场鲜明、史料真实准确、思想论述深刻、历史维度厚重、时代特色突出、编写体例规范、篇目布局合理、审读把关严格、出版制作精良的编纂出版总要求，力求达到革命史籍精品的精神高度、思想深度、知识广度、语言力度，增强丛书的权威性和社会影响力。各省（区、市）、市（州、盟）、县（市、区、旗）老促会的同志，以强烈的使命感、责任感和紧迫感，勇于担当，积极作为，认真实施，组织由老促会成员、专家学者等参加的十余万人编纂队伍。编纂工作主体责任在县，省、市组织协调、有力指导、审读把关。各方面人员以高度负责的精神和科学严谨的态度，满腔热情地投入工作，为丛书编纂出版做出了重要贡献。丛书编纂工作还得到了党和国家有关部委、地方各级党委政府及有关部门的大力支持和积极参与，社会各界也给予了热情帮助。中共中央政治局原委员、中央军委原副主席、原国务委员兼国防部长迟浩田上将，对老区人民怀有深厚感情，对革命老区建设发展十分关注，欣然为《全国革命老区县发展史》丛书作总序。

　　丛书由总册和1599部分册（每个革命老区县编纂1部分册）组成，共1600册。鉴于丛书所记述的史实内容多、时间跨度长和编纂时间紧，不妥之处，敬请批评指正。

中国老区建设促进会

始兴县沈所镇红围是广东省爱国主义教育基地

始兴县城全貌

广东优质黄烟生产基地——马市镇，每年种植黄烟3万亩（1亩≈666.67平方米），收干烟叶7万担（1担＝50千克）

始兴县盛丰生态农业科技有限公司（省级农业龙头企业）的"小白菜"被评为2018年广东十大名牌产品之一

始兴县优质粮食生产基地——沈所镇稻田一角

中国杨梅之乡——始兴东魁

2014年9月30日，首列火车进始兴，韶（关）赣（州）铁路通车，改写了始兴革命老区没有铁路的历史

2012年12月30日，始兴境内首条高速公路韶（关）赣（州）高速公路通车，在韶关连接京珠高速公路，在江西省赣州市南康区连接粤赣高速公路

2018年12月28日，武（汉）深（圳）高速公路通车（始兴段47千米），始兴至深圳盐田港310千米，比原来走京珠高速缩短了65千米

1976年9月，始兴县花山水库动工兴建，库容1368万立方米，1986年验收使用。南北干渠长50千米，灌溉面积8500亩；1996年5月开始向县城及沿线农村供应优质饮用水，现水厂日制水2.5万立方米，可供15万人饮用

始兴县江口变电站

瑶乡深渡水乡深渡水村旧貌换新颜

始兴沙水工业园区

始兴当地农民在外
商投资企业上班

社会各界支持教育事
业，香港铭源基金
（霍英东）捐资2000
万元援建的风度中学
全景

澄江镇卫生院新建大楼

瑶乡深渡水乡的自然风光

国家级重点文物保护单位——隘子镇满堂客家大围

集休闲、娱乐、文化于一体的九岭文化广场

始兴全民健身活动——陈氏太极拳集体训练

前　言／001

综　述／001

　　一、基本情况／002

　　二、革命老区情况／004

　　三、经济社会发展情况／005

第一章　大革命与土地革命战争时期（1922 年 1 月—1937 年 7
　　月）／015

第一节　"新兴社"的诞生／016

　　一、三座大山压迫下始兴人民的苦难生活／016

　　二、马克思主义在始兴的传播／016

　　三、打破旧世界的进步组织"新兴社"／017

第二节　始兴农民运动的兴起与发展／019

　　一、成立国民党始兴县党部筹备委员会／019

　　二、成立始兴县农民协会／019

　　三、声势浩大的始兴农民斗争／020

第三节　始兴人民支援北伐战争／022

　　一、孙中山两次北伐经始兴／022

　　二、支援国民政府北迁武汉 / 023

　　三、北江农军学校始兴学员参加北伐 / 024

第四节　始兴农民运动转入低潮 / 026

　　一、始兴党组织的创建和发展 / 026

　　二、梁明哲代表始兴出席汝城会议 / 026

　　三、陈竹君惨遭杀害 / 027

　　四、梁明哲被捕遇害 / 028

第五节　恢复农会，支持工农红军 / 029

　　一、秘密恢复农会组织 / 029

　　二、建立"狂流社""嘤鸣书屋"等进步组织 / 029

　　三、保护红军营指挥员刘梦兰 / 031

　　四、始兴人民参与红军游击战争 / 031

第二章　全民族抗日战争时期（1937 年 7 月—1945 年 8 月）/ 033

第一节　中共始兴县委成为抗日领导核心 / 034

　　一、"始兴青年歃血团"等抗日进步团体的建立 / 034

　　二、邓文礼、陈培兴等青年奔赴延安抗日军政大学 / 035

　　三、中共始兴县委的建立 / 036

　　四、深入城乡广泛开展抗日救亡宣传 / 036

　　五、发动反对"万人签名"运动 / 037

第二节　中共广东省委机关迁往始兴 / 039

　　一、省委机关临时驻地曾谊勋家、多俸堂祠堂 / 039

　　二、省委机关迁到沈所红围始末 / 040

　　三、始兴人民支持省委开展革命活动 / 041

第三节　坚持抗日民族统一战线 / 043

　　一、团结社会各界进步人士 / 043

　　二、与瑶胞建立亲密关系 / 044

　　三、化解地方宗族矛盾 / 045

第四节　领导抗日武装斗争 / 047

一、乡村抗日武装的建立 / 047

二、中共始兴党组织领导的几次重要战斗 / 048

三、成立始兴人民风度抗日自卫大队 / 052

四、震惊全国的"外营惨案" / 054

第三章　解放战争时期（1945 年 8 月—1949 年 9 月）/ 057

第一节　实施战略大转移 / 058

一、与东纵、珠纵北上部队携手战斗 / 058

二、开辟北山、南山革命根据地 / 060

三、东纵北撤后的隐蔽斗争 / 061

第二节　开展反"三征"、反"清剿"斗争 / 064

一、邓文礼、吴伯仲率队征战南山、北山 / 064

二、建立澄江、北山人民政权 / 066

三、北山、南山游击队英勇反击国民党疯狂"清剿"
/ 068

第三节　配合南下大军解放始兴 / 079

一、策动地方团队起义 / 079

二、邓文礼、饶纪绵秘会下菜村 / 081

三、饶纪绵率部起义 / 082

四、迎接大军援前线 / 083

第四章　社会主义革命和建设时期（1949 年 10 月—1978 年 11
月）/ 085

第一节　变革农村生产关系发展农业 / 086

一、变革农村生产关系 / 086

二、农业的发展 / 088

第二节　林业经济的发展 / 101

一、林政管理／101

二、林木经营／107

三、育苗造林／110

四、森林保护／112

第三节 工矿企业的发展／113

一、地方国营企业／113

二、集体企业／117

三、村办企业／118

第四节 始兴通信业的起步阶段／121

一、邮政业务／121

二、电信业务／122

第五节 城乡基础设施建设／125

一、改善城乡交通设施／125

二、改善农田水利设施／127

三、改善电力设施／129

四、改善农村居住环境／130

五、改善县城环境卫生／131

第六节 文教卫体事业的发展／132

一、教育事业／132

二、卫生事业／138

三、文化事业／144

四、体育事业／146

第五章 改革开放的起航和奋进（1978 年 12 月—2012 年 11 月）
／151

第一节 落实联产承包责任制，发展"三高"农业／152

一、落实联产承包责任制／152

二、发展"三高"农业／158

三、提高农业机械化 / 160

四、改革农村流通体制 / 161

五、开展老区扶贫 / 164

第二节　林业改革与生态县建设 / 168

一、绿化始兴达标 / 168

二、生态立县的形成与发展 / 171

第三节　开展招商引资加快发展工业、企业 / 180

一、迅猛发展乡镇企业 / 180

二、改革国有工业企业 / 183

三、招商引资建设工业园区 / 190

四、稳步发展通信业 / 196

第四节　城乡建设日新月异 / 202

一、现代化交通网络逐步形成 / 202

二、水利电力建设再上新台阶 / 204

三、老区村民喜住奔康房 / 211

四、城区建设迅速扩展 / 215

第五节　"旅游旺县"的提出与创建 / 221

一、开启"旅游旺县"战略篇章 / 221

二、创建广东旅游强县 / 223

三、精心打造围楼文化 / 224

第六节　社会事业发展成效显著 / 226

一、义务教育遍布城乡 / 226

二、农村实施合作医疗 / 231

三、农村卫生初保达标 / 233

四、文化事业稳步发展 / 234

五、体育事业蒸蒸日上 / 238

第六章　新时代中国特色社会主义建设（2012 年 11 月—2018 年 12 月）/ 241

第一节　城区建设提升始兴形象 / 242

第二节　园区建设提升始兴经济 / 247

　　一、推动产业集聚发展 / 247

　　二、园区建设升档提质 / 248

　　三、工业园区优势明显 / 249

　　四、招商引资效果明显 / 250

第三节　景区建设提升始兴旅游 / 253

第四节　乡村振兴提升老区面貌 / 263

　　一、精准扶贫振兴老区 / 263

　　二、整治农村人居环境 / 270

　　三、落实安全饮水工程 / 272

　　四、加速农网升级改造 / 273

　　五、高速发展交通网络 / 273

　　六、振兴教育、卫生、文化、体育事业 / 275

第五节　老区建设促进会助力老区发展 / 285

附　录 / 291

附录一　大事记（1922—1949）/ 292

附录二　革命遗址、纪念场馆 / 306

附录三　红色歌曲、歌谣 / 319

附录四　中华人民共和国成立后始兴县行政区划变革 / 324

附录五　始兴县革命老区村庄名册 / 327

后　记 / 366

　　始兴，是客家名邑，客家人勤劳朴实的处事风格和坚贞刚强、不屈不挠、富于反抗的精神滋养了这片红色的热土。自19世纪中叶至1949年90多年的漫长岁月里，面对内忧外患、积弱积贫的祖国，始兴人民在时局的感召下，纷纷奋起反抗，积极投身到反对帝国主义、反对剥削压迫的革命大潮中，在近代史上书写了一段段不朽的铁血传奇。早在1853年，始兴民间便涌现了一批抗清义士，他们甚至曾两度攻克吏治窳败的县政府；民国初年，袁世凯倒行逆施的行径使得讨袁浪潮在全国范围内此起彼伏，始兴一些有识之士欣然接受了民主思想，纷纷加入民主救国的行列中。

　　当历史的车轮驶入20世纪20年代，一个力挽狂澜的伟大政党——中国共产党诞生了，犹如一阵强劲的西风，把马克思主义的先进思想吹向全国各地，以摧枯拉朽的昂然气势猛烈冲击旧社会一切反动腐朽的势力。正是在这种先进思想的影响下，始兴的仁人志士开始了新民主主义的革命斗争。从大革命时期的农民运动到第二次国内革命战争的土地革命运动，从全民族抗战时期的抗日救亡运动和武装斗争到解放战争时期的游击战争，始兴革命先辈的理想信念坚定，始兴老区人民支持革命的热情高涨。在20多年的革命历史征程中，这里诞生了立志"打破旧秩序，建立新始兴"的进步组织"新兴社"，有歃血为盟、誓言将革命进行到底的"始兴青年歃血团"。广州沦陷后，始兴红围曾经是中共广东省委机关驻地,在始兴县委和当地群众的协助下,省委在始兴开展了大量的工作,为开辟华南敌后抗日根据地作出了重大贡献。当日本侵略军的铁蹄踏入始兴时,更进一步激发了全县人民的抗日斗志,乡村抗日武装如雨后春笋般纷纷建立起来,最后凝聚成了粤北人民抗日斗争的一面旗帜——始兴人民风度抗日自卫大队。这支威名远扬的人民抗日武装狠狠打击了日、伪、顽三股反动势力的嚣张气焰,把侵略者赶出了始兴。日军投降后,风度抗日自卫大队还与东江纵队和珠江纵队北上队伍携手战斗,在南山、北山建立了革命根据地,共同反击国民党顽固派的疯狂"追剿"。三年解放战争中,始兴人民武装在中共五岭地委的领导下,与国民党反动派进行了艰苦卓绝的斗争。

在新民主主义革命时期,始兴老区人民为民族独立和国家的解放事业作出了重大贡献。中华人民共和国成立 70 年来,始兴革命老区在各级党委、政府的关心支持下,经济社会发生了翻天覆地的变化,老区人民的生活水平有了较大的改善。尤其是党的十八大以来,党和国家加大了对革命老区的扶持力度,始兴革命老区建设发生了根本性的转变。

不忘初心,牢记使命!为贯彻落实习近平总书记"关于发扬和挖掘红色资源优势,深入开展党史、军史、革命老区史优良传统教育"的指示精神,根据中国老区建设促进会《关于编纂全国 1599 个革命老区县发展史的安排意见》的要求,始兴县于 2017 年 10 月启动了革命老区县发展史的编纂工作。《始兴县革命老区发展史》真实记录了始兴老区人民在创建和发展革命根据地过程中的重大历史事件、重要革命遗址、文物、纪念场馆等红色文化资源;展现了中华人民共和国成立以来,始兴老区人民发扬自力更生、艰苦奋斗的光荣传统,积极建设革命老区的奋斗轨迹,突出记述了改革开放以来尤其是党的十八大以来始兴革命老区在经济建设、生态文明建设和社会建设等各项事业中取得的重大成果。

　　历史是一面镜子，只有了解历史，才能更好地把握今天，掌控未来。《始兴县革命老区发展史》是中共始兴县委、县政府献给中华人民共和国成立 70 周年的一份厚礼。希望本书的问世，能令广大读者加深对革命老区的认知，从而铭记党的历史，不忘老区贡献，在新时代的征程上继续发扬艰苦奋斗的优良传统，为始兴的绿色崛起，为实现中华民族伟大复兴的中国梦而不懈努力！

综　述

一、基本情况

始兴县位于广东省北部，南岭山脉南麓，居北江上游、浈江中游地带。东与江西全南县相连，南与翁源县毗邻，西与仁化县交界，北与南雄市接壤，扼粤赣公路要冲。总面积为2174.12平方千米，辖太平、马市、顿岗、澄江、罗坝、城南、沈所、司前、隘子9个镇和1个深渡水民族乡，113个村委会，14个居委会。2018年，人口26.2万人；境内居住着汉、瑶、畲等20个民族。

始兴县地处东经113°54′～114°22′，北纬24°31′～25°60′。四周高山环绕，全县最高峰为位于太平镇北部的观音栋（海拔1428米）；中间为盆地平原，山丘较多，地貌多样。年平均温度约19.6°C，月平均最高气温31.5°C，月平均最低气温9°C；年平均日照1582.7小时；太阳辐射总量102.1千卡/平方厘米；年平均有霜日15天，无霜期298天。年降雨量1468毫米，4—6月为雨季，雨量平均680毫米；每年的11月至次年的1月为干季，仅156.2毫米，占全年总雨量的11%。风向以东风居首，其次是东北风，年风速为1.6米/秒。始兴拥有丰富的水资源，全县水电蕴藏量达13.68万千瓦，人均拥有水资源总量为7361立方米，远远高于全省人均拥有的水资源总量。而且蕴藏着丰富的地下水资源，地热资源位居广东省三甲之列，为粤北之最。始兴矿产资源贮藏量大，且种类繁多，有钨、锡、锌、铜、铁、石英、钾长石、花岗石、绿柱石、瓷土、稀土、高岭土、煤炭等。其中石英矿储量约16万吨，萤石矿储量约25万吨，钾长石储量约16万吨。始兴土地肥沃，土地总面积为326.12万亩（1亩≈666.67平方米，下同），其中自然土壤271.65万亩，占土地总面积的83.29%；旱地土壤27259亩，占土地总面积的0.83%；其他土壤485045.1亩，占土地总面积的14.87%。在自然土壤类型中，有红壤、黄壤、紫红土、红色石灰土 4 种；旱地土壤有花岗岩黄泥地、花岗岩红泥、砂页岩红泥地土坡、第四纪红土红泥地、碱性牛肝地土壤（紫砂地）、潮砂泥土等。始兴有林面积 17.34 万公顷，占全县总面积的 82%，森林覆盖率达 75.2%。是全国森林资源、林政管理示范点和国家林业综合发展示范县。

　　始兴人杰地灵，物阜民丰，是唐朝贤相张九龄、明朝户部尚书谭大初、清朝翰林林明伦、民国抗日名将张发奎、当代著名数学家朱熹平的故乡。据考，约在 6000 多年前，已有先民在此居住。周属南交地，春秋属百越，战国属楚，秦属南海郡，汉属豫章、庐陵郡。三国吴永安六年（263 年）春，析南野县南乡地置始兴县。甘露元年（265 年）设始兴郡，辖曲江、桂阳、始兴、含洭、贞阳、中宿、阳山七县，始兴为郡之中心。南朝宋明帝泰豫元年（472 年），改始兴郡为广兴郡。齐高帝建元初年（479 年），复名始兴郡，南齐设置斜阶县，梁武帝天监五年（506 年）四月，更名为正阶县；梁大同二年（536 年），正阶并入始兴县；梁元帝承圣元年至四年（552—555 年），分始兴地置安远县；陈武帝永定元年（557 年），改安远县为安远郡；隋开皇九年（589 年），郡废，改安远郡为大庾县，隶广州总管府；隋大业三年（607 年），属南海郡。唐贞观元年（627 年）分广州曲江等地置韶州，始兴县隶属韶州。南汉乾和四年（946 年）置雄州，始兴县属雄州。宋开宝四年（971 年），更名为南雄州。元朝忽必烈至元十五年（1278 年），改南雄州为路。明洪武元年（1368 年）改南雄路为府。清嘉庆十二年（1807 年），改南雄府为直隶州，隶属广东承宣布政使司，始兴县属南雄直隶州。1911 年，地方政权为省、县两级建制，始兴县直隶广东省。1914 年，省、县之间设道，始兴县属岭南道。1920 年，属北江善后公署北江绥靖公署。1932 年 1 月，广东西北区绥靖委员会公署成立，始兴被列为公署下辖的 25 个县之一。1948 年，改为广东省直接管辖。1949 年 9 月，成立始兴县人民政府，属北江临时人民行政委员会。1950 年 1 月 27 日，属北江人民行政督察专员公署。1952 年 11 月，属北江行政公署。1956 年 3 月，改属韶关专员公署。1958 年 12 月，始兴、南雄两县合并为南雄县。1960 年 10 月 15 日恢复始兴县建制，属韶关地区专员公署。1983 年 6 月，以市辖县，始兴属韶关市。

二、革命老区情况

始兴有着光荣的革命斗争史。早在 1925 年 8 月，成立了始兴第一个进步组织"新兴社"，领导开展始兴的农民运动。1927 年秋，中共吉安县委原书记梁明哲便在始兴建立了党的组织。1936 年，在红军长征干部刘梦兰的指导下，成立了秘密革命组织"始兴青年歃血团"，培养了一批革命骨干。抗日战争时期，始兴人民在中国共产党的领导下，进行了艰苦的抗敌斗争。1937 年秋，以"始兴青年歃血团"为核心成立抗日救亡团体"始兴青年抗敌同志会"。1940 年重建党的组织，成立中共始兴县委员会，书记温盛湘。其后在始兴中学、风度小学、罗坝、马市等地建立了支部。1944 年秋，成立抗日自卫队风度卫校独立分队（简称"风度队"）。1945 年 2 月，中共始兴临时工委和前线工委成立，领导全县人民开展抗日游击战争，全县各地纷纷建立起乡村抗日武装。同年 5 月 13 日，中共始兴临时工委整合全县抗日武装，建立了始兴人民风度抗日自卫大队（简称"风度大队"）。7 月 23 日，风度大队收复县城，成立始兴县抗日民主政府，吴新民任县长。解放战争时期，在中共五岭地委的领导下，始兴县老区人民坚持武装斗争，进行反"三征"（征粮、征兵、征税）和反"清剿"斗争，建立革命根据地。1949 年 9 月 25 日，争取国民党始兴县军政人员起义，配合中国人民解放军南下部队解放始兴县。

在漫长的革命斗争中，始兴县老区人民为中国革命的胜利作出了重大贡献。1928 年 3 月至 1949 年 9 月 25 日，共有 328 名（其中国内革命战争时期 5 名、抗日战争时期 36 名、解放战争时期 287 名）优秀儿女为革命献出了宝贵生命。为牢记老区人民为革命作出的贡献，广东省人民政府先后于 1957 年评划第二次国内革命战争和抗日战争时期的老区村庄，1989—1990 年补划第二次国内革命战争和抗日战争时期的老区村庄，1991—1993 年评划解放战争时期的老区村庄。据广东省民政厅 1997 年 10 月出版的《广东省革命老区村庄名册》（第 113～139 页）认定始兴县共有 893 个老区村庄（其中二战时期 61 个、抗战时期 440 个、解放战争时期 392 个）。当时老区人口 129724 人，占当时农村人口 196856 人的 65.89%；分布于 14 个乡镇（占全县 15 个乡镇的 93.3%）、109 个管理区（占全县 142 个管理区的 76.76%）。随后历经多次镇、村撤并，至 2018 年，全县设 9 镇 1 乡，共有老区村庄 893 个，老区人口 138388 人，占全县农业总人口的 73.5%，分布于 10 个乡镇、94 个村委会。

三、经济社会发展情况

中华人民共和国成立后，始兴革命老区取得史无前例的民族大解放，人民翻身作主，从此实现了真正的站起来。然而，当时的始兴百废待举，经济十分薄弱，具有典型的自然农业经济特色。1949 年，全县 96202 人，有 90.8% 为农业人口。人民生活水平极低，全县人均收入为 50 元。工业上仅有一些小手工业作坊，全县工业总产值为 15.3 万元。随后，跨进全面建设社会主义的新纪元，各行各业都得到了很好的发展，但农业仍是主基调。1953 年全面完成土地改革，实现了耕者有其田，当年全县粮食总产量比

1950 年增长 20%。同时大兴农田水利建设，先后建设了尖背水库、元丰陂灌区等设施，促进了农业生产的稳步发展。至 1966 年，全县稻谷总产量突破 5 万吨大关，使始兴成为名副其实的"粤北粮仓"。工业开始得到发展，先后建立了生铁锅厂、农机厂等工厂。同时，对私营手工业进行社会主义改造，地方工业渐现雏形。至 1957 年，工业总产值达 92.54 万元。

中共十一届三中全会犹如一声春雷，开启了始兴革命老区改革开放、人民真正富起来的新时代。1999 年，财政收入摆脱前十年始终徘徊在 2000 多万元的状况，达到 3165 万元。进入 21 世纪后，始兴县确立"生态立县、工业强县、农业稳县、旅游旺县"的发展战略，以建设现代生态县为目标，统揽发展全局，经济社会发展步入了经济快速增长、生态环境良好、社会安定和谐的黄金发展期。2000 年，被评为"全国林业生态建设先进县"。2004 年，荣膺"中国枇杷之乡"，成为"广东省双拥模范县"。2005 年，被评为"全国农业标准化示范区建设先进单位""全国无公害蔬菜生产示范基地县""广东省林业生态县"。2006 年，成为广东省山区县首个"国家级生态示范区"。2007 年，被列为"国家农村小康环保行动计划试点县""广东省烟草农业示范县"。2008 年，地方财政一般预算收入达 1.05 亿元，取得历史性突破。三大产业比重由 1978 年的 63.3%、13.3%、23.4% 变为 31.6%、39.6%、28.8%，农民人均纯收入由 101 元增长到 4370 元。

中共十八大以后，中共始兴县委、县政府团结带领全县人民解放思想，开拓进取，经济社会保持良好的发展态势，始兴革命老区步入了强起来的新时代，处处焕发勃勃生机。

经济建设不断发展。围绕打造特色生态有机农业目标，出台实施《关于加快始兴县现代农业的实施意见》，农业现代化进程明显加快，建立了优质蔬菜产业园区、优质烤烟及杂交水稻制种产业园区、优质生态水果产业园区、优质蚕桑产业园区、生态循环养殖产业园区等五大特色园区，成功引进现代农业产业园项目两个。至2018年，全县共有22家省市农业龙头企业、240家农民专业合作社，3个有机食品、13个绿色食品、11个无公害食品。始兴县还被授予"中国杨梅之乡""中国始兴石斛之乡"称号，革命老区马市镇被评为全国农村产业强镇示范建设基地，隘子镇被认定为"广东省技术创新专业镇（香菇）"。突出扩能增效，加快特色产业发展，工业经济实力不断增强，东湖坪工业片区成功申报为产业集聚区，沙水产业转移园被列入省循环化改造试点园区。新引进了韶关骏汇汽车零部件、华洲木业、金山铝业、绿精灵文具制笔等一批企业，万达工业成为全国首家获得"国家免验出口产品"资格的港资企业，盛怡实业研制出中国第一支太空笔；全面开展东莞市塘厦镇与始兴县对口帮扶工作，完成了塘厦始兴民营企业创业基地（一期）主体工程。加快现代服务业发展，商贸、物流等服务业规模不断壮大，建成县级电子商务运营中心和34个村级淘宝服务站，被评为省农村电子商务示范县。围绕创建"广东省全域旅游示范县"的目标，景区景点的综合承载能力不断增强，持续推进"九龄故里·百里画廊"旅游路线建设，举办了"杨梅节""围楼文化节""九龄诗歌周"等旅游节庆活动。始兴还入选首批"广东省全域旅游示范区"创建单位，先后荣获"中国魅力文化生态休闲旅游目的地""中国最具魅力自驾游目的地""全国森林旅游示范县""全国十佳生态休闲旅游城市""2018中国最美县域榜单"。深渡水乡被评为"广东省旅游型森林小镇""广东省休闲农业与乡村旅游示范镇"。

城乡发展不断加快。围绕打造"山水园林城市"目标，制定实施《关于加快宜居城区建设的若干意见》和《始兴县"三旧"改造实施办法》等制度措施，统筹推进新型城镇化工作。城东新区作为"产城融合"的主阵地，先后推进盛世家园、和居乐、时代星城、碧桂园等项目建设。城南新区作为"一河两岸"建设的主战场，先后推进金润大桥、金润大酒店、沿江南路旧村改造、山水名城等项目建设。城西新区先后推进美景丝绸文化创意园、生态文化交流中心、梧桐香岸等项目建设。同时，完成5个街区城市夜景亮化工程，山水大桥、金润大桥、丹凤西路建成通车，城市电动公交开通运行，建成临时停车场3个。全面完成县城供水管网改造，城区环卫工作实现市场化运营。着力推进"创文"工作，创新开展"包联包创"管理模式，切实抓好环境卫生、交通秩序等六大整治行动，始兴县成功创建为"广东省县级文明城市"。乡村振兴攻坚取得新成效，全县10个乡镇都实施了一个以上"三旧"（旧城镇、旧厂房、旧村庄）改造项目，以"三旧"改造为牵引的新型城镇化呈现出城区"如火如荼"、乡镇"遍地开花"的良好局面。始终把改善农村人居环境作为统筹城乡发展的首要工程来抓，组织申报"全国农村生活垃圾分类和资源化利用示范县"，成功入选新一轮省级新农村连片示范建设工程。创新开展"小额工程"建设模式推进美丽宜居乡村建设，全县828个自然村启动"三清"（清理牛皮癣、清扫废弃物、清除违章搭建和非法广告）、"三拆"（拆除残垣断壁、违规建筑、废弃猪牛栏）工作，29个省定贫困村基本达到"干净整洁村"标准。东湖坪"文笔小镇"入选省级特色小镇培育库，深渡水乡被评为"广东省森林小镇"，深渡水乡长梅村一组被评为"中国少数民族特色村寨"，罗坝镇河渡村入选"广东省美丽乡村示范村项目"，隘子镇满堂村被评为"全国生态文化村"。

基础设施不断完善。交通运输体系日趋完善，赣韶铁路、韶赣高速公路、仁新高速公路建成通车，实现了历史性突破。S343线改造等交通基础设施项目有序推进，基本完成S244线贤丰至周

所段、S343 线贤丰至县城段改扩建工程路基建设，改造农村公路
34 千米，开工建设旅游公路 2 条，全面实现了村村通道路硬化。
始兴火车站、始兴新客货运中心先后建成投入使用，新建乡镇客
运站 9 个、农村候车亭 86 个，农村客运服务均等化试点工作全面
完成。农田水利设施不断加强，省级小型农田水利重点县项目、
田间工程、凉口灌区、中小河流域治理等项目建设进展顺利，完
成治理农田面积近万亩。电力能源建设有新突破，全县首个风电
项目——羊角山风力发电项目已经通过省核准，110 千伏绿色和
平输变电站工程有序推进。加快推进农田水利基础设施建设，切
实抓好永久基本农田划定、高标准基本农田、中小河流治理、村
村通自来水工程等项目建设，全面落实"河长制"，治水工作实
现常态化、长效化。

生态文明建设不断进步。积极开展新一轮绿化广东大行动，
生态环境不断优化。全县森林覆盖率达 76.5%，生态林面积
90.21 万亩，年末活立木总蓄量 1312.5 万立方米，建成县、镇级
森林公园 3 个、乡村绿化美化建设示范点 19 个。11 个国有林场
改革任务顺利完成，被列为全省唯一林业综合改革试验区工作单
位。制定实施《始兴县农村生活垃圾管理工作方案》，乡村清洁
美工作深入推进。坚决打好大气、水、土壤污染防治"三大战
役"，中央环保督察及广东省督察组、华南督察局交办案件的整
改工作全面完成。全县大气、水、土壤环境质量保持良好，荣获
全省县域生态环境质量考核工作第一名。积极开展"广东省农村
环境连片整治示范县"工作，全县连片整治项目已完成 95%。大
力推进节能减排和节能降耗，县城污水处理厂（二期）、园区污
水处理厂、县生活垃圾无害化填埋场、马市污水处理厂、顿岗污
水处理厂建成投产，城镇生活污水处理率达 79.6%，城镇生活垃
圾无害化处理率达 100%。加强生态创建各项工作，全县共有国

家级生态乡镇 7 个、省级生态乡镇 9 个、省生态示范村 8 个、市生态示范村 51 个、广东名村 2 个、广东省宜居示范镇 2 个、广东省宜居示范村庄 1 个，生态文明建设成效明显，成为粤北生态文明建设的重要参与者、贡献者、引领者。

人民生活不断改善。教育事业取得新突破，大力发展教育医疗卫生事业。全面完成省教育强镇复评验收工作，教育"创现"各项工作基本完成，始兴县被评为"广东省促进义务教育均衡发展先进集体"。扎实推进省教育现代化先进县创建工作，6 个乡镇通过省教育强镇复评，新建了风度中学、九龄中学、丹凤小学，优化调整了全县学校布局，高中阶段教育全日制毛入学率达 96%，义务教育规范化学校建设实现全覆盖，全县 10 个乡镇均创建成为省教育强镇，在全市率先完成"县管校聘"管理改革，成功创建为"广东省推进教育现代化先进县"。先后被评为"广东省教育强县""全国义务教育发展基本均衡县"。大力开展文化惠民工程，新建成了县文化馆、图书馆和博物馆，10 个乡镇文化站达到三级站标准，全面完成 127 个村（居）电子阅览室建设任务，群众文化活动丰富多彩。2013 年 9 月，始兴成功创建为全省山区县首个"全国社会主义新农村建设档案工作示范县"。切实加强科普工作，荣获"广东省科普示范县"称号。在全省率先全面开展村史修编工作，有 50 多个村完成初稿，其中 32 个村已出版村史。扎实推进省卫生强县创建工作，成功创建市级卫生镇 2 个、市级卫生村 19 个、省级卫生村 1 个。县级公立医院改革工作深入推进，全面完成了乡镇卫生院改造工作，公共卫生和医疗服务体系建设进一步加强，城乡卫生条件进一步改善。认真落实人口和计划生育政策，全面落实二孩政策，计生服务水平不断提升。高度重视妇女儿童事业，被评为"实施广东妇女儿童发展规划省级示范县"。深入推进"平安始兴""法治始兴"建设，不断完善社会治安视频监控系统。积极开展国防教育和拥军优属活动，连续64年无责任退兵，先后5次受国防部表彰为"全国征兵工作先进单位"。社会保障面不断扩大，截至2018年，全县城镇医疗保险参保人数达2.38万人，城镇养老保险参保人数达3.73万人。深入实施积极的就业政策，城镇登记失业率控制在3%以内。扎实推进精准扶贫工作，截至2018年底，始兴县到账各项扶贫专项资金20354.112万元，实际支出19829.27万元，支出率97.42%。人均2万元资金到账11177.112万元（包括教育、危改等行业下达的资金），实际支出11085.2万元，支出率99.18%，有力推动了贫困户实现稳定脱贫。与此同时，始兴县被评为"广东省林下经济扶贫示范县"。

体制机制改革不断深入。加快简政放权和职能转变步伐，成立了公共资源交易"一委一办一中心"，实行"一审一核"制度，行政服务效能明显提高，有序推进基层公共服务综合平台建设，探索推进"一门式一网式"政府服务模式。实施"多证合一、一照一码"登记制度改革，全面推开"营改增"工作，实行不动产统一登记。农村土地承包经营权确权登记颁证工作顺利推进，完成农村集体"三资"（资金、资产、资源）管理服务平台建设，荣获"全国农村集体'三资'管理示范县"称号。初步构建行政服务中心和网上办事大厅相结合的政务服务体系，全县10个镇（乡）、127个村（居）已经完成便民服务中心和便民服务站规范化建设，三级便民服务平台建设全面完成。积极推进民主法制领域改革，"按法治框架解决基层矛盾试点"工作成效明显，成功创建国家级"民主法治示范村"1个、省级"民主法治示范村"4个、县级"民主法治示范村"63个。推进文化体制改革，建成信息资源共享工程县级支中心1个、村级基层服务点32个。财税、投资等领域改革工作深入推进，现代市场体系不断完善。

展望未来，始兴将进一步发扬不畏艰难、自强不息、实事求是、与时俱进、为民服务的革命精神，以习近平新时代中国特色社会主义思想为统领，对标新思想、新任务、新要求，进一步完善发展思路，科学定位发展方向，找准着力点和突破口，以新担当、新作为推动始兴革命老区经济社会发展迈上新台阶。

对标全省功能区发展新战略，在生态建设上求突破。牢牢把握始兴作为北部生态发展区的定位，坚持生态优先、绿色发展，构建生态文明建设的体制机制，高标准推动粤北生态特别保护区建设，打好蓝天、碧水、净土"三大战役"，扎实推进新一轮绿化广东大行动，努力在高水平保护中实现始兴革命老区高质量发展。

对标新发展理念，在产业共建上求突破。抓住政策导向、市场导向重要环节，转变产业发展的思路与方式，把绿色生态产业作为主攻方向，在做大做强"三大主导产业"（装备制造、医药健康、信息技术）上再发力，在做大做强现代农业上再发力，在做大做强现代服务业上再发力，在加快重点项目建设上再发力。推动革命老区的产业向价值链中高端攀升。

对标最美小城品质新要求，在城市提升上求突破。立足北部生态发展区的功能定位，找准城市发展的着力点，提升完善城市功能，提升优化城市形象，提升城市文明程度，有序推进圩镇提升，把始兴革命老区打造成"让人来了还想再来"的中国最美小城。

对标补齐农村短板新要求，在乡村振兴上求突破。立足县情农情，以高度的责任感谋划推动乡村振兴，做"强"农业产业文章，做"实"脱贫攻坚文章，做"美"新村建设文章，做"旺"全域旅游文章，确保三年取得重大进展、五年见到显著成效、十年实现根本改变。

　　对标人民群众新期盼，在社会民生上求突破。牢固树立以人民为中心的发展思想，顺应群众在教育、就业、医疗、养老、住房等方面的新期盼，加快补齐民生社会事业短板，坚决打赢扫黑除恶专项斗争，提升基层治理水平，着力保障和改善民生，让革命老区人民在改革发展中有更多的获得感和幸福感。

第一章
大革命与土地革命战争时期
（1922 年 1 月—1937 年 7 月）

　　始兴人民具有光荣的革命传统，1922 年 1 月，始兴进步青年张光第就系统地接受了马列主义基础知识教育，加入了广东省最早成立的社会主义青年团组织。1925 年 8 月，成立始兴第一个进步组织"新兴社"。1926 年，顿岗千家营、净花、宝溪、留田、高车、大夫村，城南杨公岭、大井头、石桥头村，马市涝洲水村相继成立农会；吴新民等一批进步青年参加北江工农自卫军。1930 年 8 月，北山武岗村成立农会。1932 年上半年，成立"狂流社""嘤鸣书屋"等进步组织。1935—1937 年，始兴人民积极参加红军游击战争。

第
一
节 "新兴社" 的诞生

一、三座大山压迫下始兴人民的苦难生活

20 世纪初，在帝国主义、封建主义、官僚资本主义三座大山的威迫下，广大农民生活在水深火热中。在军阀连年混战以及土豪劣绅、贪官污吏的统治下，始兴广大人民在政治上享受不到民主权利，经济上受到层层盘剥，尤其在农村，地主对农民的剥削更为残酷。当时始兴地主富农户数占全县农村总户数的 12%，而农民耕种的土地 60% 以上掌握在地主富农手中，却要承受繁重的谷租，加上生产力低下、粮食产量较低，农民被压榨得赤贫如洗，被迫卖田卖屋，甚至卖儿鬻女。

惨遭军阀混战之灾祸。辛亥革命没有实现全国的统一，袁世凯夺取辛亥革命的胜利果实后，全国上下出现了各派军阀为争权夺利而相互混战的局面。1918—1923 年，始兴遭受过 5 次军阀混战的灾祸，无论哪个军阀占领始兴，都会派出自己的亲信当县长，而每届县长上任都要大肆搜刮民脂民膏，导致税赋繁重，社会动乱，烟赌林立，倍受三座大山压迫的始兴广大劳苦大众处于水深火热之中，改造社会、变革现实已成为始兴人民的迫切要求。

二、马克思主义在始兴的传播

1922 年 1 月，始兴进步青年张光第到广州参加由中共广东支

部主办的宣传员养成所学习，系统地接受了马克思主义基础知识教育，开始了革命活动。2 月 10 日前，张光第就参加了由谭平山组织、受中共广东支部直接领导的广东最早的社会主义青年团组织，并担任该会编辑股负责人。4 月，在宣传员讲习所结业后，张光第回到始兴，先后在修仁小学、德华小学任教，对青年学生进行革命宣传，在进步知识分子中传播马克思主义思想，使始兴一批进步青年受到爱国主义和社会主义的启蒙教育，初步树立了革命理想和信念。

1925 年 5 月 30 日，上海发生了震惊中外的"五卅惨案"。6 月 21 日，广州发生了令人震撼的"沙基惨案"。针对英、法、日、葡等帝国主义大肆屠杀上海及穗港游行群众的行为，始兴进步知识分子无比愤慨，县立中学学生致电上海、广州工人学生团体，并拟定了一份《反帝告同胞书》在全县张贴，以示声援。在《反帝告同胞书》一文中，始兴进步青年义愤填膺地写道："……帝国主义之英、日诸国敢于凌虐杀害，视我民族竟草木蝼蚁之不如，无非恃有所谓租借地、领事裁判权及一切不平等之条约，故吾辈遭此惨祸。其对外方针当主张收回租借地，取消领事裁判权，废除一切不平等之条约为目的，协助政府一致进行，不得最后胜利者不休止……"始兴进步学生誓与帝国主义斗争到底的决心在《反帝告同胞书》中表现得淋漓尽致。

三、打破旧世界的进步组织"新兴社"

"五卅惨案"和"沙基惨案"强烈激发了全国民众的愤慨，大大提高了全国人民的觉悟程度，迅速扩大了进步组织力量，在全国范围内为北伐战争准备了群众基础，并将国民革命推向高潮，从而揭开了 1925—1927 年中国大革命的序幕。正是在这种政治形势的影响下，张光第、钟远徽、黄耘非、陈竹君、李大光、曾启鲁等进步青年于 1925 年 8 月成立了始兴的第一个进步组织"新兴社",钟远徽任社长。该社共有会员 70 多人,社员遍及全县各乡村。

"新兴社"的含意是,"在暮气沉沉的始兴,能够高举着一块鲜明的革命旗帜,以革新始兴社会"。很显然,"新兴社"成立的目标就是要遵循孙中山新三民主义思想,高举"社会革命"的旗帜,打倒帝国主义,打倒土豪劣绅、贪官污吏以及军阀,启发教育人民大众,为建设新始兴而奋斗。因此"新兴社"成立后,着力加强宣传,以提高民众思想觉悟为出发点,开展了一系列有意义的活动:出版进步刊物《始兴青年》,开办"宣传所",与贪官污吏开展斗争,督促改革教育,改组了陈美济劝学所,兴办了一所平民夜校,隆重举行大会,纪念"新兴社"成立一周年,等等。

"新兴社"是以进步青年知识分子为主体的社会政治组织,代表着当时的进步势力和社会新思潮,在一定程度上起到教育团结青年、传播民主革命思想和推动社会改革的作用,是始兴党组织诞生的思想基础。

始兴农民运动的兴起与发展

一、成立国民党始兴县党部筹备委员会

1926年3月，以始兴"新兴社"李大光、张光第、钟远徽、曾启鲁、黄耘非、何庆功等为基础，成立国民党始兴县党部筹备委员会。4月，国民党始兴县党部筹备委员会成立执行委员会。国民党始兴县党部筹备委员会又设立了农民协会（简称"农会"）筹备处。

二、成立始兴县农民协会

始兴县农民部建立后，身为国民党始兴县党部执委的陈竹君回到千家营，以《犁头周报》为指导，以千家营为试点首先成立农会。陈竹君任会长，会址设在千家营陈氏宗祠。在千家营村农会的影响下，其周边的村庄也纷纷成立农会。为了统一领导，陈竹君把千家营、净花、宝溪、留田、高车、大夫等村的农民发动起来，组织成立了南七约乡农会，会址设在千家营村古营圩，陈竹君被推举为会长。

在始兴农会筹备处的坚强领导下，城南、马市等乡村的农民群众也相继发动建立了农会。城南杨公岭村农会，包括杨公岭、大井头、石桥头等村的农会组成，会长是杨公岭村吴文林。农会中还建立了农民自卫军（简称"农军"）和妇女会、儿童

团等组织。农会会员多的五六百人，少的也有二三百人。杨公岭还成立了妇女会，有会员100多人，会长何贞秀。1926年5月，马市涝洲水成立农会，卢文品任会长，卢石林任副会长，组建有30多人枪的农民赤卫队。至1927年初，全县农会会员达1800多人。

三、声势浩大的始兴农民斗争

（一）"新兴社"发起全县公民大会

1926年9月1日，由"新兴社"发起，召开一次有各地农会会员和各界人士参加的全县公民大会。张光第和国民革命军驻军第二军第十五团团长朱刚伟在会上发表了讲话。大会公布了始兴筹饷局专员朱志来的贪污罪行，激起了全场群众的义愤。参加大会的数千群众在农军武装的助威下，举行了游行示威，高呼"打倒帝国主义""打倒封建主义""打倒土豪劣绅"等口号。游行队伍开到牛骨街筹饷局门口，把所挂牌子拆下来，朱志来慌忙逃走，后来被驱逐出始兴。参加游行示威的还有100多名妇女，有的背着小孩参加大会。

（二）农会会员游行示威

在"新兴社"的影响下，始兴县农会纷纷发动农民对土豪劣绅、贪官污吏开展斗争。顿岗南七约乡农会是始兴农民运动的先行者，1927年4月，会长陈竹君率领农会会员和群众700多人，到县城示威游行，高呼："打倒包庇烟赌的贪官陈诚威！"游行队伍冲进县政府，强烈谴责陈诚威。陈诚威惊慌失措，从后门逃走，农民便把县城的烟赌场一扫而光。杨公岭村农会斗争了该村土豪吴万文，把他的不义之财田产和现金1000多元予以没收，还押着他游村示众。各地农会还发动农民向地主进行减租减息斗争。

　　始兴农民运动的兴起，充分发挥了农会的作用，显示了农民组织起来的威力，打击了封建反动势力，教育了农民，影响极为深远。自此，始兴人民开始了新民主主义革命的伟大斗争。

第三节 始兴人民支援北伐战争

一、孙中山两次北伐经始兴

1922 年 5 月和 1924 年 9 月，孙中山先后两次发动北伐战争，并率部经过始兴，均以韶关为前进基地和大本营。

（一）孙中山第一次北伐经始兴

1922 年 4 月 16 日，孙中山督师梧州，旋即召开军事扩大会议，决定"出师江西，悉令诸君集中韶州，以大本营设于韶州"，首先讨伐直系。5 月 6 日，孙中山率部分北伐部队到达韶关，设立大本营于原韶州镇台署。5 月 8 日，孙中山在大本营发布总攻击令，北伐军即兵分三路进发。中路为总司令李烈钧部，由韶关向南雄；右翼为总指挥许崇智部，由始兴、南雄左侧攻信丰；左翼黄大伟部，由仁化出风洞攻南安。5 月 9 日，孙中山在韶州誓师北伐，分三路经始兴、仁化、南雄入赣。5 月 20 日，孙中山由韶关至始兴、南雄督师。

正当北伐军开始大举进军之时，6 月 16 日，留守广东的陈炯明发动叛乱。6 月 23 日，叛军翁式亮、杨坤如攻占韶关，后又以陈炯光、谢文炳、李云复等部分守南雄、始兴、翁源、乐昌等地，阻止北伐军回粤。北伐军除李烈钧部留守赣州外，分路回粤靖乱。靖乱部队会战失利。7 月 3 日，北伐军回师入粤，决定由许崇智、李福林、朱培德、黄大伟组成三路军讨伐陈炯明，准备攻打韶关。

胡汉民住在始兴中学策划军事行动，并赴前线视察。

8 月 3 日，实施总退却，分路向湖南、江西、福建撤退，第一次北伐结束。

（二）孙中山第二次北伐经始兴

1924 年 9 月 3 日，国民党中央政治局召开第七次会议，孙中山、伍朝枢、瞿秋白、鲍罗廷出席，议决：发表北伐宣言及大本营移驻韶关宣言，以"反对帝国主义""反对北方军阀"为号召，进行北伐，联合卢永祥、张作霖"共抗直系"。9 月 4 日，孙中山在广州组建北伐军。当日，孙中山在大元帅府召开筹备北伐会议，决定湘、赣、豫军全部参加北伐，滇粤军抽调一部随行；迁大本营于韶关，广州设留守府，任胡汉民为代大元帅兼广东省省长；以谭延闿为北伐军总司令。

9 月 18 日，中国国民党发表《北伐宣言》。该宣言申明，北伐的目的，不仅在于消灭曹（锟）、吴（佩孚），而且更在于推翻军阀赖以生存的帝国主义。20 日，北伐军在韶关誓师北伐。22 日，孙中山下令北伐各军改称建国军，湘军为建国湘军，谭延闿任总司令；滇军为建国滇军，杨希闵任总司令；粤军为建国粤军，许崇智任总司令；豫军为建国豫军，樊钟秀任总司令。孙中山第二次北伐再次经过始兴。

二、支援国民政府北迁武汉

北伐进军赴江西的部队路过始兴，始兴人民积极筹粮、献草、送茶送水，派伕支援，保证北伐部队顺利进军。北伐军占领武昌、南昌后，决定国民政府迁都汉口。当时粤汉铁路只通到韶关，北至湖南一段尚未修通，且旧道险阻难走，故取道江西，经始兴、南雄入赣北上。

1926 年 11 月，国民党中央和国民政府人员陆续经北江北迁。

12月17日,国民政府主席兼军事部部长谭延闿、孙中山夫人宋庆龄、交通部部长孙科、财政部部长宋子文、外交部部长陈友仁、国府委员兼司法部部长徐谦等国民政府要员,以及苏联顾问鲍罗廷夫妇等北上,随员有1000多人,受到始兴人民的热烈欢迎。当晚,宋庆龄入住始兴中学大礼堂东侧面的独间厅房,随行人员分住在黄家祠和陈家祠。

第二天,在始兴中学广场召开了联欢大会,晚上举办了联欢晚会。第三天,国府人员离县时,始兴人民又举行欢送仪式。队伍经过马市,受到当地人民的热烈迎送。随行的苏联人达林记述了当时沿途所见情景:"所经过的村庄都有宣传和呼吁书,有印上镰刀和穗子号召组织农民协会的传单,有拥护共产国际和世界革命的口号。"《打倒列强,除军阀,国民革命成功》和《工农兵,联合起来向前进,万众一心》这两首革命歌曲在始兴各地广泛流传。

三、北江农军学校始兴学员参加北伐

大革命高潮激发了人们的革命热情。1926年冬,北江农军学校在韶关开学。始兴杨公岭村农会会长吴文林,鼓励年仅17岁的儿子吴新民投身革命,把他送往韶关北江农军学校学习,接受正规的革命教育。同吴新民在一起学习的还有聂佐唐、钟玉成、曾谊勋、刘照松、陈培兴、张铭、李劻、曾庆禄、李永庭、刘东、刘荣石等始兴青年。不久,他们一起参加北江工农自卫军。

1927年四一二反革命政变发生后,中共中央决定以革命的武装反抗反革命的武装,与国民党反动派进行斗争。4月底,始兴、南雄、仁化、曲江、英德、清远等县的农军2000余人聚集在韶关,北上武汉参加战斗。

5月1日,北江农军学校学员奉命北上武汉,21日,抵湖南

耒阳时，因发生马日事变，主力以陈嘉佑补充团名义继续北上武汉；部分队伍返回广东。吴新民、聂佐唐、刘照松、钟玉成等几十名始兴农军，随北江农军学校学员编入北伐军第十一军第十师，北上武汉。但因中途受阻，部分农军折回。到武汉的同志根据党中央指示，开赴南昌参加南昌起义。吴新民随第十一军第十师开赴南昌，但未赶上南昌起义。队伍折回湖南耒阳后，仁化、始兴农军一部分北上，一部分南返。

第四节 始兴农民运动转入低潮

一、始兴党组织的创建和发展

四一二反革命政变后，始兴和全国一样，处于白色恐怖之中，革命力量遭到残酷镇压，工农运动走向低潮，粤北各地的共产党组织被迫转入地下活动。1927年秋，中共北江特委派共产党员到始兴、曲江、仁化、南雄等地联系和发展党组织。

1927年5月，中共江西省吉安县委书记梁明哲等领导举行了讨蒋示威游行，并率领工人夜袭敌人一个营，打击了国民党反动派在吉安的嚣张气焰。同年8月6日，吉安发生了八六事变。梁明哲幸由吉安警备司令部一官员（黄埔军校学生、共产党员）秘密通知转移，临危脱险到深山老林，经曾山、周采士介绍，得到中共广东省南雄县委书记曾昭秀等的帮助，"隐居"广东省始兴县。11月初，梁明哲在始兴马市创立始兴党的组织，梁明哲任负责人，有共产党员陈竹君、吴文林等成员。

二、梁明哲代表始兴出席汝城会议

1927年11月26—28日，朱德、陈毅在湘南汝城县城南衡永会馆和津江村秘密召开会议。当时出席会议的有南昌起义军和湘南、粤北各县党组织负责人。南昌起义军方面有朱德、陈毅、王尔琢；湘南方面有郴县夏明震（兼代表湘南特委），耒阳谢竹峰，宜章毛科文、杨子达、彰晒，资兴黄义行，汝城何日升、何举成，桂东郭佑林；粤北有乐昌李光中、仁化阮啸仙、始兴梁明哲等县党组织负责人。

汝城会议的主题是策划湘南起义，它是最早策划湘南起义的会议。而粤北暴动和湘南起义是一个整体，始兴与仁化唇齿相依，自古以来就有通婚通商的习俗。鉴于始兴这一重要战略地位，1928年10月，根据党中央的指示，中共广东省委把北江作为三大暴动的中心之一，而北江又以仁化为中心，与南雄、始兴、曲江、乐昌的一部分构成割据的局面，成为海陆丰第二。

三、陈竹君惨遭杀害

工农运动的迅猛发展，引起了国内外反动势力极度恐慌。国民党先后发动了四一二、七一五反革命政变，公开反共叛变，国共合作破裂，在全省进行"清党"，疯狂搜捕、屠杀共产党员和革命群众。这股反革命风吹到始兴，始兴的反动势力趁机向革命者进行反扑。

反动势力首先向农运领导人、共产党员陈竹君下毒手。陈继芬之子陈国平挟仇报复，勾结县团防总局头子等买通凶手，于1928年3月21日，在县城太平镇轿行街将陈竹君杀害，陈尸街头，夜间又残忍地将其头颅砍下丢到墨江河里。此后不久还派兵60余人，深夜包围千家营村，搜捕陈竹君家属和农会骨干，各家财物被洗劫一空。陈竹君一个胞侄躲避不及被捕，在狱中受刑致死。陈竹君家属及张光第等农会骨干也被县当局以"农匪罪"下令通缉，被迫四处躲避。其中，千家营村陈庚文、陈木森等农会会员，在中共南雄县委的帮助下加入工农红军。轰轰烈烈的始兴革命运动转入低潮。

四、梁明哲被捕遇害

1929 年秋，江西吉安豪绅地主向国民党中央政府告发，化名王明揖的中共吉安县委原书记、始兴县党组织负责人梁明哲在始兴被捕。不久，梁明哲即被押解广东南雄杀害，年仅 30 岁。中华人民共和国成立后，江西省吉安县人民政府追认其为革命烈士。

第
五
节

恢复农会，支持工农红军

一、秘密恢复农会组织

北山武岗村位于始兴县北部，民国时期属南雄百顺区管辖，西部与仁化县交界，土地革命战争时期，是革命活动较为活跃的地区。1930 年 8 月，该村在中共南雄县委的领导下成立农会（又称"犁头会"），会址设在欧屋村书屋。1931 年 1 月，农会委员欧绍基、文书欧绪海惨遭国民党杀害，书屋及周围大片民房被烧毁。

正在这个时候，张光第回到始兴，他同参加过北江农军学校的吴新民以及曾谊勋、陈培兴、张铭和原农会会员刘昌生等进步青年成立了秘密农会小组，组员有 30 多人，在原来有农会基础的顿岗、马市、罗坝、城南等地开展活动。1933 年，秘密农会小组从注意掌握武装开始，调查全县公堂和私人枪支，设法由农会小组的人把本村公堂枪支掌握在自己手里，为建立革命武装做好准备。在张光第的指导下，曾谊勋、陈培兴、吴新民等秘密聚集起来，扩大农会组织，以农会小组为核心，开展农民运动、军事运动和学生运动。

二、建立"狂流社""嘤鸣书屋"等进步组织

（一）建立"狂流社"

1932 年上半年，在广州读书的始兴进步青年学生曾谊勋、陈

培兴、邓文礼、凌约翰等成立了进步组织"狂流社",会员有10多人。其目的在于宣传革命思想,团结进步青年同始兴土豪劣绅、贪官污吏作斗争,服务社会,改造乡邦。这一行动得到张光第的大力支持,他写信给曾谊勋、陈培兴予以鼓励和指导。"狂流社"结合时势,在寒假时期回乡创办民众夜校,开展文化宣传。还出版进步刊物《狂流》,由于刊物内容多属针砭时弊,抨击土豪劣绅、贪官污吏的,被国民党反动当局禁止出版。曾谊勋、陈培兴把此事告知张光第,张光第立即回了信,要他们讲究斗争策略,注意保存力量,避免无谓的损失和牺牲。同时,希望他们在实际工作中顾及环境,以公开合法的方法实施一切服务社会的主张,不必再标明什么"狂流"及社条。在发展组织时要吸取过去的教训,必须吸收一些有血性有思想、勇于牺牲的劳苦朋友进来,使组织坚强巩固而有战斗力。张光第的信给始兴进步青年很大鼓舞和教育,对以后的行动起到很大的指导作用。

(二)建立"嘤鸣书屋"

1932年上半年,刘世周、陈亿勋、张铭、陈紫文、吴新民、郭招贤、赖廷枢、刘昌生、陈如康等在顿岗组织读书会"嘤鸣书屋"(后为"三五书屋")。他们搜集了巴黎出版的《救国报》、中国共产党党刊《响导》和其他进步书刊,给会员阅读,努力学习革命理论。秘密传阅马列主义著作和进步书刊,并分头到东流坝、总村、周所、田心、丰田、岭下等村组织"耕牛会",到罗坝、铁寨组织"兄弟会",进行秘密的革命活动。

"狂流社"和"嘤鸣书屋"名义上是两个组织,但其互相联系,主导思想和行动一致。在张光第的指导下,为对付国民党反动派,他们讲究策略与方法,用他们的话来说是采取"水鸟政策",即身子浮在上面,脚在水下活动,以公开合法的形式进行斗争。他们在所掌握的小学办平民夜校和妇女识字班,从中进行革命宣传。

三、保护红军营指挥员刘梦兰

1934年11月中旬到12月，中央红军长征在粤北因掉队、失散的红军伤病员近百人，先后分别在仁化长江、城口一带惨遭国民党当局反动派杀害。红军营指挥员刘梦兰就是在反"围剿"战斗中受伤，长征时没有跟上队伍，从仁化长江辗转到了始兴江口的受伤红军干部。被始兴陈如康发现后，经农会小组领导核心商讨，安排刘梦兰到陈亿勋任校长的顿岗小学住下，以做事务工为掩护。刘梦兰恢复健康后，同"嘤鸣书屋"的人宣讲中央革命根据地的斗争情况等，进一步提高大家对中国共产党的认识，增强革命胜利的信心。1938年1月，隐蔽在顿岗的刘梦兰由曾谊勋护送到八路军广州办事处。

四、始兴人民参与红军游击战争

红军主力长征后，中共中央任命项英为中央分局书记，陈毅为中央政府办事处主任，领导江西、福建、闽赣、赣南、闽浙赣5个军区及各直属的地方独立部队与红二十四师和红十军，继续坚持在中央苏区的武装斗争，坚持艰苦卓绝的三年游击战争，保卫中央苏区。

1935年6月，湘粤赣红军游击队开辟了方圆900里（1里=500米，下同）的游击区。包括湖南的桂东、汝城、资兴、酃县，江西的崇义、大余、上犹、遂川，广东的始兴、仁化、南雄等县边沿地区，游击支队壮大到1000多人。中共湘粤赣边特委命王赤、游世雄领导一支游击队，并带领一个工作团，由刘建华（又名刘新潮）负责，突破敌人的封锁线，到大余、南雄、始兴、仁化交界地带开辟根据地，与崇义文英、古亭的蔡会文大队连成一片，归蔡会文指挥。

始兴北山奇心洞与武岗村在民国时期同属于南雄管辖，均隶属于大庾岭山脉，土地革命战争时期，在中共南雄县委领导下与反动派展开了艰苦卓绝的革命斗争。1935—1937年，湘粤赣红军游击队在此一带活动，红军在北山奇心洞新屋场围楼内驻扎约一个月。当地老百姓在衣、食、住、行方面积极为工农红军或游击队提供方便，同时发动年轻人踊跃报名参加红军游击队。

第二章

全民族抗日战争时期

（1937 年 7 月—1945 年 8 月）

　　1936 年，始兴县就建立抗日进步团体"始兴青年歃血团"。1938 年 2 月，邓文礼、陈培兴奔赴延安参加抗日军政大学学习。1939 年冬开始，全县各地组建乡村抗日自卫队。1940 年 2 月，成立中共始兴县委员会，领导全县抗日救亡运动；同年 7 月，中共广东省委机关迁入始兴沈所红围。1945 年 5 月 13 日，将全县各乡村抗日自卫队联合起来，成立始兴人民风度抗日自卫大队，这支队伍被中共广东省委称为"粤北人民抗日斗争的一面旗帜"。

第一节 中共始兴县委成为抗日领导核心

一、"始兴青年歃血团"等抗日进步团体的建立

全民族抗日战争开始后，在中共南方工作委员会领导下，在广州和广东各地建立了许多抗日救亡团体，其中规模最大、影响最广的有广东青年抗日先锋队，这是中国共产党实际领导的公开的群众抗日救亡团体。粤北的曲江、南雄、翁源等县都成立了抗日先锋队组织，他们活跃在城乡，广泛进行抗日救亡宣传。在国共合作的形势下，抗日先锋队的活动一时还得到国民党爱国人士的支持，对始兴产生了巨大影响，始兴抗敌后援会、始兴青年抗敌同志会、始兴抗日民主同盟（1945 年 2 月，依据中共北江特委指示，中共始兴临时工委建立了党的外围组织"抗日民主同盟"）等抗日救亡团体就是在这样的历史背景下成立的。

在全国人民抗日救国呼声日益高涨的形势下，始兴革命青年迫切要求建立一个极具革命性、群众性的组织，以便开展抗日救国的群众斗争。

曾谊勋、陈培兴等与张光第、刘梦兰一起商量决定，以"始兴青年歃血团"为名建立一个革命组织。1936 年 4 月，成立了始兴青年歃血团，曾谊勋、陈培兴、刘世周为负责人，得到了张光第、刘梦兰的支持和帮助。陈培兴任书记，刘世周为团长，曾谊勋为参谋，张光第、刘梦兰为顾问，主要成员有陈培兴、刘世周、

曾谊勋、张光第、刘梦兰、陈亿勋、陈紫文、张铭、刘昌生、曾国正、陈如康、赖廷枢、聂贱标、郭招贤、刘秉德、吴新民、陈国雄、郑屏、郑镇华、钟履冠等，采取单线联系的方式，共有团员 30 多人，都有枪支。

该团是进步的革命组织。其工作方针：一是要把革命的重心放到农村去，发动组织劳苦大众起来斗争；二是革命要有武装，手里要掌握枪支等武器。根据这两条方针，始兴青年歃血团成员在县城、顿岗、罗坝、澄江等地开展活动，发展了 30 多名团员，掌握了部分公堂的枪支。同时，为了组织群众，以县立一小、城南的德华小学（后改名为信义小学）、顿岗小学为据点，开办民众夜校，招收平民入学，灌输文化知识和革命思想。后来又发展了新村小学、罗坝小学、日新小学、马市小学等几个活动据点。

中共始兴县委成立前，始兴的抗日斗争由始兴青年歃血团领导。始兴青年歃血团成立后，做了大量有意义的工作，团结、教育、培养了一批青年人，为后来党组织的恢复发展做好思想上、组织上的准备。

二、邓文礼、陈培兴等青年奔赴延安抗日军政大学

1938 年春，张光第鼓励和支持一批进步青年赴延安入抗日军政大学学习，并捐款给抗日军政大学建校。在张光第支持下，1938 年 2 月，邓文礼、陈培兴、邓文畴奔赴延安参加抗日军政大学学习，接受党的教育和培养。1939 年 3 月，陈培兴完成学业回到始兴，到风度学校任教。奔赴革命圣地延安后，邓文礼先在陕西安吴堡的西北青年训练班学习，4 月，编入抗日军政大学第一大队学习。学习期间，邓文礼被授予"学习、工作突击队队员"光荣称号，于 6 月 22 日加入中国共产党。

1939 年 8 月，邓文礼从抗日军政大学毕业后回到始兴，进风

度学校任训育处主任。同年，邓文礼加入始兴青年抗敌同志会，担任常委。是年冬，风度学校成立风度抗日自卫中队，邓文礼任指导员。

三、中共始兴县委的建立

由于形势的发展，需要加强粤北党组织的建设。1940年初，中共广东省委派温盛湘为始兴特派员，同时还派共产党员刘彦邦、廖琼、容民铎到始兴工作。当时始兴中学校长由国民党始兴县县长何康民兼任，实际是委托教导主任、县参议长张光第全权代理校务。陈培兴与张光第商量后，将温盛湘等安排在始兴中学任教，以教师的职业为掩护，秘密进行发展党组织的工作。积极发展党员，首先由凌信孚、陈培松、陈培兴等人介绍吴新民、郑屏、刘世周、郭招贤4人入党，接着又吸收了从抗日军政大学回来的邓文畴、梁炎木入党，接转了邓文礼的组织关系。这批党员后来成为始兴人民革命斗争的主要骨干。在学校教师和学生当中，也培养发展了一批党员。风度学校和始兴中学是发展党员的重点，如风度学校教师周耿光、始兴中学学生刘怀汉等都是在1940年入党的，然后通过他们在教师、学生中教育培养入党对象。

1940年2月，经中共广东省委同意，正式成立了中共始兴县委员会，温盛湘为书记，廖琼负责组织工作，刘彦邦负责宣传工作，陈培兴负责统战、武装工作。后增加梁炎木负责青年工作。县委领导机关临时设在始兴中学。

四、深入城乡广泛开展抗日救亡宣传

中共始兴县委利用当时的有利政治形势，以县立中学、县立一小、风度小学、德华小学为重要基地，继续在城乡广泛深入开展抗日救亡宣传活动。这几间学校共产党员比较多，他们都是宣

传队的骨干，在宣传工作中起模范带头作用，团结带动广大学生积极参加抗日救亡宣传。县立中学宣传队在城乡演出，加强进步学生在学生运动中的骨干作用，并培养党的新生力量，依靠进步学生演出抗日剧目《黄大哥》。风度小学宣传队在党员教师的带动下，除在清化地区和县城宣传外，还远涉翁源县的坝子、岩庄、松竹、三华、南浦、翁城，以及英德县的桥头，曲江县的南华寺、犁市等地演出。中共始兴县委成立后，接转了原属中共南雄县委领导的在广东省国民银行始兴乡村团中的党员组织关系，并成立始兴乡村服务团小组，党小组成立了巡回服务队。在宣传演出之外，还特设一个医疗组，义务为群众看病。风度小学和始兴中学还分别在学校附近的彩岭、暖水、冷洞和县城的上围街、嘉街以及附近的农村创办民众夜校，对群众进行抗日宣传和文化知识教育，收到很好的效果。此外，风度小学还创办了一份油印校刊《风度周刊》，经常编发一些抗战的消息，转载《新华日报》专稿，对国民党中央社电讯有利于抗战的言论也转载一些。这份进步刊物在消息闭塞的山区很受欢迎，人们争相传阅，发行量一开始是几十份，后来增加到六七百份。

1940年夏，国民党第十二集团军政工总队在东湖坪举办训练班，训练班中有中共党员几十人，成立了中共党总支，在党总支的推动下，训练班经常派出宣传队到各圩镇进行抗日宣传。

五、发动反对"万人签名"运动

"万人签名"运动是指"万人签名拥护江锦兴再任始兴县县长"的活动。江锦兴在1935年曾任国民党始兴县县长，人民群众对他的敲诈勒索、贪贿无度都非常愤慨。善于拍马屁的伪警佐兼警察中队中队长陈遐观早已察觉民众对江锦兴的仇恨，于1943年上半年，在一次保甲长会议上，联合一些亲信、走狗，决定发起

"万人签名"运动。并以始兴中学为突破口，蒙骗群众。但是，始兴中学是广大进步师生开展抗日宣传的重要阵地。

在学校当局宣布由师生发起"万人签名"运动时，始兴中学三甲班的进步学生魏家文、沈先福、陈尚兰等，三乙班的陈伦叙、陈如高等，相约到石俚坝墨江河畔开会，商议反对"万人签名"运动的对策：一是广泛开展宣传活动。秘密组织一些学生灵活机动地往街道、圩场贴标语贴、白头帖等，揭露江锦兴的罪行。二是在学校首先发起反对"万人签名"运动。三是采取讽刺签名活动。大家在所谓拥护江锦兴再任始兴县县长的签名纸上写上"乌龟""王八""仔古"，合起来就是"乌龟王八蛋"，搞得校方啼笑皆非。四是提高警惕，防止有些反动学生对进步学生下毒手、搞陷害，每人准备一袋石灰、一条木棍、几块石头，以防万一。决意与反动分子拼个你死我活，"牛死藤断"。

县立中学的活动使全县哗然，全县人民对进步师生的活动表示坚决拥护和支持。由于县立中学的强烈反对，反动派发起的"万人签名"运动宣告破产。

中共广东省委机关迁往始兴

一、省委机关临时驻地曾谊勋家、多俸堂祠堂

中共广东省委机关在始兴的临时驻地有两处，一处是曾谊勋家，另一处是县城东郊多俸堂村祠堂。

1940 年 6 月，中共广东省委在南雄召开会议，在听取了始兴县委领导的汇报后，省委书记张文彬对始兴的统战工作非常满意。随后，张文彬亲自到始兴检查工作。经实地调研、了解，张文彬认为始兴的重要部门、农村重要据点和大部分武装都掌握在地下党手中，如此良好的政治环境更适合省委开展革命活动，遂决定将省委机关迁往始兴。

中共始兴县委认真讨论后决定将省委机关设在曾谊勋家。

曾谊勋家在县城，便于开展工作，但也很容易暴露目标。起初，省委先派王均予和司徒明到曾谊勋家秘密开展活动。10 多天后，韶关八路军办事处派电台收发报员李扬到始兴与王均予、司徒明联系，发生了被特务跟踪的事，司徒明立即将情况向王均予汇报，他们意识到曾谊勋家已暴露，必须马上转移。当晚，县委书记张华叫就读于县立一小的地下党员邹统鑫帮忙找住处。邹统鑫在姐姐的帮助下，在城东 3 千米的多俸堂村找到房子，省委机关迅疾转移到多俸堂村。省委机关在多俸堂的驻地是祠堂内一间房子，系泥砖瓦木结构平房。

二、省委机关迁到沈所红围始末

多俸堂属农村，比曾谊勋家安全系数要高，但整个村子住的都是农民，而省委机关工作人员的装扮、素质一看就不像农民，又操着外地口音，加上县城到多俸堂村要经过国民党设在上围街和白石坪的关卡，这也给省委机关工作人员开展活动带来不利因素。鉴于上述原因，省委决定再次搬迁驻地。在始兴地下党员、省委政治交通员郭招贤的帮助下，找了一座叫红围的围楼作为省委机关驻地。

一切准备就绪后，1940年7月中共广东省委机关迁到红围。红围的第一至三层都有当地老百姓住，所以省委机关设在第四、五层楼房里。省委书记张文彬和机关人员住四楼，省委电台设在五楼。电台负责人黎柏松，译电员李汉，机务员李扬，司徒明以老板娘身份为掩护。

常住和来往红围的有省委书记张文彬、组织部部长李大林、宣传部部长涂振农、统战部部长古大存、妇女部部长兼秘书长张越霞、青年部部长吴华以及饶卫华、梁广、陈能兴、冯新有等各地区负责人。他们都是化装成做生意的老板或访友的知识分子进出红围，郭招贤对外则说他们是自己的朋友，叫三哥郭贻生多多关照并安排他们的生活。

从外地调来的省委机关工作人员，始兴党组织通过各种社会关系和合法手续，安排他们在附近的信义、沈所、日新小学任教，以社会职业为掩护开展革命工作。由于有了比较安全的办公驻地和周围良好的社会环境，所以中共广东省委在红围期间开展了许多重要的革命活动。

1941年春，中共粤北省委机关由红围迁往韶关。电台仍留在始兴红围执行任务，由黎柏松和司徒明负责管理，郭招贤负责保护。

三、始兴人民支持省委开展革命活动

举办党员干部学习班。1940 年 7 月，中共广东省委机关迁到始兴红围后，省委把这些同志安置在红围附近的冼屋围住宿，同时举办干部自学班，成员有冯燊、谢创、陈能兴、陈恩、唐健、余铭艳等 6 人。自学班没有辅导员和讲师，由学员自己买菜、做饭，自我学习。在始兴党组织的帮助下，学员学习生活便利，圆满完成了学习任务。同年 9 月，自学班结束，学员从陆路回到韶关接受省委的工作分配，分头奔赴各自岗位。

此外，省委还在红围北面的江口圩举办党员骨干干部学习班，由李殷丹、林锵云主讲，各地县的负责干部参加学习。学习班学习中共中央《论政策》等文件，宣传共产党坚持抗战的各项方针政策。

建立秘密交通联络站。在省委的直接领导下，始兴党组织在全县城乡建立了郭屋、李屋、私立志德小学、沈所小学、明达小学、日新小学、德华小学、风度学校及县城光复堂、始兴中学、县立一小、东门街伪银行等 20 多个秘密交通联络站。这些交通联络站可直通南雄、翁源、曲江、韶关、江西省等地，有效地保护了广东省委工作安全有序、正常运转。

召开省委和各地特派员会议。1940 年 12 月，根据中共中央指示，广东省委在红围四楼召开省委和各地特派员会议。出席会议的人员有张文彬、李大林、梁广、罗范群、陈能兴等省委机关人员。会议首先由张文彬宣布中共中央关于成立南方工作委员会及广东省委分设粤北省委和粤南省委的决定。张文彬、涂振农调任南方局，粤南省委驻香港，由梁广任书记；粤北省委驻始兴，由李大林任书记，饶卫华任组织部部长，黄康任宣传部部长，饶彰风任统战部部长，陈能兴任青年部部长，朱瑞

瑶任妇女部部长，严重任秘书长。粤北省委下辖东江地区、西江地区、北江地区、赣南地区等地党组织。始兴隶属于北江地区的后北特委。宣布上述决定后，与会人员传达学习研究中共中央《论政策》等文件。

坚持抗日民族统一战线

　　日本侵略者发动侵华战争，中国各阶级的关系发生了变化，中日两国的民族矛盾上升为主要矛盾。据此，中共中央制定了抗日民族统一战线的方针，以便团结一切可以团结的力量共同对敌，争取抗日战争的胜利。

　　中共始兴县委依据党中央提出的"发展进步势力，争取中间势力，最大限度地孤立顽固势力"的原则和上级党委的指示精神，结合当时始兴的政治环境，从实际情况出发制定了统战工作的具体方针：

一、团结社会各界进步人士

　　小学教师李子衡、谢义兴、邓文槐在地下党组织的帮助影响下，思想倾向革命，与党共事合作，肝胆相照。他们在先后各自担任校长期间，积极支持掩护党组织的活动，在组织抗日救亡宣传中发挥了重要作用。著名中医师陈大勋在地下党的影响下，思想开明，拥护党的抗日主张，他积极支持儿子陈培兴、陈培松开展革命活动，党以他的药铺"光复堂"作为秘密据点，掩护地下党组织的活动。他还以大量药品、粮食和钱财支持风度抗日游击队。爱国人士基督教牧师凌德渊虽然信仰基督教，但他的思想是进步的，早在 20 世纪就加入了中国同盟会。土地革命时期，南雄湖口农民暴动失败后，领导人张道谦为躲避反动当局追捕，便躲在凌德渊家，随后送至南洋。全民族抗战时期，他对德、意、日法西斯侵略暴行深恶痛绝，对国民党的反共投降政策表示不满，拥护共产党的抗日主张，支持自己的子女参加革命，并利用牧师身份及德华小学董事长的名义，长期掩护地下党组织的活动，冒险掩藏过中共广东省委的电台和党秘密武装的枪支。澄江乡绅张鉴堂，北山乡绅朱光贞、林万青、饶文光，县知名士绅何庆功等，也是党的统战对象，积极与党合作。张鉴堂从抗战开始就同地下党有联系。为了做好张鉴堂的工作，中共始兴县委先后派出共产党员吴伯仲、张励、黄洁琳、李子德、邓文畴、李循作等去澄江，张鉴堂安排他们在自己主办的金鉴小学，以教员的身份开展革命活动。在党的影响帮助下，张鉴堂组织抗日自卫队与风度大队紧密配合开展抗日反顽斗争。1945 年 8 月，国民党反动当局密谋逮捕地下党员黄洁琳。张鉴堂得悉后立即叫他的儿子送黄洁琳到江西全南他的朋友处隐蔽。在解放战争期间，张鉴堂又为五岭地区人民解放斗争作出了很大贡献。

二、与瑶胞建立亲密关系

始兴的瑶族同胞有 1000 多人，大多数散居在曲（江）始（兴）交界的汤湖輋、田梅坑、左拔水、右拔水、雷瑶等一带深山老林里。这一片大山区山高林密，纵横几十里，是开展游击战争的最好依托和回旋地区。瑶族人民历来深受国民党贪官污吏和一些汉族人的压迫、剥削和歧视，毫无政治权利和社会地位可言，过着穷困悲苦的生活，迫切要求改变现状和处境的愿望极为强烈。

为了消除历史原因所造成的瑶汉两族之间的隔阂，在抗日民族统一战线的原则下团结一致共同抗日，中共始兴县委把做好瑶族同胞的团结工作作为一项战略性的任务。工作方针是：从政治上启导，从生活上关心，交朋结盟，争取瑶族头领支持共产党的抗日主张；团结教育贫苦瑶胞作为抗日武装斗争的基本力量和革命的基本群众。由于风度小学接近大片瑶区，这项任务主要由风度小学党支部担负。

风度小学党组织采取各种措施做团结瑶胞的工作。一是提高瑶族同胞的社会地位。风度小学成立校董会，经董事长张发奎同意，吸收了瑶胞邓福全为董事会董事。学校还申明尽力维护瑶胞的利益。二是在经济上给予照顾。学校规定，瑶族子弟到风度小学读书免收学费，生活比较困难的还免收膳费，每年每个瑶族学生发一套衣服。三是在生活上给予关心。瑶胞有疾病，学校派医疗组去给他们免费医疗。四是加强感情联系。逢年过节到瑶山向各家祝贺，过春节送春联到各家贴在门口。有几位党员教师还和瑶胞结拜兄弟，甚至立下誓盟，关系更加密切。吴新民等还以风度小学负责人的身份到瑶寨去拜访瑶族头领，共商抗日大计与乡校之事，同他们建立良好的友谊关系。五是进行爱国主义教育，宣传抗日。学校经常派出教师带着抗战画报和留声机上瑶山。展出画报，打开留声机播放抗战歌曲。待瑶胞聚集起来，便向他们讲抗日战争形势，讲八路军、新四军抗日的故事，使他们了解共产党的抗日主张。同时讲瑶汉一家亲，大家要团结一致共赴国难。

从1944年冬到1945年，始兴抗日武装斗争开展前后，始兴县政府抗日自卫队风度卫校独立分队在瑶山和八约地区活动时，得到瑶族同胞的积极支持帮助。他们担任通讯联络，供应物资，掩护医疗游击队伤病员，有的还持枪参加战斗。在始兴的抗日武装斗争以至后来的解放战争中，瑶族同胞始终同人民武装心连心并肩战斗，同艰苦、共患难，为革命作出了重大贡献。

三、化解地方宗族矛盾

为广泛动员民众团结一致抗日，地下党组织注意调解乡村宗族矛盾和协调地方乡绅关系。澄江地区是宗教矛盾比较突出的地方，过去澄江与铁寨经常闹宗族矛盾，双方多次使用枪、炮等武器械斗。为了缓和澄江的宗族矛盾，张光第、刘世周、陈培兴从抗日战争开始就做了一些工作。1944 年以后，负责澄江地区的始兴县委成员邓文畴和几个党员，首先做好澄江乡绅张鉴堂的工作，然后分头做好工作，晓以民族大义，尽弃前嫌，团结抗日。经过耐心细致工作，解决了国民党政府多年无法解决的宗族矛盾，双方士绅和头面人物互相接触，逐渐消除隔阂，两地亲戚朋友也恢复来往，原来感到孤立的张鉴堂也不至于孤立了，更坚定地倾向和支持共产党。此后，澄江、铁寨两方人士在党的领导下，积极组织武装参加抗日武装斗争。

第四节

领导抗日武装斗争

一、乡村抗日武装的建立

清化彩岭村民在风度小学地下党组织的动员下，于1939年冬组建了始兴最早的抗日武装"彩岭抗日武装自卫团"。村里的张景时、张庆槐、张荣贵、张祥丰、张庆云、张家浓、陈万古等40多位村民踊跃参加了抗日武装自卫团。1945年2月，始兴县城沦陷。为了抗击日军，彩岭村又组建了"彩岭抗日自卫分队"，张锦宏任队长，有30多人。学校附近的暖水、合头、田屋、桃村坝、严屋、许屋等村庄也相继成立乡村抗日武装。

1944年冬，为防范国民党反动派和日军的侵扰，老黄塘周边村民自发组建了"老黄塘抗日自卫队"，邓良汉为总负责人，唐胜标任队长。与此同时，浈江北岸的俄井、棠加村、马眼、水口、总甫等村也先后组建乡村抗日自卫队。

同年冬，陈培兴、郭招贤率领风度队挺进八约建立了"八约抗日自卫中队"，郭招贤兼任队长，张艺兼任指导员。

1945年3月29日，吴新民代表风度队宣布成立"抗日自卫队"（简称"营队"）。任命陈大梅为营队队长，郭招贤任教导员。营队暂设4个班，班长陈培标、陈大明、陈大龙、陈美生。建队时共有成员30多人，后来发展到80多人。营队成立后，营队队员做好了随时抗击敌人的准备。

1944 年 6 月，在澄江活动的地下党员在金鉴小学和铁寨小学相继成立了党支部。这两个支部的党员都是以教书为职业，广泛联系群众开展抗日救亡的宣传，并于 1945 年 1 月组建了"澄江抗日中队"。澄江抗日中队由刘世周负责，并培训了武装抗日的队伍，为抗日保家做好充分的准备。

1945 年 2 月，抗日民主同盟成员刘汉兴奉命在家乡顿岗总村组建了抗日自卫队。3 月 5 日，刘汉兴又动员总村、寨头、东流等地青年，组建了 25 人枪的"顿岗抗日自卫中队"。顿岗抗日中队在顿岗、周所一带活动，与驻在偏曲的郑屏部队互相配合，抗击日伪军。5 月 13 日，顿岗抗日中队奉命编为风度大队顿岗中队，中队长刘汉兴，指导员陈如康。同日，风度大队将八约抗日自卫中队整编为黄坑、大坪中队，中队长罗翼恩，副中队长饶振铭。

同年 7 月 4 日，郑屏和进步人士张光第在柑梓园组建了"柑梓园抗日中队"，中队长张禄山，副中队长兼文书张旺金，指导员张禄群。下辖 3 个小队，其中坳背小队长是张禄宣，坑底小队长是张旺山，何屋小队长是何世标。

二、中共始兴党组织领导的几次重要战斗

（一）外营反"围剿"自卫战

1945 年 5 月 4 日，在偏曲率部起义的郑屏分队到外营村与风度队会师。当国民党始兴县县长江锦兴得知这一情报后，恼羞成怒，恨不得马上消灭这支抗日队伍。过了几天，江锦兴便趁风度队在外营村未站稳脚跟之际，纠集县国民兵团、政警队、别动队准备攻击外营村，企图把始兴的抗日武装一举歼灭在外营村。

5 月 9 日，天还没有亮，县国民兵团副团长吴应基带着 100 多人包围了外营村。警觉的陈培兴组织分头通知营队队员紧急集

合，准备战斗。天蒙蒙亮，敌人开始进攻，外营村的营队队员以村中各个角落作掩护，从墙孔、窗口给敌人以沉重的打击。敌人因不熟悉村里的地理环境，不敢贸然进村"围剿"，所以他们只能在村的外围强攻。

铜钟寨的吴新民部队和马头岭的郑屏部队接到陈培兴的信后，便火速赶往外营村。两支队伍到达外营村的外围时，即刻进入战斗。"围剿"的敌人见进村已经不可能，只好被迫败退。敌人在逃离的过程中又遇到吴新民、郑屏部队的追击，进退两难。

双方激战一个多小时后结束战斗。此次战斗，是一次胜利的战斗，共击毙敌人20多人，伤敌数十人，俘获3人，缴获枪支14支及弹药一大批。

（二）马头岭抗日阻击战

马头岭之战是始兴人民抗日武装同日军进行的一次最大战斗。5月9日上午，当风度队、郑屏起义部队、外营抗日自卫队联合一举击溃由县国民兵团副团长吴应基率军警"围剿"后，下午3时，日军四五十人从县城经沈所向外营开来，被马头岭哨兵发现，正在外营村外山岗松林休息的风度独立分队领导吴新民、陈培兴、郑屏即刻部署战斗，组织队员和外营村民兵共100多人分两路埋伏，一路由外营村前面水圳埋伏，一路由外营村东面土地庙到马头岭陈屋埋伏，占领马头岭制高点；另有突击队在关帝庙后树林埋伏，布置了半弧形伏击阵地。当日军进入伏击圈内100多米时，阻击部队一声令下，一齐向敌人射击。敌人突然遭到袭击，队伍立即散开，就地以高坎作掩体，组织火力还击，同时组织40多人在机枪掩护下，向风度队阵地反扑。风度队员和民兵居高临下，英勇还击，打退日军的疯狂进攻。战斗进行了一个多小时，日军虽然凭借着先进的武器装备，可并未在此役中占到任何优势。眼见夜幕降临，在风度队员和民兵的联合攻击下，日军很有可能全军覆没。于是，日军指挥官将队伍分成两部，组织交叉火力掩护，狼狈不堪地向沈所逃遁。这一仗虽未毙敌，只打伤两三个敌人，但却震慑了日伪，是日军占领始兴以来未有过的惨败。

（三）围溪抗日阻击战

1945年2月始兴沦陷时，沈所围溪村组织了一支民众自卫队，保长谢义摩任队长，共有队员60多人，步枪15支、手枪8支、鸟枪100多支、土炮7门，驻地设在围溪学堂内。5月中旬一个夜晚，汉奸便衣队长吴显元带领日伪军100多人分两路进犯围溪。凌晨，日伪军进入死蛇岭坳，被围溪自卫队5名哨兵发现，他们举枪喝问，其中一名哨兵被日军开枪打死，其余4名利用松林作掩护，与日伪军展开战斗。激烈的枪声惊醒了学堂内的其余自卫队员，队长谢义摩立即派谢义廉带领10名队员前往山关接应，自己则带领部分队员在大围村旁的松林里布置土炮向日军轰击。密集的子弹打得日伪军退回山头。队员们一边出击，一边掩护哨兵和罗坑、鸭江水两村的群众撤退。战斗从凌晨打响，一直坚持到中午时分，敌人见自卫队的土炮火力过猛，久攻不下，便又从县城调来日军20多人，并配一门小钢炮，企图用小钢炮压制自卫队的土炮。而围溪自卫队员凭借熟悉地形的有利条件与敌人周旋，避实就虚，采取近打战术，使日军的小钢炮无法施展威力。在双方处于胶着状态的时候，邻村抗日自卫队也闻讯赶来增援。战斗持续到当日下午4时，日军终于抵挡不住，只得抬着死伤的士兵败阵逃回县城。

（四）桃村坝战斗

国民党顽固头子江锦兴、吴英禄等为打击进步力量，压制群众抗日武装斗争，使尽了极其阴险毒辣的手段。1945年5月3日郑屏率队起义后，国民党当局即以"煽动郑屏叛变"之罪，于同月7日将革命人士张光第和进步教师田章、郭家兴等囚禁起来，同一天又派兵来风度学校抓吴新民，幸好吴于几小时前已离开学校，经冷洞到了外营村，没有被抓到。江锦兴便要挟风度学校校长全赉靖交出吴新民。全赉靖没有屈服于国民党当局的压力，并受中共始兴临时工委的托付，前去与江锦兴交涉，要求国民党当局以抗日大局为重，立即释放被扣人士。但江锦兴坚持顽固立场，经过多次交涉，仍不肯答应放人。

中共始兴县委与风度大队领导人立即开会研究，认为国民党当局一系列的举动彻底暴露了其投降反共的真面目，已成为抗日武装斗争的大障碍。为了扫除这一障碍，风度大队决定采取武力解决的办法，彻底摧毁反动的国民党始兴县政府、县党部，惩罚那几个投降反共的反动头子。

6 月 27 日，风度大队将南山、北山的乡村抗日武装集中起来，共 600 多人，由吴新民、邓文礼、周耿光、陈培兴、郑屏等率领，星夜从左拔水、右拔水、冷洞向国民党始兴县政府临时所在地桃村坝进军。29 日凌晨包围了国民党始兴县政府、县党部、县国民兵团和志锐中学的反动武装。战斗开始时，争取了县国民兵团中队长郑镇华（原是"始兴青年歃血团"成员）率队起义。只剩下县国民兵团两个中队据守。战斗从清晨持续到晚上，摧毁了国民党始兴县政府、县党部和志锐中学特务窝，活捉了国民党始兴县党部书记长吴英禄、志锐中学校长兼中统特务头子杨瑜。吴、杨两个反动头目在群众的要求下被就地处决。营救出张光第、田章、郭家兴、徐良、李三光等被囚禁的同志。江锦兴由刘道平、吴应基等 30 多人护卫，乘大雨浓雾侥幸逃跑。

桃村坝战斗缴获重机枪 1 挺、轻机枪 2 挺、步枪 200 多支，弹药及其他物资一批。张光第及其他被扣人员被营救出来。自此，风度大队领导全县人民全力抗日，始兴人民抗日武装斗争进一步深入发展。

（五）收复始兴县城

1945 年 6 月 29 日，国民党始兴县政府被始兴人民风度抗日武装摧毁后，消除了抗日后患，各乡村抗日武装得到了进一步的发展，风度大队队伍也更加强大，日伪武装只能孤守县城。当风度大队得悉日军将要撤退的情报，便动员全县各地抗日武装包围县城，准备歼灭日军，收复县城。

为了准确地打击日军，在日军撤退前夕，风度大队大队长吴新民先布置主力第二中队约 200 人进驻在城外，由队长郑屏、指导员陈如康、政工队队长容子青 3 人组织队员彻夜密切注视着日军撤退情况。7 月 23 日，唐胜标奉命率领第三中队进军县城，占领许塘岭制高点，朱光荣率领俄井抗日自卫队向五里山的崩岗岭进发，掩护风度大队主力进攻县城，打击日军。

在始兴人民抗日武装强大攻势的威慑下，盘踞在县城的日伪军星夜弃城逃跑，风度大队尾随追击，始兴县城顺利收复。风度大队缴获日伪留在县城的一批武器和弹药，接收了县城所有机关部门，宣布光复始兴县城，全县人民无不欢欣鼓舞。

中共始兴县临时工委以布告形式向全县人民宣布"始兴抗日民主政府"庄严成立，任命吴新民为县长。至此，始兴人民抗日武装斗争结束。

三、成立始兴人民风度抗日自卫大队

继始兴县政府抗日自卫队风度卫校独立分队成立之后，始兴党组织加强了抗日武装的建立工作，沈所外营、八约、澄江、顿岗、北山老黄塘、总铺、马市俄井相继成立了农村抗日自卫队。在县临时工委和前线工委的领导下，各地抗日武装均开展了袭击日军的行动，有效地提振了始兴人民抗日的信心。

1945 年 5 月 4 日，郑屏率领始兴县国民兵团独立分队 30 多人

在偏曲起义，然后将队伍开到外营村与风度队会合，进一步壮大了始兴抗日力量。5月9日，风度队和郑屏队在外营取得了一天两次战斗胜利后，吴新民、陈培兴、郑屏等领导人带领武装队伍转移到北山地区。在行军途中，吴新民等人决定把原风度队和郑屏的起义部队合并成立风度抗日自卫大队。5月11日，吴新民等率领的始兴武装力量转移到北山与老黄塘唐胜标的抗日自卫队会合后，大家一致同意在新形势下成立始兴人民风度抗日自卫大队。

5月13日，经中共北江特委路东工委书记谢永宽批准，以风度队和郑屏队为主力，联合北山两个自卫队，澄江、顿岗、八约、外营等乡村自卫队500多人，于北山新屋场召开会议，成立始兴人民风度抗日自卫大队。

陈培兴在新屋场草拟了《告全县人民书》，公布始兴县抗日武装风度大队是中国共产党领导的革命队伍，是合法的抗日救国军队。号召全县人民团结一致，抗日救亡，反对投降卖国，争取成立人民政权。

为了健全建制，任命吴新民为大队长，郑屏为副大队长；周耿光为政治委员；陈培兴为政治部主任，张泉林为副主任；邓文畴为组织科科长；何家瑜为宣传科科长。风度大队下设8个中队。

新任大队长吴新民代表风度大队简要地谈了当前形势和成立风度大队的宗旨、任务。从此，风度大队公开举起了抗日的旗帜，更加坚强、勇敢地打击日军和国民党顽固派。

风度大队成立后，立即派出工作人员分头到全县各地发动群众参加抗日武装。不久，参加风度大队的人数达到了600多人。同时，发展了8个村400多人的民兵组织，开展抗日斗争。

1946年6月，根据共产党与国民党达成的协议，驻始兴的东纵部队奉中央命令北撤山东解放区。风度大队的一部分干部和队员如吴新民、陈培兴、容子青、郭招贤、华英、林先运等随东江纵队北撤。

为了继续开展武装斗争，上级党委决定五岭地区留下风度大队部分骨干和精锐武器分 7 个点进行掩蔽，等待适当时机开展武装活动。始兴分 2 个点就地掩蔽坚持斗争：北山一个点由吴伯仲、何祥、唐胜标、朱光荣带领；南山一个点由邓文礼、陈如康、张艺带领。至此，风度大队的番号取消。

四、震惊全国的 "外营惨案"

国民党顽固派得知始兴游击队经常活跃在外营村，便企图把游击队斩尽杀绝。1945 年 8 月 1 日凌晨 4 时多，国民党六十五军一八七师五五九团和五六〇团，连同始兴地方团警近 2000 人，分六路进兵包围外营村。

邓文礼、陈培兴、郭招贤一起组织主力中队以村中巷道为掩体反击敌人。郑屏率部来到外营村北面的山上，举枪向敌人射击。住在理坑的吴伯仲听到枪声后立即率队驰援，在外营村边缘与敌人展开激战后转移。

村子即将沦陷的紧要关头，指导员郭招信率领 30 多名风度战士和营队队员集中火力，掩护来不及撤离村庄的 100 多位老人、小孩、妇女火速避入村东南面的围楼。

经过两天的战斗，敌人对围楼的围困和攻击丝毫也没有放松。到了晚上，乘敌人放松的时刻，郭招信动员非战斗人员，特别是妇女、孩子乘黑夜用粗绳从窗口吊下，共有 10 多名妇幼群众冲出了敌人的包围圈，死里逃生。

敌人进攻围楼两天两夜，最后偷偷地从外营村的一间房子内挖一条地道通向围楼西北角墙基底下，然后安放几百斤炸药。8 月 3 日上午 11 时左右，随着 "轰" 的一声巨响，围楼的围墙被炸塌了一角。接着敌人又从马头岭发射几颗燃烧弹击中围楼，四层高的围楼大部分沉了下来。在这生死攸关的紧要关头，队员们拼命地撬开围门栅板，挖出一个仅能出一个人的洞口，让群众从洞口冲出去，可是很快就被敌人用火力封锁。双方相持了一段时间，敌人从被炸的墙角处和围门口冲进围楼，大肆杀害队员、群众。此次战斗死难 112 人，大部分是妇女、小孩、老人。财物被抢光，猪、牛抢杀 100 多头，民房烧毁 120 多间，全家被杀害的共有 14 户。这就是国民党顽固派制造的骇人听闻的始兴"外营惨案"。

第三章
解放战争时期
（1945 年 8 月—1949 年 9 月）

　　"外营惨案"后，中共始兴县委认真总结经验教训，采取"保存实力，待机破敌"的方针，将部队转移到山区活动，积极配合东纵、珠纵开展反"围剿"斗争。东纵北撤后，根据敌强我弱的形势开展隐蔽斗争，建立解放战争革命根据地，组织全县人民开展反"三征"、反"清剿"斗争。积极争取国民党始兴县县长饶纪绵率部起义，配合南下大军解放始兴。

第一节 实施战略大转移

从外营一带撤出的风度抗日队伍，随后全部转移到北山集中。1945年8月6日，中共始兴县委在新屋场的山洞里召开了风度大队中队级以上的干部会议。会议就外营事件对当时斗争形势进行分析，总结经验教训。鉴于当时敌我力量悬殊，又在敌人重兵进攻的火头上，为了保存实力，待机破敌，会议决定暂时采取战略退却，以分散对付敌人的集中，将部队分作四路转移到山区活动。

一、与东纵、珠纵北上部队携手战斗

遵照中共中央"创造进退有据的战略根据地，扩大解放区和主力军，准备协同中央派出南下五岭的王震、王首道支队创建五岭根据地"的指示，由珠江纵队原司令员林锵云、东江纵队原副司令员王作尧和东江纵队政治部原主任杨康华等组成粤北军政委员会、粤北指挥部，率领东江纵队、珠江纵队部分队员北上五岭。东江纵队、珠江纵队北上部队分两批次分别于1945年8月底和9月下旬抵达始兴。当第一批北上部队与风度大队会师不久，"二王"支队正好到达江西，收到了日军投降的消息，他们便没继续南下，而是转道去了大别山。根据党中央指示，东纵、珠纵北上部队直接上五岭，开辟新的游击区。

（一）茶坪莫屋纸厂突围战

1945年9月上旬，风度大队副中队长朱子奇带领一个武装班

来给东江纵队第五支队政委黄业队伍带路北上。途中，北上部队成功歼灭敌护路队，又顺利地解除了新庄水敌乡公所的武装。随后，驻守周田的国民党军追击而来。

邬振强率主力中队沉着应战，边打边向北山地区撤退。当队伍到达茶坪时，才摆脱敌人的追击。之后，朱子奇把东纵部队带到茶坪莫屋纸厂，安排部队在纸厂隐蔽起来，他则去联络大部队。邬振强对朱子奇虽然不是很了解，但考虑到他是风度大队的一名副中队长，对他就有几分信任。于是，自己把队伍整顿好，然后加强警戒，等待朱子奇的好消息。天还没亮，朱子奇就带着敌人把整个纸厂包围起来。幸好天还未亮东纵队员一冲出纸厂就隐蔽在大山林中，不易发现。当大部分队员冲出纸厂后，邬振强最后一个端着机枪边打边突围，不幸的是他在突围时被敌人击中壮烈牺牲。

（二）北山奇心洞事件

1945年9月19日凌晨，国民党一八七师围攻奇心洞山上纸厂，护理人员及伤病员拿起武器与敌军战斗，相互掩护冲出包围。虽然双方力量悬殊，但大部分人员仍然冲出了敌人的包围圈，隐蔽在丛山密林之中。还有38名伤病员因伤病太重而没能冲出包围，结果惨遭国民党军的杀害。

9月20日清晨，粤北指挥部警卫营代指导员何祥和参谋邱特、曾杰闻讯后，立即联系武岗村的伍祥忠、伍祥兴、欧兆南等人，然后组织武岗、奇心洞两村的村民协助部队医务人员对突围出来的伤病员进行援助和救治。对牺牲的东纵战士，村民怀着悲愤的心情把他们的尸骨掩埋了。为了保护冲出重围的伤病员的安全，9月22日，他们回到东纵叶镜大队，然后随队继续北上，与国民党反动派作斗争。

（三）坳背突围战

珠江纵队北上部队在龙斗輋遭到重创后，部队分几条路进军。梅易辰、戴耀、徐云、何干成领导的队伍到清化、深渡水一带活动。

1945年11月5日下午，梅易辰部来到司前坳背。11月6日下午，从司前圩赶来的敌人把坳背村重重包围。黄昏时战斗打响，大家立即往村外突围，结果受到敌人猛烈的火力封锁，不得不退回村里。坳背村四周都是高山，敌人已经占领了西面有利的制高点，如不突围就有可能被全歼。在这紧要关头，戴耀果断率领大家突围。指导员戴苏带领11人勇敢地冲向东面被火烧光的山头，然后给西面的敌人予以反击，掩护部队突围。随后部队往北面和南面方向突围，与前来"围剿"的敌人发生激烈的战斗。战斗是残酷的，这一仗珠江纵队丢失机枪3挺，副指导员冯庆、机枪手黎勤等35人牺牲，其中戴苏带领的11人就牺牲了9人。一名女宣传员受伤被捕后宁死不屈，被敌人押到司前圩杀害。突围出去在密林中隐蔽的中队长杨忠因伤病无药治疗而牺牲。

事后才知道是坳背村保长设下陷阱坑害部队。后来梁奋和谭金伦带着小部队从澄江出发，在坳背与邓文礼会合。曾经在坳背突围战中得以突围出来的黄涛积极主张活捉敌保长，以实现他多年报仇雪恨的愿望。黄涛带着这个仇，亲自爬墙跳进敌保长的家，将其擒获，最后处决，偿还了血债。

二、开辟北山、南山革命根据地

为了对付国民党反动军队的"进剿"和准备开辟五岭革命根据地，1945年11月，粤北指挥部负责人林锵云、王作尧、杨康华在澄江的铁寨召开军事会议，将部队作了调整，分地区负责开展五岭地区的人民武装斗争。

始兴以浈江为界划分北山和南山两大片地区。指挥部将风度大队一分为二，编入东纵北上部队的序列，仍保留风度大队的番号。在北山的风度大队一个中队，归属负责北山地区的马安大队。原在南山活动的风度大队统归由李东明指挥的南山部队，其中有何通大队、何俊才大队。

在北山，马安大队依据有利地形，运用"敌进我退，敌驻我扰，敌疲我打，敌退我追"的游击战术，神出鬼没地打击敌人。1945 年 11 月的一天，在里什地的山路袭击敌人，晚上又攻打埕坪的一连敌人。1946 年春节后的一天，敌人兵分几路合击，马安大队化整为零，采用声东击西的战略战术，分班活动袭扰各路敌人，晚上深入敌营捉摸敌人哨兵，搞得敌人疲惫不堪，只好撤兵。马安大队还不时出没于浈江河和南韶公路上打击敌人。

坚持在南山的何通大队、何俊才大队及风度大队，一方面在政治上揭露敌人的内战阴谋，另一方面对进犯的敌人予以严厉的打击。1945 年 12 月，截击了国民党一八七师的一批军车。1946 年 1 月 18 日，袭扰了始兴县城。5 月 12 日，围歼了罗坝乡公所自卫队。

经过半年多的斗争，南山、北山大部分地区已控制在游击队手里，一些反动的国民党乡公所被摧毁，国民党正规军不敢轻易进山"进剿"。原来由风度大队建立的澄江、北山、八约等游击根据地也得到了恢复和发展。

三、东纵北撤后的隐蔽斗争

1946 年 6 月，东纵部队北撤后，留下的党员干部和武装力量，按照中共广东区委关于"保存力量、保存骨干、长期积蓄力量，等待时机"的斗争方针，要求地方党组织转入地下活动，留下的武装人员采取各种方式坚持隐蔽斗争。

在始兴留下坚持武装斗争的60余人，他们分散在几个地方作绝对隐蔽。在南山，由邓文礼和陈如康率领20多人先在澄江南石坑尾山洞里，后转到全（南）、始（兴）交界的白眉峙丛林的崖石下沿，另一部分在石人嶂或在家乡隐蔽；在北山，由吴伯仲率领20多人隐蔽在南始交界的甲下山纸厂里。

隐蔽的生活非常艰苦，风餐露宿，东迁西徙，以避开敌人的侦查和搜捕。这些饱经战争烽火考验的指战员们，满怀革命乐观主义豪情，抓紧时机学习革命理论和文化军事知识，在艰苦生活中磨炼斗志，以迎接即将到来的严峻斗争。

在隐蔽的岁月里，也发生过与敌人的战斗，其中最有影响的是甲下山伏击战。甲下山位于始兴马市岭头村，是个小小的村庄，在反"三征"斗争中却发挥了重要作用。1947年2月初，根据上级指示，吴仲伯在甲下山召集隐蔽在北山的20多位同志，学习分析形势，讨论今后斗争任务。就在此时，国民党南雄县1个自卫中队60多人，经西坑进扰甲下山村，强行拉兵夫征粮勒税，强迫农户在欠粮单上画押，保证在2月底前交清；否则，就要遭受严刑拷打。吴仲伯等决定等待时机，给敌人以狠狠打击。根据侦查，敌人准备进村"三征"，游击队在吴仲伯指挥下，派唐胜标、朱光荣、张发桥等组成伏击分队，将敌拦腰切断。部署在路上埋下2个地雷，突击组位于中央，机枪、手提枪两队于两翼形成交叉火网。当日9时，狡猾的敌人分三股队伍拉开距离，相继由甲下山村开来。当敌前卫越过伏击点后，指挥员一声令下："打！"顿时，地雷爆炸声、机枪声震撼整个山谷，子弹像雨点一样飞向敌人。三路队伍冲上去，敌人抵挡不住，颤抖地举起双手投降。这一战，打死打伤敌人5人，俘虏中队长、排长各1人，士兵14

人，缴获手枪 2 支、步枪 19 支、子弹 2000 多发，我方无一伤亡。甲下山伏击战，创造了以少胜多的战例，开创了始兴人民武装斗争的新局面。

第
二
节

开展反"三征"、反"清剿"斗争

一、邓文礼、吴伯仲率队征战南山、北山

1946年6月26日，蒋介石悍然撕毁停战协定，命令其军队大举进攻解放区，发动了全面内战。广东省国民党当局更加紧对各地人民武装的"清剿"。为了加强对革命势力的"清剿"，国民党始兴县政府组建了"始兴义勇自卫大队"后，各乡组建了20～50人的自卫队，随时配合驻军进行"清剿"。在开展"清剿"的同时，县国民党当局还加紧实施"三征"等苛政。

蒋介石发动全面内战时，广东北撤部队已安全抵达山东烟台。1946年7月，在同上级还没取得联系的情况下，黄业在帽子峰召开隐蔽在南雄、始兴的负责人会议，陈中夫、邓文礼、吴伯仲参加了这次会议。会议提出"反对内战""反对进攻解放区""反对迫害复员军人"的口号，发动群众起来斗争。

9月，中共粤赣湘边临时工委在帽子峰召开会议，会议决定马上结束隐蔽生活，开展活动。11月上旬，特派员黄友涯来到始兴和隐蔽在南山、北山的部队取得联系。邓文礼、吴伯仲带领的武装人员表示坚决贯彻粤赣湘边临时工委的决定，结束隐蔽生活，开始革命活动。12月，中共粤赣湘边临时工委在帽子峰召开各队负责人会议，会议决定：以反内战、反"三征"为口号，发动群众，公开活动于粤赣湘边各地。

　　邓文礼、吴伯仲参加会议后，分头在南山和北山开始活动。活动于南山的部队成立始兴人民反征大队，邓文礼任大队长，黄友涯任政委；活动于北山的部队成立北山人民反征自救大队，吴伯仲任大队长，陆一清任教导员。始兴的两支队伍到处宣传发动组织群众，打击反动派，并开谷仓救济穷苦百姓。始兴人民反征大队成立后，还组建了一支手枪队，刘汉兴任队长。此后，刘汉兴率领手枪队在浈江南岸地区活动，为部队筹粮、筹款，开展反"三征"斗争。

　　1947年1月18日，何祥、唐胜标率领北山人民反征自救大队20多人围攻曲江、始兴交界处的曲江县新庄水乡公所，俘获反动乡长和自卫班10多人，缴获长、短枪11支。1月19日晚，邓文礼率领始兴人民反征大队兵分三路，分头袭击周所、顿岗和骚扰始兴县城，共俘敌10多人，缴获步枪30多支。1月21日晚，吴伯仲率领北山人民反征自救大队骚扰曲江县新庄水乡公所，邓文礼率领始兴人民反征大队骚扰始兴县城。始兴人民反征大队的手枪队潜入县城，向国民党始兴县政府开枪射击，敌人乱成一片，县国民党当局惊恐万状。事后，国民党始兴县县长林为栋向张发奎引咎辞职，县政警队一下子逃跑了20多名队员。

　　3月12日，始兴人民反征大队和北山人民反征自救大队联合起来，在始兴至曲江公路麻洋段设伏，袭击国民党军车11辆，俘获护车的曲江县警察12名，缴获长、短枪12支，没收国民党浙江省衢州绥靖公署上校总务科长携带的雷管1000个、现金9000万元国币。

　　4月，中共五岭地委成立，并建立了粤赣湘边区人民解放总队。北山人民反征自救大队编入第三支队，始兴人民反征大队编入第五支队。同年7月，粤赣湘边区人民解放总队第三、第五支队对外公开番号，继续领导始兴人民开展武装斗争。

二、建立澄江、北山人民政权

（一）澄江区人民政府

1946年6月，东纵北撤山东烟台后，由邓文礼领导的20多人则留在澄江继续坚持斗争，他们在澄江人民的掩护下隐蔽在全南、始兴边界的香木岭白眉寺坳。后因在澄江掩蔽的邓文礼部队成立始兴人民反征大队，澄江人民便在始兴人民反征大队的领导下，积极投入到反"三征"的革命活动中，国民党反动派在澄江的乡保政权很快被瓦解。当时，凡是有游击队活动的地方，国民党当局就不敢前往催征粮食，因此那时的澄江实际上已成为解放区。

1947年7月，南山游击队已壮大到1000多人。根据中共五岭地委指示，粤赣湘边解放总队第五支队正式成立，邓文礼任支队长，黄友涯为政委。为了适应新形势的发展，第五支队建立了澄江区人民政府，谭金伦为区长，陈伦先为澄江乡乡长。澄江区管辖区域包括澄江属地以及南雄三角岭、岭头部分村庄。

10月，根据上级指示，澄江区人民政府进行土地改革试点工作。区政府在岭头（现属南雄）一个村进行减租减息的土改试点，在大油草搞废债试点，随后在全区普及土地改革试点工作。

到年底，土地改革和废债工作基本完成，国民党当局对此深感不安，1948年1月16日，国民党军整编六十九师800多人，纠合县乡自卫队400多人"进剿"解放区。在敌人强大的攻势下，始兴游击队撤出澄江。解放区被占领，国民党反动派重建了自卫大队和乡公所，澄江解放区又回到敌人的白色控制之中。

（二）北山区人民政府

自1946年12月成立北山人民反征自救大队后，又成立了以武岗为中心的北山地区党支部，以加强党对宣传群众与组织群众等工作的领导。1947年春，北山游击队组建了群工组党支部，主要任务是宣讲解放区战场的形势，动员群众组织起来反内战、反"三征"，重新武装起来打倒国民党反动派。

经过宣传教育，北山许多青壮年积极参军，武装队伍逐步壮大。到1947年3月，北山部队从30多人发展到150多人。在陆源、侯陂、圻坪、武岗又建立了不脱产的常备队。同年7月，根据上级指示，武岗乡人民政府成立，乡长由伍祥忠担任。与此同时，粤赣湘边区人民解放总队第三支队成立，支队长吴伯仲，政委云昌遇，北山游击队500多人编入第三支队。

北山人民武装在吴伯仲的领导下，协同其他部队取得了甲下山伏击战、围歼新庄水乡公所自卫队的胜利，北山人民的思想觉悟得到了进一步的提高，革命斗志更加坚定。当时的北山实际上已成为解放区。

为进一步加强党的领导，1947年9月，成立北山区人民政府，区长何祥，副区长由伍忠祥兼任。北山区人民政府成立后，许多乡村相继组织成立了农民协会，建立了交通站，组建了民兵常备队。与此同时，区政府开展土地改革试点工作。

1948年1月，国民党反动派隆昌部队及地方团队对北山地区实施"扫荡"。为粉碎敌人的"扫荡"，吴伯仲、云昌遇率领唐胜标大队转战江西的上犹、崇义进行外线作战，其他部队化整为零，由第三支队政治处主任陆一清领导何祥、刘碧、邓良汉、朱光荣等组织武工队坚持就地斗争。北山解放区又被国民党反动派所控制。

7月，转战江西的主力部队返回北山。北山人民协同部队袭击了新庄水乡公所，惩罚了反攻倒算的地主恶霸和叛徒，同南山第五支队的战斗相呼应，北山的人民武装斗争开创了一个新局面。

三、北山、南山游击队英勇反击国民党疯狂"清剿"

（一）粤赣湘边区人民解放总队第三、第五支队反"清剿"斗争始末

1947年4月，中共中央华南分局派张华到粤北成立中共五岭地委，并召开了第一次五岭地委会议，决定将五岭地区的游击部队组成粤赣湘边区人民解放总队。总队长黄业，副总队长刘建华，政治委员张华，政治部主任陈中夫。总队下辖4个支队、1个独立大队及2个地方大队。部队番号及总队领导干部名单上报中共广东区党委后追认。

始兴北山、南山武装部队分别编为粤赣湘边区人民解放总队第三支队和第五支队。第三支队支队长吴伯仲，主要活动于始兴北山地区；第五支队支队长邓文礼，主要活动于始兴南山的澄江、罗坝、顿岗、八约和虔南县的上窖、下窖、上青山、下青山等地。

同月，中共五岭地委派地委委员、政治部主任陈中夫到始兴宣布在始兴成立粤北工委。从此，第三、第五支队就在中共粤北工委的领导下，在始兴开展武装斗争。

5月下旬，陈中夫率领第三、第五支队200余人，乘夜袭击攻打曲江、始兴、南雄、仁化四县边界战略据点苦竹圩。6月，第五支队20多名武装人员兵分两路，一枪不发智歼深渡水联防队。7月，粤赣湘边人民解放总队第三支队和第五支队对外公开番号，发动青年参军，队伍扩大到1000多人，战士们的战斗激情更加高涨。7月13日，第五支队政委黄友涯率领主力队在塞石迳山隘伏击了罗坝乡自卫队，击毙反动乡长刘从新。罗坝反动据点随之瓦解。9月，活动在南山、北山的第五支队和第三支队袭击了沈所、澄江、罗坝等乡公所，控制了北山地区和澄江地区，组

建了民兵组织。北山的沿江地区、武岗地区及南山的澄江地区相继成立了人民政权。

1948年1月16日，陈中夫、邓文礼率领第三、第五支队主力400余人，在五巴其山打破敌军1200多人的包围。1月23日，第三、第五支队夜袭始兴县城。

为了粉碎敌人的"围剿"，1948年2月中旬，第五支队主力由陈中夫、谭颂华等率领转移到曲江、英德、乳源外线作战。其余部队由邓文礼统一领导，组成小分队在南山的澄江、清化、良源等地坚持斗争。

第三支队主力由吴伯仲、云昌遇、唐胜标率领转移到赣南的上犹、崇义等地外线作战。留下的部队由陆一清领导，分散在北山的武岗、朱岭下、沿溪和南山的黄坑、大坪等地坚持斗争。

为了粉碎国民党军队对始兴武装力量的第二次"清剿"，1948年6月中旬，第五支队主力部队返回始兴，第三支队主力部队也于7月中旬回到北山。6月26日，邓文礼、谭颂华率领第五支队黄康大队120多人夜袭驻司前的国民自卫队温敏南中队。

6月，第三支队第一大队与第五支队主力大队合编为主力大队，大队长唐胜标。8月，唐胜标率领主力大队围攻曲江、始兴交界的新庄水自卫队，俘敌20多人，缴枪10多支。

1949年1月19日，主力大队在深渡水五板桥伏击，全歼周所自卫分队。

（二）粤赣湘边纵队北江第二支队反"清剿"斗争始末

经中国人民解放军总司令部批准，1949年1月1日，成立中国人民解放军粤赣湘边纵队。2月，粤赣湘边纵队电示，成立中国人民解放军粤赣湘边纵队北江第二支队，司令员黄业，副司令员叶昌，政治委员张华，副政治委员袁鉴文，政治部主任陈中夫。原粤赣湘边区人民解放总队所属各支队改为团的建制。

原始兴第三、第五支队隶属北江第二支队，此次改编为第三团和第五团。第三团团长吴伯仲，第五团团长邓文礼。为了更有效地进行武装斗争，1949年5月，遵照中共五岭地委的决定：原第三、第五支队主力扩充整编为北江第二支队主力二团，原第三、第五支队部队整编为北江第二支队第五团。

6月中旬，驻马市远迳村的北江第二支队主力二团遭到来自南雄县的国民党军袭击。营长唐胜标立即组织反击，经数小时激战，打退了来犯之敌并歼敌一个炮排。

为了防范南雄敌人入侵始兴，1949年6月13日，活动于始兴的北江第二支队主力二团协同南雄主力部队进攻南雄南亩保安连，杀敌伤敌40多人，俘敌20多人，缴获机枪1挺、步枪21支。

1948年2月24日，国民党始兴县县长饶纪绵为了加强统治地位，成立始兴县自卫总队，自任总队长。9月22日，饶纪绵率领县自卫总队1300多名官兵举行武装起义。起义部队在歼灭驻始兴县国民党军二七一团后，即按计划向南山转移，于9月23日早晨集结于县城南10多里的新村一带，与北江第二支队主力二团胜利会师。袁鉴文、戴耀、谭颂华等带领唐胜标一个营在前一天晚上开到新村等候。起义部队驻定后，袁鉴文代表粤赣湘边纵队向起义部队宣布命令：将起义部队改编为北江第二支队新一团，原来团的编制不变，原团的各级干部也不变。

南雄宣布解放后，南下大军第二野战军四兵团四十五师一三四团于9月24日晚，分两路向始兴进军，沿浈江北岸和南韶公路急驰始兴，准备歼灭始兴之敌。为了截击可能逃窜之敌，北江第二支队新一团奉命于24日深夜开往南韶公路的崖婆石至古坑口地段埋伏。9月25日，新一团全歼敌人。

10月6日，新一团配合南下大军解放韶关。10月19日，新一团进军乐昌，迫使国民党乐昌县县长薛纯武率部 400 多人投降。

当新一团在乐昌协助处理了国民党乐昌反动地方团队的投降工作后，驻乐昌进行整编。在进行形势与任务、纪律教育后，上级党委把新一团缩编为粤北军分区第十一团第三营，饶纪绵转业到北江专署建设处任处长。

（三）粤赣湘边区人民解放总队第三、第五支队和粤赣湘边纵队北江第二支队反"清剿"斗争中的几次重要战斗

1. 五巴其反击战

1948 年 1 月 15 日，南山、北山游击队大部分兵力集中在澄江五巴其，部署向县城进攻的战斗任务。1 月 16 日，国民党第六十九师隆昌部队窥伺到游击队大部分兵力驻在澄江地区，便出动正规部队、始兴县国民兵团、乡自卫中队 1200 多人备足武器、弹药，从南雄三角岭南下澄江，地方武装从始兴县城东进澄江。

16 日上午 9 时左右，战斗在距澄江老圩 2000 米处的澄江新圩首先打响。战斗打响不久，敌团长钟定天才知道遭遇的不是游击队主力，便决定留下小部分兵力与游击队抗衡，率大部分兵力进犯五巴其。大约 10 时，战斗在五巴其打响。

始兴游击队过去很少有这么多人一起战斗，领导同志又是这么集中，因此队员们斗志高昂，英勇顽强打击敌人。五巴其山高险要，始兴游击队指挥员部署战士们占领了有利地形，控制五巴其各处制高点，采取合兵近打战术，居高临下反击敌人。

激烈的战斗从上午持续到黄昏。为保存革命力量，粤赣湘边解放总队政委、五岭地委书记张华决定第三、第五支队撤出阵地。独立第八大队大队长张艺坚持到全部战士安全撤走后，才从山顶安全转移。此次战斗，击毙敌人 100 多人，其中击毙国民党军副营长 1 人、连长数人。

2. 坑尾遭遇战

五巴其战斗结束后，游击队邓文礼等人率领 200 多人转移到马市坑尾村。1948 年 1 月 19 日，天刚亮，敌人正规部队与县国民自卫大队第二中队和乡自卫队 300 多人突然包围驻在马市坑尾的游击队。

坑尾一带的山低矮，树木不多，很不利于掩蔽。邓文礼、谭颂华、邓文畴等人迅疾指挥大部队突围撤退。村后有一小山岗，梁奋等人刚从那里退下来，就被敌人占领了。敌人不断地朝撤退的部队射击，子弹在队员们身边乱窜。

在撤退过程中，澄江大队政委邓文畴的右眼球不幸被敌人子弹打中，鲜血直流，但他强忍着剧痛，仍然坚持指挥战斗。为了不让敌人顺着血迹找到撤退的部队，他决定暂时远离队伍，朝反方向走去，然后隐蔽在路边的沟底里。虽然从沟面过往的敌人很多，但没有人发现他。

敌人汹涌而来，大队人马继续撤退。撤退时，部队领导沉着指挥，游击队员勇敢应战。大家集中火力向敌人扫射，互相掩护着边打边撤。双方激战了一个多小时，走了好几里路之后，部队才甩开敌人的追击，终于冲出了敌人的包围圈。

此次战斗，击毙击伤敌人 10 多人，第五支队陈林、吴少万英勇牺牲，大队政委邓文畴受伤。当晚部队转移到黄竹塘住了一夜。第二天，在马市都塘稍下一点的地方，部队安全渡过了浈江，转移到北山新屋场，与驻在北山的第三支队吴伯仲、唐胜标、朱光荣和第五支队陈中夫、黄友涯等人及所属部队会师。

3. 大源突围战

1948 年 1 月 21 日，第三、第五支队攻打始兴县城，有力地证明了始兴游击队不论是在山区，还是在平原，抑或是县城，都敢于与敌人作斗争，充分显示了始兴游击队的力量之强大。之后，第三支队撤退到下北山的朱岭下一带，第五支队 500 多人转移到马市大源。

2 月 6 日晚，第五支队在村里吃过晚饭后，便到大源山上露宿。由于奸细告密，敌人掌握了第五支队转移到了马市大源的情报。2 月 7 日清晨，敌人纠合了一个正规团的兵力及地方反动武装共 1000 人兵分三路向大源进攻。上午 8 时左右，敌人进入战地。因这次敌人是知根知底的，所以他们不是袭击，而是直接地、猛烈地向部队扑来。英勇善战的游击队员在支队长邓文礼的指挥下进行有力的还击。

敌人仗着兵力多、武器好、弹药足，大量使用大炮、掷弹筒，向大源山顶作正面攻击。由于 10 多天来第五支队在五巴其、坑尾、县城等地连续战斗，消耗了不少弹药和人员体力，所以在敌强我弱而又被敌人包围的情况下，第五支队政委黄友涯指示决不能与敌人硬拼，必须巧妙地冲出包围圈，否则有被敌人歼灭的危险。之后，黄友涯受伤。梁奋登上峰顶，老战士也轮番登上顶峰，掩护大部队撤走。

为了尽可能多几个点牵制敌人，邓文礼命令训练班的班长李运元带领 6 位战士跑上高山争夺制高点，阻击敌人猖狂的进攻，继续掩护部队撤退。

敌人的攻势越来越猛，游击队很难抑制敌人的进攻。眼看敌人发起总攻准备冲上山头的时刻，突然神奇般地飘来了一层浓浓的大雾，笼罩了整个大源山头，使山上的能见度不超过 10 米，稍远一点根本无法看见人。为了避免无谓的牺牲，邓文礼果断决定，趁着这场浓雾迅速安全转移。恰好，敌人也因这场大雾而不敢轻易向前进攻。等到大雾散开之后，游击队已经撤离阵地，敌人只好悻悻而去。

此次战斗，击毙敌军 20 多人，击伤敌人 30 多人。虽然大源突围战十分艰难、激烈，但部队已经转移到了安全的地方，使敌人想扑灭始兴游击队的企图再次成为泡影。

4. 管湖突围战

1948 年 2 月 7 日晚，游击队来到马市管湖村，驻扎在一间祠堂的大屋里。因村民叶某的探问，自卫队和国民党军队得知这一消息，迅速出动两个连的兵力，趁天还没亮就包围了游击队驻地。

2 月 8 日黎明时分，游击队发现敌人后，迅速振作起来。邓文礼、谭颂华、黄康、刘汉兴等领导立即部署战斗。这时大门都已被敌人的火力封死，很难从正门突围出去。好在屋后是一片树林，有后门和侧门与外界相通。邓文礼等迅疾指挥少部分队员集中火力对敌人进行扫射，掩护大部队从后门、侧门冲出去。敌人一时也没摸清村里游击队的具体情况，所以也不敢贸然冲入村里，只是从村外投掷弹筒，用机枪、步枪乱轰滥打。

管湖村东南方有一条小河，大家集中火力掩护两挺机枪抢渡过河，然后找好有利位置，反过来掩护全体战士冲出包围圈，安全渡过小河，向马市的台头村转移。游击队边退边打，敌人也边打边追，双方大约退了追了 10 多里的路程，游击队就把敌人甩开了。

此次战斗，虽然游击队是被动地突围，但最后还是以安全转移结束。敌人死伤 10 多人，而游击队却无一伤亡，只是战士们的被袄几乎丢光，一个掷弹筒也遗失在转移途中。之后，陈中夫和邓文礼率领主力部队安全地转移到清化一带活动。

5. 夜袭司前自卫队

1948 年 6 月，随着解放战争的节节胜利，国民党军第六十九师调离始兴。在这大好形势下，驻守在司前的第五支队决定夜袭司前自卫队，给敌人一拳重击。

司前自卫队队员多是被迫征来的农民，也有一些地痞流氓。他们虽然官兵矛盾重重，但亦有一定的战斗力。为了更好地打击敌人，第五支队通过乡情关系，做通敌营中一个班长刘途汉和一个士兵李某的思想工作，让他们为游击队提供情报。情报说司前自卫队有120人，分为3个分队，分别驻在司前街的乡公所、分队住所、张丘角，形成三角点。

指挥部根据敌情，兵分3个战斗组。1948年6月26日深夜12时，各个战斗组同时前进，负责中心组的官汝川、江才两个战斗小组，由内应刘途汉引路顺利地冲进敌分住所营房。突击队员正准备趁敌人还在睡大觉的时机把营房里所有的枪支全部收缴起来，结果还是惊动了敌人，敌人立即反抗，双方发生激烈的战斗。

官汝川、林燕辉分别冲上自卫队队长温敏南和分队长刘能生所住的楼房。交战中，林燕辉的右腿被刘能生端起的冲锋枪击中膝骨受了重伤，但他仍坚强地举起手枪把刘能生击毙。官汝川用枪口对准温敏南时，却因驳壳枪的撞针被锁住了而贻误了战机，反被温敏南用手枪击中喉管，温敏南乘机逃脱。官汝川后因抢救无效，光荣牺牲。

黄涛、刘绍民带领突击组冲向乡公所据点，与战斗组发生激烈的枪战。因敌人的火力太猛，突击组无法攻入乡公所，只好边打边撤退。驻守在张丘角据点的敌人听到激烈的枪声后，兵分两路，一路留下用严密的火力封锁通道，另一路增援街上两个据点的敌人。前去增援的敌人与负责阻击敌分队增援的游击队员发生激烈枪战，激战中聂奕安光荣牺牲。

此次战斗，双方激战约一个小时，击毙敌人3人，击伤敌人7人，缴获机枪2挺、冲锋枪2支、步枪10多支。游击队牺牲2人，伤2人。

6. 五板桥伏击战

1948 年冬，驻顿岗周所选陂的敌自卫分队经常沿着清化河在深渡水一带巡逻，企图阻止游击队在清化河的税收工作。因此深渡水税站的税收人员多次遭到敌人追击，严重影响了游击队的活动。为保证深渡水税站工作的顺利进行，粤赣湘边总队政治部主任陈中夫决定扫除这个障碍，选择在深渡水地区的有利地形五板桥伏击敌自卫分队。

1949 年 1 月 17 日凌晨，陈中夫率领队员沿着铁罗坑小河出发，部署两个中队到达伏击地点迅速埋伏好。但因负责埋地雷的游击队战士一不小心把雷拉响了，惊动了敌人，所以第一次伏击未成功。第二天凌晨，部队又从铁罗坑出发。下午 3 时左右，驻清化的国民党正规军叶干辉连队 40 多人进入了伏击圈。可这不是部队要消灭的敌人，第二次伏击又未成功。第三天凌晨，陈中夫再次率领部队从铁罗坑来到五板桥附近，重新部署行动。上午 9 时，敌分队长聂其顺率领周所自卫分队和巡逻队从顿岗方向走来，当敌人进入游击队布置的伏击圈之后，陈中夫下达攻击命令，各个火力点猛烈向敌人射击。

此次战斗，双方激战了半个小时，缴获敌机枪 1 挺、驳壳枪 3 支、步枪 20 多支及弹药一批；击毙敌人 7 人，击伤敌人 2 人；生俘敌分队长聂其顺以下官兵 30 多人。

7. 竹子排伏击战

1948 年冬，国民党对始兴游击队发起了"大扫荡"，展开多次"围剿"。而始兴南、北两山和浈、墨两岸的游击队则处处出击，捷报频传。尤其是清化地区的游击队更加活跃，何远赤、莫世延大队活动频繁，陈中夫、邓文礼率领的南山、北山主力队也常活动于清化地区。

经过几次"围剿"的失败，国民党始兴县县长饶纪绵坐立不安。1949 年 3 月初，饶纪绵决定亲自率领 3 个中队，风尘仆仆地窜进清化。3 月 6 日凌晨，陈中夫、邓文礼率主力大队分别从司前的夹江口、麻地坑出发，来到司前通往隘子的必经之路竹子排埋伏。上午，敌第一中队慢腾腾地走了过来。为了更好地打击敌人，埋伏在道路两旁山岗上的战士们沉住气，故意放过第一个进入伏击圈的队伍，到第二中队到来时再开打。一个多小时后，敌第二中队进入了伏击圈，游击队大队长一声令下："打!"不到半个小时，敌整个中队全部生俘，遗憾的是没发现饶纪绵。此次战斗，共缴获轻机枪 2 挺和一大批枪支弹药。

此时，饶纪绵心里更窝火，因为他亲率 3 个武装中队"清剿"清化游击队，还没到隘子，就有一个中队被游击队歼灭了。后来他带着第三中队和被打败的那个中队进到隘子，连同第一中队一起千方百计寻找游击队复仇。可他在隘子坐镇多天，尽管昼夜奔袭，却连游击队的影子都没见着。活动于清化的第三、第五支队主力侦知饶纪绵将率 3 个中队回程时要经过竹子排，陈中夫、邓文礼决定再在竹子排一段山沟伏击敌人。

3 月 26 日凌晨，上述部队到达竹子排伏击地。当敌人进入竹子排伏击圈后，随着指挥者一声令下，指挥部 1 挺机枪首先打响，接着突击队员从四面八方朝敌人开火。敌人被游击队打得晕头转向，阵脚大乱，四处逃窜，有的干脆弃枪跪地求饶。10 多分钟便结束了战斗。尾随在饶昌柏中队后面的第二中队因为在此吃过败仗，再也不敢前往增援，他们在离竹子排还有几里远的桃村坝停下来。

此次战斗，击毙击伤敌人 20 多人，除一名副中队长逃脱外，俘虏敌中队长饶昌柏在内的官兵 30 多人；缴获机枪 2 挺、步枪 30 多支。被抓的俘虏集中在杨屋茶庄，陈中夫、邓文礼给他们上了一堂政治课，之后全部俘虏和受伤的敌中队长饶昌柏一起被释放。

经过竹子排两次战斗之后，饶纪绵清化之行损兵折将。一向反动至极、耀武扬威的饶昌柏也乖乖地当了俘虏，脸面扫地。面对这样的残局，饶纪绵觉得再在清化待下去也起不到多大的作用，最后他只好带着残兵败将溜回县城去了。

配合南下大军解放始兴

一、策动地方团队起义

人民武装发动军事进攻，狠狠打击敌人，同时还采取政治攻势，以动摇瓦解敌军、策动敌军起义，投向人民。其中，有 1948 年 8 月策动组织澄江自卫大队起义，1949 年 3—5 月争取了石下自卫队队长李大然起义和罗坝自卫队刘照旺起义。这些起义，对动摇国民党的军心，分化瓦解地方反动武装起到一定的作用。

6 月，北江第二支队开始策划以饶纪绵、何衍章为首的始兴县自卫总队与县政府人员准备待机起义。他们在起义后，消灭驻军国民党三十九军二七一团大部分兵力，为配合游击队和南下大军解放始兴和解放粤北创造了有利条件。

（一）澄江自卫大队武装起义

1947 年夏，国民党第六十九师隆昌部队和始兴地方反动武装 800 多人"围剿"澄江游击队根据地后，重新组建了一支 300 人的自卫大队，驻守澄江。范云麟任大队长，何韬行任副大队长。澄江自卫大队成立后，他们经常跟踪和打击游击队，给游击队各项工作带来了很大的困难。为了解除劲敌，同年秋，第五支队邓文礼、邓文畴动员钟履韬和邓华荣一起设法打入澄江自卫大队，然后创造条件，待时机成熟时率队起义。

几经活动，邓华荣于是年底接任澄江自卫大队大队长，钟履韬也顺理成章地加入了澄江自卫大队。1948 年 1 月，为进一步发展自己的势力，孤立反动副大队长何韬行，邓华荣、钟履韬秘密谋划，撤掉了两个中队长职务，还把原中队长聂建华和何德全调离澄江回县城。

一段时间以后，何韬行察觉到了邓华荣和钟履韬异常的行动。8 月，邓文礼果断地作出决定，命令钟履韬回去做好一切起义准备。

8 月 17 日下午，邓文礼作出掩护起义的战斗部署。钟履韬带着两名亲信回到自卫大队，他们在哨兵毫无防备的情况下，缴了哨兵的枪械，然后冲进大厅。钟履韬举起手中的冲锋枪向天扫射，把正在大厅里酣睡的敌兵惊醒。随后冲进来的 30 多名游击队员迅速地把挂在枪架上的枪全部收缴，然后叫敌人举手投降。何韬行被游击队员击毙。澄江乡乡长是个作恶多端的"乡霸"，也于第二天早晨被游击队枪决。至此，起义成功。

这次起义获得轻机枪 2 挺、手提机枪 2 挺、冲锋枪 2 支、手枪、步枪 120 多支、子弹 3000 多发。供敌自卫大队食用的稻谷 2000 多担（1 担 = 50 千克，下同），游击队发动群众担回自家收藏。对于敌自卫大队的士兵，有 130 多人愿意加入游击队，不愿留队者经教育后遣散回乡。

1948 年 9—10 月，粤赣湘边区人民解放总队将这批起义的武器和人员充实了始兴的第三、第五支队。主力大队由唐胜标任大队长，钟履韬任副大队长兼第二中队中队长，活动于粤赣湘边，继续与国民党反动派作坚决的斗争。

（二）李大然起义

在粤赣湘边区人民解放总队的领导下，始兴人民武装队伍发展迅速。1948 年 9 月至 1949 年春，活动在城南前山至花山大坪一带的第五支队独立第八大队决定逐步由山区向平原地区发展。

平原上较大的村庄是石下村。该村不仅面积大、人口密、围楼多、武器好，而且反动势力很强。当时石下村成立了 30 多人的独立自卫分队，队长由石下联席保长李大然兼任。独立第八大队决定先由指导员李子德（与李大然是堂叔侄）写信给李大然，动员他起义。李大然接到信后，顾虑较多，没有表态。独立第八大队领导在得不到李大然的反应后调整方案，改为由明达小学校长李子衡亲自做李大然的思想工作。李子衡既给他分析当前的形势，又给他指明发展方向，指出弃暗投明、答应起义是他现在的光明大道。经过李子衡的多次教育规劝后，李大然打消顾虑，决心起义。

1949 年 5 月 24 日晚，张艺、陈遐瓒、李子德等率领游击队和唐胜标带领的主力队 200 多人从上南坑出发，到石下村接应起义。由于事前没有做好自卫分队队员的思想发动工作，自卫分队的队员都不敢参加起义。只有李大然偕同李子衡、李子广 3 人携带枪支弹药与前来石下村接应的独立第八大队和唐胜标带领的主力大队会合，然后一起开往游击区南坑村。当起义部队凯旋到达上南坑时，驻守在那里的北江第二支队政治部主任陈中夫代表司令部及全体指战员，对李大然的起义表示热烈欢迎，并任命李大然为独立第八大队副中队长。

（三）邓国雄率部起义

1949 年 1 月 31 日，县自卫队独立分队邓国雄率部 30 多人举行起义，带轻机枪 2 挺、冲锋枪 1 支、驳壳枪 3 支、长枪 20 多支；起义时击毙了反动分子刘照炳。

二、邓文礼、饶纪绵秘会下菓村

1947 年 11 月，当解放战争转入战略反攻、粤北人民游击战争蓬勃发展时，饶纪绵深感国事日非，信心动摇。从 1948 年 11

月5日起至1949年5月15日止，饶纪绵曾连续5次上书国民党广东省政府要求辞职，但得到的答复是慰留。此时，饶纪绵处于进退维谷的境地。

1949年4月23日，南京国民政府瓦解。饶纪绵在张显歧的开导下，决心投靠人民。同年6月初，根据中共指示，饶纪绵以下乡巡视为名，由包三易引导，于6月10日夜在顿岗下菜村与粤赣湘边区纵队北江第二支队司令员张华的代表邓文礼会面，互相交换了情报和意见，邓向饶面交了一份党的书面指示。其大意是欢迎国民党军队投靠人民，给以勉励；解放军的宽大政策，既往不咎，打消顾虑；国民党军队撤往始兴罗坝、黄所乡和浈江北岸俄井，以便游击队活动；待机起义，候命起义。同时规定彼此联络方法。

三、饶纪绵率部起义

在始兴党组织的严密组织和筹备下，饶纪绵做好了起义的充分准备。密切与游击队联系，配合打击敌人；调整充实地方团队的组织和力量；将全县10个乡20多个自卫中队、独立分队统一编为3个营、2个独立大队，隶属于县自卫总队之下，由饶纪绵兼总队长，何衍章为副总队长直接掌握；加强情报和联络；积极争取地方进步人士对起义的支持；集中地方团队，先后举行了4次起义作战演习。

1949年9月21日晚，饶纪绵主持召开了连以上干部秘密会议，动员部属弃暗投明，并通过起义通电，宣布粤赣湘边区纵队的起义命令和部署作战方案。当场获得了全体到会人员的热烈拥护，表示坚决完成这一光荣的起义任务。

干部紧急会议结束后，随即按照计划分头调动兵力，准备起义。何衍章按照预定的"鸿门宴"计划，于9月22日晚在县城仁安茶楼邀请敌二七一团团长周治成宴饮，诱杀周治成等军官，围攻分驻各地之敌，全歼敌二七一团。此次战斗，击毙敌团以下官兵 80 多人，俘虏 200 余人，缴获大炮 2 门、迫击炮 4 门、机枪步枪 200 多支及弹药一大批。起义部队方面也有死伤，其中始兴警察局局长范云麟、军事科科长陈英才、自卫总队副队长李标等 6 人壮烈牺牲。

起义成功后，饶纪绵率武装人员 1300 多人与北江第二支队会师，改编为北江第二支队新一团，饶纪绵任团长。1949 年 9 月 24 日，新一团于古坑口、崖婆石一线截击敌六十三军四四〇团，全歼该团。10 月 6 日，饶纪绵配合南下大军解放韶关。10 月 19 日，进军乐昌，迫县长薛纯武率部 400 多人投降。

四、迎接大军援前线

1949 年 9 月 23 日，敌韶关防守指挥部得到饶纪绵率部围歼二七一团举行起义的消息，即调三十九军一四七师四四〇团 600 余人，由师参谋长张扬率领，连同新派的国民党始兴县县长侯文俊等，分乘 10 多辆卡车由韶关开赴始兴，重占县城。

24 日傍晚，解放军第二野战军第四兵团十五军四十五师分两路向始兴进军。一路由浈江北岸，急奔 40 多千米，连夜赶到始兴江口棠加村；另一路由南韶公路急驰始兴，上半夜到了斜潭，再兵分两路成钳形攻势，准备歼灭驻县城之敌。为了截击可能窜逃之敌，新一团奉令于 24 日深夜开往南韶公路的崖婆石至古坑口地段埋伏等待。25 日凌晨，敌人悄悄退出县城，坐上汽车向曲江逃跑，敌军头目走在前头，小江坝守敌来不及炸桥，就被来自棠加村的解放军冲击，弃桥而逃。与此同时，向沈所进发的解放军以炮火掩护，冲击马尾坳之敌，敌不支而慌忙溃退，大部分逃敌到了崖婆石，张扬下令部队下车步行，他与侯文俊坐着装载周治成尸体的汽车急驰逃命，埋伏于古坑口的新一团只好放过该汽车，待其大部分人马进入古坑口时突然发起冲击。敌人已被困在伏击圈里，根本无回天之力，只好狼狈逃命，有的往蒿草蓬里钻，有的跳入浈江河。在新一团的猛力打击下，敌人纷纷缴械投降。此次战斗，毙敌100余人，俘敌200余人，缴步炮2门，火箭炮2门，轻、重机枪4挺，步枪200余支。至此，守敌全部被歼，始兴全境解放。

25日黎明发现街上坐满纪律严明的解放军，人人奔走相告：解放军进城了！始兴宣告解放。这一天全城振奋，从事地下工作的共产党员，同工商界和广大居民举行各种会议，筹集钱粮，购买鱼肉、糖果慰问解放军。26日，始兴人民政府第一任县长邓文礼率领100多人的新政府人员进城，驻城解放军及居民群众打着锣鼓、放着鞭炮，列队鼓掌欢迎。"中国共产党万岁""毛主席万岁""将革命进行到底"等口号声响彻天宇。

10月1日，中华人民共和国成立。始兴县人民政府和解放军以及广大群众，在县城西郊场隆重举行庆祝中华人民共和国成立暨欢庆始兴解放誓师大会。参加大会的解放军、人民群众、学生共1万多人。解放军第四十五师师长崔建功，北江第二支队司令员张华、副政委袁鉴文，以及始兴县人民政府县长邓文礼在大会上发表慷慨激昂的讲话，一致表示彻底消灭国民党反动派，解放全中国，将革命进行到底。从此，始兴人民在中国共产党的领导下，进入了社会主义革命和建设的新里程。

第四章
社会主义革命和建设时期
（1949 年 10 月—1978 年 11 月）

　　1949 年 9 月 25 日，始兴县人民政府成立后，始兴人民在中国共产党领导下，开展土地改革、抗美援朝、镇压反革命三大运动，恢复国民经济，巩固人民民主政权；贯彻过渡时期总路线和总任务，逐步实现对农业、手工业和资本主义工商业的社会主义改造，建立社会主义基本制度；贯彻党的八大路线和社会主义建设总路线，全面掀起"大跃进"、人民公社化运动。落实"调整、巩固、充实、提高"八字方针，探索社会主义建设道路，经受了"文化大革命"的严峻考验。老区人民在这一历史进程中，充分发挥集体化的优势，以"人定胜天"的气魄，建水库、修灌渠、筑河堤、平整土地，打下了旱涝保收的农业水利基础；国营工业、集体企业、电力设施、通信设施从无到有；修路架桥高潮迭起；扫盲行动深入人心，娼妓活动销声匿迹，消灭了麻风病和疟疾，社会事业取得了举世瞩目的成绩。

第一节 变革农村生产关系发展农业

一、变革农村生产关系

中华人民共和国成立后，中共始兴县委从 1950 年 5 月开始，按照"依靠贫农、雇农，团结中农，中立富农，有步骤地有分别地消灭封建剥削制度，发展农业生产"的土改总路线和"访贫问苦、扎根串连、建立贫协、运用农代会"的土改组织路线，分清匪反霸、减租退押；划分阶级，征收没收、分配土地；复查建政三个阶段进行土地改革，1953 年春耕前完成。

农村完成土地改革后，极大地解放了生产力，但受以户为主的小农经济的束缚，农户之间的生产能力不平衡，抵抗自然灾害的能力薄弱等。为了避免新的两极分化，进一步发展生产，1952 年春耕生产中开始组织互助组①。1953 年 10 月 25 日，完成土地所有证颁发工作。至 1954 年，全县组织起常年互助组和临时互助组 1286 个 5927 户，占全县总农户的 24.6%，掀起了农业互助合作运动的第一个高潮。

---

① 即几户农户凑在一起，在农事大忙中，进行人力、牛力、农具的交工换工，互通有无，赶上农事季节。

1955 年夏秋间，建成 100 个初级农业生产合作社①2791 户，加上参加互助组的农户共达 15803 户，占全县总农户 22197 户的 71.19%，掀起了农业互助合作运动的第二个高潮。

1955 年，县委认真贯彻毛泽东《关于农业合作化问题》的精神。到 1956 年夏收前后，全县共建成 233 个高级农业生产合作社②，入社农户有 23007 户，占全县总农户的 96.25%，是年底，大多数转为高级农业生产合作社，全县掀起了农业互助合作运动的第三个高潮。

1958 年秋，全国大办人民公社，始兴成立了卫星、红旗、上游、跃进 4 个人民公社。1958 年 12 月，始兴县并入南雄县后，卫星、红旗、跃进 3 个人民公社合并组成始兴人民公社。公社化初期，为实现农业生产大跃进的要求，强调实行组织军事化，全县 4 个人民公社，建立 10 个营、415 个连、1208 个排，行动战斗化，生活集体化。公社社员都以连为单位到公共食堂

---

① 简称初级社。它建立在主要生产资料私有制基础上，社员将土地作价入股，统一经营；耕畜与大中型农机具等生产资料归社统一使用；社员参加社内劳动。初级社的总收入，在扣除当年生产费用、税金、公积金和公益金后，所余部分分给社员，作为社员的劳动报酬和土地等生产资料的报酬。社员劳动报酬一般高于土地报酬。劳动报酬根据按劳分配原则，采取劳动工分的形式。

② 简称高级社。它实现了土地等主要生产资料的公有和社员个人消费品的按劳分配。社员私有的土地无代价地转为集体所有；社员私有的耕畜、大中型农机具则按合理价格由社收买，或为集体财产。社员的生活资料和零星树木、家畜、家禽、小农具以及家庭副业所需的工具等，仍属社员私有。高级社在有计划分工和协作的基础上组织社员参加社内的劳动。高级社的总收入在扣除税金、生产费、公积金和公益金后，剩余部分根据按劳分配原则在社员之间进行分配。高级社实行民主管理，最高领导机关是社员大会或社员代表大会。

吃饭，不准个人或家庭生火煮饭，同时设立了幼儿园、托儿所、老人院。1959年3月，中共中央八届六中全会《关于人民公社若干问题的决议》的文件下达后，由以公社为基本核算单位改为以大队为基本核算单位，实行两级所有，统一领导，分级管理。

1960年10月，恢复始兴县建制后，所辖区先后分建为11个人民公社。1962年春，人民公社实行三级所有，以生产队为基本核算单位。1977年8月，全县设有13个人民公社、1个镇、2个林场、104个大队、1162个生产队。

二、农业的发展

土地改革后，县委、县政府把主要精力放在发展农业生产上。首先，组织和加强相应组织机构，将土地改革委员会办公室改组为县委办公室和县委生产办公室（两块牌子一套人马），此后又将这"两办"与人委办公室合并，组建为联合办公室。1953年，县政府设农村科（后改为农业科）。1954年9月，县委成立农村（生产合作）部。随着生产的发展，县政府又先后增设了林业、畜牧、水产、气象等直接为农业生产服务的科（局）。此外，还根据需要成立一些临时性的防洪、抗旱、护林防火、抢险救灾等领导小组（指挥部），处理某些特殊任务和应付突发事件。其次，组建了以县委书记、主管农业的县委副书记、常务副县长为核心的农村工作领导班子，直接、全面领导农业生产和农村工作。即整个农业农村工作决策权属于县委，具体工作由县委、县政府职能部门分工负责互相配合，全县各行各业人、财、物皆最大限度地支援农业，服务农业。

1957年，始兴粮食总产41076.6吨，花生总产1233吨，创历史最高水平。1958年秋，全国性的"大跃进"①、人民公社化、反右倾等运动接二连三，生产力遭到严重破坏，粮食生产连续三年下降。1958年全县粮食总产40207吨，由于虚报拔高粮食总产152546吨，韶关地区行署分配给始兴储备粮任务33500吨；1959—1960年征购粮任务每年20500吨，人均每年217.2公斤，严重超出了本县负担。1958年12月至1960年5月，始兴县农村人口锐减5108人，始兴公社非正常死亡人数占全社总人口的7.7%，酿成了"始兴事件"。②加上1959年下半年开始的连续三年自然灾害，始兴社会主义建设遭受严重挫折。

1960年11月，中共中央发出《关于农村人民公社当前政策问题的紧急指示信》。1961年春夏间，制定了《农村人民公社工作条例（修正草案）》（简称"农业六十条"）。"指示信"和"农业六十条"对农业和农村政策做了重大调整。1960年11月29日，县委、县人委召开县、人民公社、生产大队、生产队四级干部会议，贯彻中央文件精神，明确规定生产大队对生产队实行包工、包产、包成本、超产奖励制度，把土地、劳动力、耕牛、农具固定给生产队。

1961年6月，始兴连降暴雨，8个公社中有7个遭受重灾，3.79万亩早稻失收，3006户受灾，688间房屋倒塌。县委、县人委组织1000多人下乡，带领全县人民奋力救灾。1961年全县粮食总产不足3.3万吨，全县人均277公斤，下降到1957年以来的最低点。尽管粮食严重减产，但老区人民勒紧裤带，仍然100%

---

① "大跃进"是1958—1960年开展的一场不切实际的全国工农业生产和建设的高指标、高速度、高产量的"大跃进"运动。

② 《中国共产党始兴县历史》第二卷，中共党史出版社2015年版，第114页。

完成了当年国家征购粮任务 15584 吨，农村人均征粮 165.1 公斤。在整个形势异常严峻的情况下，县委号召全县党员、干部、群众认真学习、宣传、贯彻"农业六十条"精神。1961 年 11 月 29 日，县委召开扩大干部会议，县委第一书记成家英作《以"六十条"为政策准则，以生产队为核算单位，鼓足革命干劲，大搞冬春备耕生产，确保农业大丰收》的报告，该报告对于稳定始兴农村形势起到很大作用。

1962 年 1 月，县委根据广东省委《关于当前农业生产的若干政策的具体规定（草案）》，制定出六条补充规定：开垦荒地要以公为主，公私结合；有上调任务的地区，油料生产以集体为主；全面贯彻养猪政策，迅速发展养猪；迅速确定山林权，大力恢复林业生产；公私并举，大力发展果树；严格管理好投机商、自发分子、懒汉、惯偷四种人。这些规定，在一定程度上给农民和农业生产松了绑，对恢复和促进农业生产、改善农民生活起到积极作用，全县形势趋于稳定。

1966 年 6 月"始兴县文化革命领导小组"成立，1967 年 6 月 1 日"始兴县军事管制委员会"成立，1968 年 2 月 21 日"始兴县革命委员会"成立。1968 年 10 月下旬至 11 月中旬，县革命委员会领导学习乐昌"学大寨"经验，全面推行以大队为核算单位，全县 118 个生产大队，被迫执行的有 112 个。这种核算方式遭到大部分基层干部和社员群众的反对，至 1969 年春耕前，全县仅罗围、东风（城郊）、新村、井下、温下 5 个大队实行大队核算，其余都恢复以生产队为核算单位。

1970 年 11 月 20 日，召开全县农业学大寨大会，生产队长、大队书记、大队长、公社主要领导、县直属部门领导、贫下中农代表及各行各业代表 3000 多人参加会议。县委书记、县革委会主任张志新作动员报告，强调抓革命促生产、学习大寨人战天斗地精神的重要性，要求全县今冬明春整治出旱涝保收高产田 5 万亩。把任务分派到各公社，由公社书记（社长）签"军令状"；公社除规划出 1～2 处全社统一行动、统一整治的地块外，还把任务分到各大队，大队把任务分到生产队，有的生产队又把任务分到组、分到人。全县掀起了农田整治热潮，小块并大块，筑机耕路，开排水沟，平整山边田。经过两年多的不懈努力，到 1972 年，全县完成耕地整治 5.79 万亩，占灌溉总面积的 38.8%。经整治后，全县各地普遍取得增产效果。如城南公社，由于耕作条件的改善，1976 年全社平均亩产 550 公斤，是始兴平均亩产最高的公社。

1977 年 1 月 14—16 日，县委根据全国农业学大寨会议和广东省农业学大寨、工业学大庆表彰大会精神，召开由县级领导、科（局）级领导、大队干部、生产队长参加的农业学大寨会议，县委书记周昶作《全党动员、大办农业，迅速掀起农业学大寨普及大寨县运动新高潮》的报告。报告在总结 1976 年全县农业生产取得好成绩的同时，提出了 1977 年全县工作重点：中心任务是揭发批判"四人帮"篡党夺权罪行，从政治上、思想上、组织上把他们揭穿批透，肃清其流毒和影响；继续进行党的基本路线教育，深入批判资本主义自发势力，解决好农业的方向、道路问题，对农村支部、党委进行整风；全党动员，全民动手，大批促大干，大办农业，夺取今年农业大丰收。会上，表彰了农业学大寨先进单位和个人 375 个。会后，始兴农村迅速掀起了"学大寨，建设大寨县"高潮。

1977 年 9 月，在县城召开农田基本建设会议。县委提出：把大搞农田基本建设当作一项伟大的社会主义事业来办，为了大干快上，要打破社队界限组织大会战，统一领导、统一规划、统一抽调劳动力、统一施工、统一标准，要求到 1980 年，按农业人口平均每人 1 亩旱涝保收的高产稳产田，实现山、水、田、林、路综合治理。

1977年夏秋间，全县抽调8000多劳动力兴建花山水库，日夜奋战，搬动土石方936.6万立方米。1978年6月，基本完成水库主坝建设工程。紧接着整治花山水系（沈所河），工程从花山水库溢洪口至沈所塔岗岭脚与墨江河汇合口，全长约7千米。主要工程是对沿河两岸裁弯取直，开挖河道并利用挖出来的河沙石修筑河堤，河岸两侧造田约450亩。由于开挖前缺乏科学论证，赶时间求进度没有把好质量关，此后大部分河堤被洪水冲毁。是年，全县改造山坑低产田1238亩，平整土地690亩，建猪栏、牛栏3274间，建肥料厂250间，建厕所98间，完成水利工程120宗。

1978年3月25—27日，始兴县再次召开农业学大寨代表暨四级干部大会，县委书记林海洋在大会报告中提出了六大目标：一是人均产量超千斤，粮食总产达8.25万吨；二是造林绿化9.9万亩；三是生猪饲养量超10万条；四是油料总产超3000吨；五是黄烟总产超500吨；六是人均年分配超120元。

始兴"农业学大寨，建设高标准大寨县"抓得很紧，充分反映出在粉碎"四人帮"后地方领导急于改变落后面貌，把国民经济搞上去的良好愿望，虽然有拔高指标急于求成的现象，但由于农村"三定"（定产量、定成本、定工分）管理体制和按劳分配的分配体制的恢复，农业生产得到了较快的恢复和发展。1978年与1976年比，粮食增产5.2%，油料增产7.8%，黄烟增产6.7%，猪肉增产7.5%，鲜鱼增产11.2%，森工总产值增长12.5%。

（一）种植业

始兴四周山岭环抱，林木茂密，春夏秋季南北气流在境内盘旋回流，故雨量充沛、水源充足，且耕地又多处于河流或溪谷冲积地带，土壤理化特性较好，富有"粤北粮仓"之称。全县耕地面积2.17万公顷，粮食播种面积1.46万公顷。1949年农村人口87362人，人均耕地面积3.7亩，人均粮食播种面积2.5亩。河谷盆地主要种植有：水稻、花生、黄烟、大豆、甘蔗、玉米、蚕桑、石斛、马蹄、生姜、蔬菜、莲藕、沙葛、番薯、芋头、辣椒及西瓜、冬瓜、南瓜、青瓜等瓜类。山地丘陵主要种植有：松、杉、樟、枫等树木和竹，以及杨梅、枇杷、李子、柑橘、油茶、茶叶等。

1. 水稻

始兴县城周围小平原有9万亩农田，水稻是全县粮食生产的主要作物，种植面积广，主要以双季稻为主。不少偏远革命老区里很多山坑地则种植单季稻（俗称中稻）。双季稻按米质分为籼稻、粳稻、糯稻；按生物基因构成，分为传统稻、杂交稻、有机稻。中华人民共和国成立初期，司前、隘子、北山、都亨、澄江等山区，大部分耕地还是种植单季稻；马市及始兴盆地平原边缘水源不足的地区，亦有一些耕地只能种植单季稻。1956年农业生产合作化①时期，大规模改革耕作制度，单造改双造，特别在合作化后期，县农林科组织推广"育秧播种"及农药和化肥使用，打破传统"点种"方法和用"灰屎泥"施肥培植，水稻年产量大幅提高。合作化时期，全县单造改双造田2800公顷。常规稻种，一般亩产250千克以上即会倒伏，难以获得更高产量。1961年开始引种推广矮脚南特，1963年又引种珍珠矮、江矮早等，至1965年早造矮秆型稻种面积已达333.35公顷。此后数年陆续引进大批优良矮种。1968年后，全县早造所种植的水稻已基本矮种化。

1952年土地改革结束，全县农村的生产力得到不同程度的发

---

① "农业生产合作化"指用合作社的组织形式，把个体的、分散的农业经济改变成较大规模的、集体的社会主义农业经济体。

展。1953 年，全县稻谷种植面积 20873.5 公顷，稻谷总产量达 34405.5 吨，比 1950 年的稻谷总产量 28615 吨，增长 22.93%，平均亩产 109.9 公斤。1953 年 11 月，开始按照政务院《关于实行粮食计划收购和计划供应》的命令实行粮食统购统销，当年完成征购粮 12459.3 吨，农村人均征粮 135 公斤；1954 年国家征购粮任务 8966.5 吨，完成 16457.7 吨，占 183.5%，农村人均征粮 171.36 公斤；1956 年农业生产合作化后，农业生产条件发生了较大的变化，当年全县稻谷总产量 37578.3 吨，比 1950 年的稻谷总产量增长 42.53%，征购对象由个体转至农业合作社，完成征购粮 10266.35 吨，人均征粮 108 公斤。这是全县粮食生产的第二个上升期。

1958 年秋，人民公社化后，在"大跃进"时期，生产力遭到严重破坏，粮食生产连续三年下降。1961 年，全县稻谷总产量仅 31878.5 吨，比 1956 年下降 15.16%，年人均收粮 337.7 公斤。这是全县粮食生产的第一次回落。

1962 年，人民公社体制下放，实行三级所有，以生产队为基本核算单位，县委、县政府采取一系列促进农业生产发展的有效措施，以及干部作风和领导方法的改善，农业生产很快得到恢复和发展。至 1966 年，全县稻谷总产量首次突破 5 万吨，达到 50530.3 吨，比 1961 年稻谷总产量增长 58.5%，五年平均每年增长率 11.72%，人均 428 公斤；当年完成征购粮任务 17371.25 吨，人均征粮 147.15 公斤。这是全县粮食生产的第三个上升期。

1966 年底，"文化大革命"运动波及农村，此后十年中全县水稻产量每年增长率下降 8.1%，其中 1968—1970 年连续三年稻谷都减产。这是全县粮食生产的第二次回落。

1979 年，农村开始实行家庭联产承包责任制，农业生产从此得到复苏和发展。在全面实行家庭联产承包责任制的第一年，全县稻谷总产量就达 96828 吨，比 1978 年稻谷总产量 71977 吨增长 34.52％，人均 578.25 公斤；国家下达征购粮任务 20404.5 吨，完成 20249.25 吨，人均征粮 120.9 公斤。这是全县粮食生产的第四个上升期。[1]

2. 花生

花生是始兴的油料作物，一般农户在备足食用油后，挑选出一些较好的作种子，剩余部分用于制作盐水花生、炸花生饼、炸花生米，或用花生米作辅料煲汤。1956 年农业生产合作化时期，曾多次引进新品种，并改进栽培技术。1958 年引进高产早熟株豆花生狮头企，取代了低产种（大花、细花）。经过不断引进新品种和改进栽培技术，亩产量得到提高。1963 年，城南公社新村大队种植花生 13.4 公顷，平均亩产 169.5 千克。改革开放初期，又引进粤油 551－116、粤油 58 代替狮头企。[2]

3. 黄烟

黄烟主要产地在马市镇、顿岗镇、澄江镇，在省内外稍有名气。中华人民共和国成立初期，县内种植黄烟 200～333 公顷。黄烟品种除乌石、斜潭、净花、七北等地种植少量黑烟外，大多是传统的青梗烟，农历十月播种育秧，翌年春节期间移植，亩种 1100 株，生长期 180 天左右，亩产 40～50 千克。收后习惯晒烟，极少烤烟。1965 年曾试种"雄革" 4 号新品种，虽产量比青梗烟高，但品质较差。1967 年县内复种青梗烟，当年种植面积就有 474.2 公顷，总产量 455.5 吨。至 1979 年，虽然种植面积有所减少，但总产量则有所增加，达到 473.7 吨。

---

① 《始兴县志》，广东人民出版社 1997 年版，第 121－122 页。

② 《始兴县志》，广东人民出版社 1997 年版，第 123 页。

4. 马蹄

作为一种保健食物，马蹄在顿岗镇农户有大面积种植的习惯，而马蹄品种尤以贤丰村的最佳，其个大汁多而又无渣，用于煲汤或年节期间解除肠胃油腻、止渴解暑均为上乘之品。种植马蹄，每年 6 月播种，7 月移植，11 月收获，亩产一般 1500～2500 千克。

5. 黄麻

在始兴平原地区，历来有种植黄麻的习惯，顿岗、城南的新村、石桥头及沈所等地多用稻田种植，面积 133.33 公顷，亩产 100 多千克。所种植的黄麻除自用外，大部分外销，是省内黄麻主要产地之一，质量好，享有盛誉。自 1952 年成规模种植后，1955 年石桥头就出现了两位黄麻高产种植能手，曾出席广东省黄麻高产会议并获奖。1956 年，全县种植黄麻 436.07 公顷，总产量 715 吨。此后，由于粮食统购任务重，加之黄麻收购价格低，农业合作社将黄麻种植计划面积改种水稻，面积日渐减少。①

6. 蚕桑

1978 年开始，始兴罗坝、澄江、都亨等地种植蚕桑，面积只有 67 公顷。改革开放后，种桑养蚕业在县委、县政府的大力扶持下迅速发展，太平、城南、沈所、顿岗、司前、隘子等乡镇也相继发展起来。至 1989 年，全县种桑面积 138.6 公顷，收获蚕茧 100 吨。

7. 番薯

番薯具有贱生贱长、病虫少、产量亦高的特点。20 世纪 50 年代至改革开放初期，番薯在始兴一般只作午饭小食，大量充作猪、牛饲料。亦有部分农户用来切条制作薯干，或用于磨薯粉。

---

① 《始兴县志》，广东人民出版社 1997 年版，第 125 页。

1950 年，县内番薯种植面积 1650.5 公顷，总产量 1336 吨。1978 年，种植面积减少至 1004.2 公顷，总产量 1221.1 吨。改革开放后，居民生活水平逐步提高，番薯需求量减少，且上市销售价格低，故农户种植越来越少，只有番薯叶逐渐成为时尚的绿色环保蔬菜，深受城里人的喜爱。

（二）畜牧水产业

始兴县传统饲养的畜禽主要有牛、猪、狗、鸡、鸭。中华人民共和国成立初期，县委、县政府就把畜牧业列入发展国民经济的一个组成部分，在不同时期，根据实际情况和需要，采取相应的政策和措施，鼓励村民积极发展畜牧业生产；同时还拨出专款设立畜牧业生产管理机构，培训和建立科技队伍，传播畜禽饲养管理和兽医防疫知识，积极引进优良品种，改良县内品种，从而加快畜牧业生产的发展步伐。

1. 水牛

水牛是最常见的农业生产力，主要分布在太平、城南、沈所、顿岗、江口、马市、罗坝等乡镇的平原和丘陵区域。水牛体躯结实、步履稳健、眼大有神，牛角粗壮向内呈半月弧型，颈粗短向前平伸，背腰宽阔平直，臀部向后倾斜，整体皮肤呈青灰色。成年牛体重 400～500 千克，每头成年牛年可承担耕地面积约 1.8 公顷。有繁殖能力的母牛一般 18 个月产仔一胎，一生可产仔 6～8 头，生长寿命 15～18 年。改革开放后，随着农业机械化进一步发展，农业机械化程度得到广泛应用提高，牛在农业生产中的作用越来越小，并逐渐被机械化所淘汰。

2. 猪

始兴较有名的猪种是马市猪和澄江猪，种类上大致可分为米质猪（脂肪型）和大排猪（瘦肉型）两种。传统饲养的米质猪，一般要饲养一年左右才达到 60～90 千克。大排猪的皮肤毛色全黑或背黑肚白，体型比米质猪高大而长，性情活泼，行走较为灵活。大排猪一般饲养 12～15 个月，体重能达 100～120 千克。始兴的母猪具有抗病力强、发育成熟期早、受胎率高、哺乳性能好等优点。一般小母猪离奶后饲养 8～10 个月便可配种繁殖，成年母猪年产仔两胎，平均每胎产仔 9 头左右。60 天仔猪离奶时，一般窝重 100～125 千克，母猪寿命期 10～15 年，一生产仔 20 窝左右，产仔猪 150～200 头。1974 年引进兰特瑞斯（俗称长白）公猪与本地母猪杂交，其后代有明显的育肥优势，深受农户欢迎。随后，杂交猪得以迅速推广。

3. 鱼

始兴平原区域村不论大小，村村有鱼塘。1960 年，随着农业合作化的发展，相继建立了县水产试验场、县农业示范场鱼苗场、顿岗公社鱼苗场、城南新村鱼苗场等县、社、队三级鱼苗场 26 个。传统养殖以鲩、鲢为主，搭配混养一部分鳙、鲤、鲫。1961 年，县水产试验场初次引进新品种罗非鱼苗 5000 多尾试养成功后，因罗非鱼个体小，鱼头壳骨硬，经济效益不高而逐步淘汰。1963 年，县水产试验场引进团头鲂鱼苗 2000 尾饲养，并在 1965 年首次人工孵化成功，孵出鱼花 20 万尾，在韶关地区居领先地位。其后每年都孵化团头鲂鱼花 30 万尾以上供应各地饲养。因其肉质鲜嫩可口，市场畅销，饲养面积逐年扩大。1976 年，县水产试验场先后引进尼罗罗非鱼雄性与莫桑比克罗非鱼雌性的杂交一代"福寿鱼"和镜鲤与红鲤的杂交一代"丰鲤"，同时又引进原产长江水系的鲩鱼、鳙鱼、鲢鱼种各 60 尾及原产珠江水系的鲩鱼、鳙鱼、鲢鱼种各 50 尾，指定专人，专塘培育，进行杂交，使杂交孵化出来的鱼花生命力强、成活率高。20 世纪50—70 年代，先后建成中型水库 2 座，小一型水库 3 座，小二型水库 22 座，开挖山塘 564 口，使全县可养殖水面从 1952 年的 149.33 公顷，至

1978年底增加到507.27公顷，增长2.4倍。1979年，全县普遍实行了联产承包责任制，广大农户因地制宜，利用一部分低产田、低畦田、山坑田挖掘鱼塘，扩大养殖面积，先后新挖鱼塘347.4公顷，水产养殖总面积达到814.47公顷，是1952年的5.45倍。

（三）农村副业

1955年始兴松香厂建成投产后，很多大队成立采集松脂副业队，增加集体经济收入。在主要农村副业的建筑业里，1965年底，太平镇首先成立建筑队，有从业人员30多人。1966年后，沈所、马市、城南、花山等地也相继成立建筑队。至1978年，各地建筑队发展到34个，从业人员642人，实现产值109.68万元。20世纪70年代，城南、城郊、沈所、江口等地先后组织竹、木排放运队，从业人员达100多人。改革开放后，竹木水运逐步被陆运所取代。

始兴水源充足，土地肥沃，适应很多水果品种的种植，主要有沙梨、枇杷、黄皮果、西瓜、香蕉、李、桃、梅、杨梅、柑橘、橙、柚、柿子、风栗等14种。历史上始兴沙梨曾因皮薄核小肉多、香脆又解渴而享誉珠江三角洲一带，可惜在20世纪50年代后期，由于不被重视，出现"毁梨种瓜"现象，进入21世纪时，所存无几，到了灭绝边缘。

中华人民共和国成立初期，柑橘在始兴种植还很少，每年春节前从广州、汕头、四会等地采购回来供应，价钱昂贵。1964年，因柑橘市场需求量大，县供销社果品公司从外地大量引种温州蜜柑。翌年，先后在各革命老区扶持办起城南果苗场、城郊浈江果场、罗围柑场、狮群柑场和顿岗柑场、都亨内二柑场及围溪柑场等。从浙江、汕头等地聘请20多名有经验的柑农前来传授种柑技术，培养建立一批种柑技术队伍，使柑橘生产得到迅速发展。至1978年，全县种植柑橘面积发展到541公顷，总产量达171.7

吨，除满足本县需求外，大部分远销外地，改变了历史上柑橘在始兴不能自给的被动状况。

（四）农业机械化

中华人民共和国成立前始兴机械化耕作几乎为零。中华人民共和国成立初期，党和政府为减轻革命老区农民的体力劳动强度，提高劳动生产率，大力提倡使用和推广各种新式农具。1956年，推广使用"五一"步犁取代旧式木犁。1959年，县成立拖拉机站，从此拖拉机进入农村，一些偏远的革命老区在拓宽路面后，也可使用上小型拖拉机。1962年，半机械脚踏打禾机取代传统旧式桶榥，胶轮手推车取代"羊角车"。1972年县成立农机局后，农业机械化水平逐年得以提高。据1980年统计，全县已拥有大、中、小型拖拉机1040台，12704马力，平均1.04公顷耕地拥有1马力。在排灌方面，电力排灌107台，2202千瓦，机械排灌53台，734马力，水轮泵44台。全县共有总动力41512匹马力，平均0.31公顷耕地占有1马力。

林业经济的发展

始兴县是广东省主要林区，"八山一水一田"的地理环境，决定了林业是全县的重要支柱产业。中华人民共和国成立前，由于伐木工具落后，交通不便，运销不畅，始兴的森林大多处于自然消长状态，境内保留着大片原始森林和原始次生林，森林覆盖率曾达80%以上。中华人民共和国成立后，中共始兴县委、县政府通过土改变革生产关系，不断探索林政管理，由于在颁发林权证、公社化运动、下放食堂、以大队为核算单位和公路运输网形成时放松了林政管理，始兴森林曾5次遭到严重的滥伐破坏。

一、林政管理

（一）丰富的森林资源

1. 植物资源

仅车八岭国家级自然保护区的初步调查就有2000多种，树种颇多，其中乔木就有45科，145种，常见的有樟、枫、柏、桦、酸枣、松、杉、苦楝等。

全县主要树种分用材林、经济林、防护林和风景林四大类。用材林主要是杉、松、阔叶树和毛竹林，尤其以杉树为优，坚韧、油心大、通直。毛竹产量大，主要分布于始兴北山、江口、司前、都亨、罗坝、澄江、花山等几个乡镇，其中以北山的毛竹为最，竹粗壮，生长快，产量高，素有"北山竹"之称。经济林种类多，分布广，经营历史悠久，以油茶、桐油为大宗。从 20 世纪 60 年代后期开始，开展造林种果活动，大量经营柑橘、甜橙、沙梨、桃、李、枇杷、黄皮等，增加了经济林的分量。其中，"始兴沙梨"曾是岭南佳果之一，驰名全省和港澳等地。

2. 野生动物

始兴属粤北山区，野生动物资源丰富，种类繁多，记录在册的野生动物就有 190 多种，其中兽类 40 多种，两栖爬行类 60 多种，鸟类 80 多种。常见的有野猪（山猪）、豪猪、黄猄、野兔、乌龟、青竹蛇、蟒蛇、青蛙、田鸡、雉鸡、竹鸡、白鹇、喜鹊、杜鹃、八哥等等，珍贵的野生动物有华南虎、云豹、水鹿、石羊等。20 世纪 50 年代初，始兴野兽成群，经常有野猪、山羊、山牛和老虎在村庄附近活动，践踏、毁坏农作物，伤人伤畜。有一次，黄所乡刘屋岭村的群众在开大会时，一只老虎冲入会场。据此，县政府集中抽调 1244 名民兵，组成 111 个打猎队，以消除兽害，保障生产和人畜安全。

（二）采伐管理

1. 木材采伐

始兴境内历史上都以采伐杉木为主，约占 90% 以上，年均采伐量为 50 万～60 万根，材积 3.5 万～4 万立方米；传统以 20～30 年树龄为一轮伐期，采伐木材时，能因林地选择采伐方法，多是采取小面积皆伐的方式，于近水、近山交通方便的杉树林进行皆伐，面积以 1～5 公顷不等，采伐杉木后即于本年冬至次年春炼山更新。经 20 年以上抚育成林后，再行皆伐，伐后造林更新，周而复始，不断交替的生产循环，境内杉木林亦不断扩展，面积逐年增多。马尾松次之，年均采伐量也仅 0.3 万～0.6 万立方米。阔叶树甚少采伐，仅作柴火、烧炭、放香菇等采伐利用。因此，林区农民偏重栽植杉木，对阔叶树林小面积皆伐后炼山亦种植杉木。

1952年，林区采伐木材仍以杉木为主，以农户、互助组、初级农业合作社小规模采伐林木，沿用传统习惯实施小面积皆伐方式，以择伐方式伐取木材的是少量自用材，澄江林区则择伐、皆伐并行。同时，在采伐管理上，实行了由农会出具证明书，经区政府批准，发木材采伐运输证后，农户方可采伐、运输木材，初步试行由政府部门管理采运木材的行政手段。1953年1月20日，《南方日报》公布了中南固定林权法后，县政府根据保护私有财产政策，通知各区政府即行废止木材采伐的批准手续制度，农户可自行采伐。一些农民认为土地改革后分到的山林是私有财产，导致大片山林第一次遭到滥伐破坏。1953年末，《木材管理办法》颁布后，林木采伐实行适当控制，初步遏制了破坏山林和木材投机交易的市场。

1954年初，广东森林工业局粤北分局对始兴县木材资源进行调查，确认全县杉木商品材年合理采伐量为4.2万立方米。森林工业部门实行计划采伐、收购商品木材，把商品木材年采伐任务下达到各区乡。由乡政府下达到各农户，农户与森工部门签订木材收购合约，农户持合约才能采伐、交售木材。1955年木材生产经营已过渡到由国营的森工部门统购统销，农村逐渐实现合作化山林归属集体所有，商品木材采伐按国家下达计划进行，订购木材均以集体名义进行，至此木材采伐计划管理走向正轨。森工部门为开发边远林区，增加木材产量，经各级政府批准，1957年与农业合作社购买边陲林区山林，兴办龙斗輋伐木场，实行由国营森工部门进行有计划采伐。

1958—1960年"大跃进"期间，在"高指标、高任务、高措施"口号下大放采伐木材及林业收入"卫星"，以行政命令代替必要的计划管理措施，并掀起推广伐木工具改革高潮，国营龙斗輋伐木场购进一批弯把锯及两台国产柳州牌油锯，除了使用传统伐木工具齐刀、斧头及少量过江龙锯外，首次试用新工具砍伐木材。全县组成万人采伐队，无计划地进行"大兵团作战"，盲目推行大规模采伐，大办公共食堂等，土法炼钢，致使近水、近山、近路的茂密山林被采伐一光，始兴山林第二次遭到滥伐破坏。1960年后林区体制多变，采伐管理松弛，农村自用材增多，诱发了"你砍我也砍，大家都可以砍"集体山林，以致远近水源林、用材林、村前村后风景林遭到严重的第三次滥伐破坏。

1963年，县政府颁发《关于山林经营管理制度规定》，制定如下制度："1. 生产队需要砍伐竹木自用，应办理申请手续，数量在30株以下者由生产大队批准，30株以上者报公社批准。2. 社员需砍伐生产队的竹木自用的，应办好申请手续，数量在10株以下者，由生产队社员代表会议审查批准；10株以上到30株以下者，由生产队提出意见报大队批准；30株以上到50株以下者，由生产队和大队提出意见报公社批准；50株以上者由生产队、生产大队、公社提出意见报县林业局批准。3. 砍伐出卖的商品竹木，应有收购部门的订购合同和公社发给的竹木砍伐批准证，才能砍伐。"此规定颁发后，自用材、商品木材的采伐管理手续渐趋完善、有章可循，有效地遏制了一些地方超计划采伐、无证采伐林木的现象。

1965年，遵照广东省人民委员会通知精神，县委把原来供销部门经营的非规格木材业务划归森工部门经营，有效地遏制了因多头经营木材导致采伐手续把关不严而泛滥砍伐中幼林木，或把原木锯短当非规格材交售的现象。森工部门按计划部门下达的木材生产计划，组织、帮助社、队进行有计划地采伐商品木材，按合约计划收购木材。

1966年，在"左"的思想影响下，木材采伐审批制度受到冲击。1976年，林区大办采育场、国营林场。林区社、队逐步向锯子化及油锯采伐发展，大量超计划采伐山林。20 世纪 70 年代，平均每年计划采伐量为 13.8 万立方米，而实际商品材采购量年平均为 15.2 万立方米。当时林区流行的口头禅为："斧头一响，有钱有粮。"多数地方自用材、商品材的采伐不执行审批手续，始兴山林第四次遭到滥伐破坏。据 1978 年资源调查统计，全县残次林面积 1.48 万公顷，平均每公顷林木蓄积量只有 37.5 立方米。

2. 木材运输

始兴木材运输经历了将山场的伐倒木搬运到山场运材起点集中，再通过人工肩运、溪河流送、手推车推运、江河扎排放运及公路运输的进化过程。

20 世纪 50 年代中期，清化林区一些林农自行改革木材运输工具，将大径的木材截锯为圆轮，安装成简单的两轮手推车。到 1958 年"大跃进"时期，提倡土法上马改革陆运（也就是人力肩运）木材，大力推广木轮手推车，全县掀起了手推车化运输高潮，运材林道开辟到伐区，人力肩运逐渐减少。

1958 年，在"因地制宜，土法上马，土洋结合，就地取材"的口号指导下，林区社、队为提高山场集材工效，减轻人力肩运的劳动强度，多采用土滑道集材，并改土滑道为竹、木滑道。国营龙斗峯伐木场开始架设非动力索道集材，当年架设两条索道，合计长 1300 米。1965 年 3 月开始，在中央林业部，省林业厅，苏州、泰州、常州林机厂，韶关专署森工局工作组的指导帮助下，国营龙斗峯伐木场试用了动力绞盘机架空索道集材。在该场一工区（官山）采伐山场安装了一条动力架空索道长 1116 米，索道高差为 221 米，坡度为 11.32 度，有四个跨度，最大跨距为 530 米。于当年 6 月起投入使用集材，试用期间月集材量为 231 立方米；9 月又安装了第二条动力架空索道投入生产，以 21A 绞盘机与 KJ－3 绞盘机配套，用于集材归楞和吊材装车，一次可吊 5 吨木材。1966 年，该场又增设了两条动力索道，新培养了绞盘机手 3 名，索道安装工 20 名，能够完全依靠本场自己的技术力量进行索道勘测、安装、转移等工序。且索道安装已趋熟练，工效提高快，用工量从原来的 143 个减至 78 个。各工区安装动力架空索道集材后，大大减轻了劳动强度，工效比传统集材方法提高了几十倍，且能集运长大材，避免其掉入山沟后无法搬运起来而造成木材浪费。同时，不断改革集材工序，总结了一套推山与拖钩相结合、一次集运等方法。据统计，1966 年索道集材量共达 6100 立方米，为该场木材生产量的 60%。后该山场所设采伐工区，均以动力架空索道集材为主，各国营伐木场亦仿试。在国营场先进集材技术的推动下，社、队采伐集体单位亦仿试，但因技术和管理欠佳以及基金等问题，1978 年终于弃用，社、队仍以传统方法集材。因林道开至山场，手推车可直达山场，多用"撬溜"方法至林道边装运。

社会主义建设初期，始兴的江河排运仍沿旧习惯编扎木排，随河流送。木材产量不断增加后，传统编扎木排放运方法已不适应发展的需要。1956 年，全县掀起增产节约的劳动竞赛运动高潮，编扎木排及放运技术改革应运而生。在清远县扎运工人的帮助指导下，扎运工人在罗坝河道成功首试了木材不打水眼、编扎硬排放运技术改革，接着又试验了不扎排进行散运"赶羊"木材的运输改革，并在以后数年中逐步推广木材散运"赶羊"。"大跃进"时期，上游河道多采用"赶羊"流送木材，清化河下游河段，满河面木材，甚为壮观。

1972 年，县林业森工局成立汽车队。是年，广东省林业厅运输公司第三汽车队进驻始兴（简称"粤林车队"），专业承运木材到韶关贮木场，并于 1973 年设队建房于许塘，长驻始兴。从那时起，全县林区公路臻于完善，并在各主线公路不断延伸支线，森林公路与交通部门修建的林区公路连为一体，形成了较为完整的公路运输网，采伐木材的直径也越来越大，运输的车队也越来越壮大。1984 年，驻县的粤林车队下放至县林业森工局管理，与县森工车队合并。据 1986 年统计，林业部门运输木材汽车计有 37 辆，装卸吊车 5 台，装卸桥吊 2 座，基本实现了装运木材机械化，社会上亦有众多汽车参与运材。1986 年底，县森工车队开始实行承包制，单车核算，各车实行经济上缴任务。以往从未开发利用的原始森林也相继砍伐，促进了林区经济的繁荣，但也逐渐导致残林荒山增多，自然生态失调，故一些群众说："公路开到哪里，山林就光到哪里。"始兴山林第五次遭到破坏。

3. 资源管护

1953 年，县政府首次颁发《木材管理暂行办法》，以规定为依据，对破坏森林者进行惩处。1979 年，《中华人民共和国森林法执行草案》公布，县委及时作出了一项决定："凡发生山火，不管什么原因，必须依法惩处，赔偿损失或追究刑事责任。"1982 年 10 月，县公安局林业分局成立，分局干警 14 人。龙斗輋林场、刘张家山林场、河口林场、车八岭自然保护区均设立了林业派出所，全县林业干警有 45 人。1984 年 9 月 20 日，《中华人民共和国森林法》正式颁发后，实行有法必依，执法必严，违法必究，依法治林。始兴从此走上依法治林的轨道。1985 年增设林政股，林政工作有了专人专职管理，对森林资源的档案、木材采伐、木材放行、护林防火工作不断完善和健全。至 1988 年止，县公安局林业分局查处了林业案件 642 宗，没收不合法的木材及罚款总值 47 万元，没收木材 1876 立方米，惩处违法分子 528 人。

二、林木经营

始兴的林产品四大特产是木、纸、菇、笋，始兴老区人民自古以来的生产收入主要是竹木直销、竹木加工及林下经济。中华人民共和国成立后，县政府号召林农生产自救，主要伐取木材以解决生产、生活经济来源。1953年土地改革后，贫苦林农分到了山林，伐木售卖的经济收入改善了林农的生活。据不完全统计，1953年全县林区约有300多万元的木款收入，广大林区群众基本上解决了生产、生活资金，且有部分林农户生活改善后，尚有余款积蓄，购置高档生活、文化娱乐用品，仅清化林区，是年就购买留声机40～50台以及无数手表。林区实行集体合作化后，生产木材的经济收入是集体经济的支柱。1975年全县生产木材总收入为213万元，占林农总收入的18.6%，其中山区木款收入人均达50.18元，占总收入的41.8%。20世纪60年代中期，由于林区不断开发，林区公路不断向边远地区延伸，木材产量逐年增加，经济收入剧增，大大地提高了林区人民的生活水平，形成了"吃粮靠种稻，用钱靠砍木"的林区经济特点。许多原是贫困落后的林区山村，公路修通后增加了木材采伐量，经济收入成倍增长，山村面貌日新月异。1965年龙隘公路修通后，整个联丰大队逐渐富裕起来，尤其是地处边远的中心桃村变化甚为突出。该村原来全部是低矮的杉皮住房，由于森林公路绕村而过，能大量伐木交售，经济收益剧增，生活改善，杉皮房全部改建为砖墙瓦面住宅，自行车、手表、缝纫机等时髦商品不断进入山村。1968年公路修到澄江公社方洞大队后，原来该大队贫穷到男青年婆不到媳妇者计有30多人，一跃为该社之首富。林区不断开发，森林公路不断延伸，木材产量不断增加，使林区人民生活普遍得到提高。

1978年召开中共十一届三中全会后，木材生产亦随着改革东风，逐渐扩大了议价购销的范围，木材生产效益兼顾了国家、集体及个人三者的利益。林区公社隘子、司前、澄江、罗坝公社都先后兴建了数十万元至百万元的大礼堂、影剧院。1980年，隘子、司前、澄江、罗坝、都亨、北山公社6个主要林区公社年人均分配170.5元，超过全县年人均分配153元的11.4%。1982年人均分配收入达390.8元，超过全县年人均分配342.4元的14.14%。最突出的是都亨公社，原来是经济收入较落后的公社，群众称为"石蚧公社"，意思是吃粮靠统销，用钱靠卖石蚧。中共十一届三中全会后，认真清除"左"的影响，落实林业政策，该公社的面貌发生了巨大变化，1982年全社年人均分配收入达488元，比1978年人均分配114元增加374元，跃居全县、全韶关地区第一。同时林业收入的比例不断扩大，1982年全县6个林区公社总收入为2521.6万元，其中林业收入925.4万元，占36.7%，比1978年6个林区公社林业收入增加749.7万元，增长236.4%。

竹木加工：竹类加工产品有晒垫、谷围、谷箩、竹篮、簸箕、粪箕、竹筛等，竹筷子、竹牙签远销日本、韩国和台湾等国家和地区。木材加工产品有桌、凳、柜、盆、桶、风车、水车、木船、单板及造纸。

松香是重要的化工原料，广泛应用于轻工业和化学工业的400多种产品上。始兴县内松林很多，据1954年五区森林资源调查，有古松588万株。1972年调查，全县有松林面积5.39万公顷。1955年开始办厂提炼松香。

粤北香菇产于始兴，以其肉厚、嫩脆、清香的特点驰名海内外。1968年，始兴县从广州郊区钟落潭农场引进香菇菌种后，在林区乡镇推广段木放种香菇生产和试制菌种，段木香菇耗材量倍减，但香菇产量倍增。1979年，县科委派员到福建古田学习袋栽香菇新技术，在全县推广，举办了20多期技术培训班，培训5000多人，使香菇形成工厂化生产。香菇产量从过去每立方木材产菇0.25千克，提高到10多千克，增加了10多倍。1987年，全县栽菇9.06万公顷，共123万筒，产干菇60.2万千克，总产值达148万元，利润44.1万元。1988年，全县香菇总产量达500多吨，产值达2500多万元，占全县工农业总产值的15%以上。据统计，全县16个乡镇有10个乡镇、37个村的农户从事袋栽香菇生产，各国营林场亦办起了袋栽香菇厂，并从日本引进了切片香菇机械，促进了袋栽香菇的发展，成为老区人民的致富之路。

三、育苗造林

（一）封山育林

封山育林，是始兴县管理山林的传统方法。中华人民共和国成立后，保护森林资源靠人民政府行政命令和封山育林。1951年，全县5个乡成立了护林委员会。1955年，马市都塘村最早封山33.33公顷。此后，全县逐步扩大封山面积。20世纪60年代初，隘子沙桥村的群众主动封山666.67公顷。城郊罗围村自筹资金，推选护林巡山员封山333.33公顷。城南新村用集体资金作护林员工资，将全村的山林封起来，且长期坚持轮封和半封山，保持山林荫郁茂盛。1977年，司前江草村的群众运用古今结合的办法，由村民自己订立封山公约，将70%的山封起来。为了公约生效，该村集体宰杀大猪一头，各户派一家长代表共聚一餐、看一场电影。在电影播放时，宣布封山公约生效。谁违反封山公约都要罚大猪一头请全村聚餐。曾有一村民违约，照公约办事，除没收偷砍的木材外，还罚款130元。该村经验很快在全县得到推广，从此全县开始大面积封山育林。

1958—1979年的21年间，通过封山育林，天然更新荒山面积1.13万公顷。国营河口林场在1962年前有0.33万公顷荒山，办林场后采取"封、管、造"并举的办法，到1983年，全部荒山已郁闭成林。陆源"猪洞迳"666.67公顷荒山、江口"卖酒坝"0.13 万公顷荒山、马市民丰至高水 0.2 万公顷荒山和残林，在 1979 年实行全封山后，仅八年时间均成了茂密森林。

（二）植树造林

始兴县人工造林以植造杉林为主，同时还植造松林、竹林，栽种油桐、油茶、樟树、苦楝、桉树、沙梨、枇杷、柑橘类。中华人民共和国成立后，县委、县政府对采种育苗极为重视，从 1954 年开始，每年发动干部、群众和学校师生进行义务采种。随着采种任务的增加，采取按质量定价收购种子。先后建立了苗圃基地，以国营苗圃为主，并发动集体（社、队）和个人按照"自采、自育、自种"的原则办苗圃。

为了提高采种育苗技术，县林业部门重视林业技术队伍的建设，1955 年，全县各区乡举办林业技术培训班，培训了 482 人，其中采种人员 363 人，育苗人员 119 人。通过他们带动群众，搞好采种育苗工作。当年入冬，全县采集松树球果 43.55 吨，出籽 1163.5 千克；采集杉树球果 26.61 吨，出籽 702.5 千克，培育杉苗 4 公顷。1958 年，刘张家山森林经营所和河口林场培育出了一批杉苗，其中河口林场培育出 0.27 公顷高产优质的杉苗，每公顷出苗 16.87 万株。1962 年，根据中共中央指示精神，落实以人民公社生产队为基础的林权，划分"自留山，自留木"，全县山区进行了"划大界""调换插花山"，把林权落实到生产队，林区公社发了山林权属证。由于林权落实，使造林工作得到较快发展。在此基础上，因势利导，大搞技术革新，推广科学造林。1963 年开始征收育林基金，采种、育苗、造林、抚育都给予合理的补助，调动了群众营林的积极性，每年采集的树木种子，除了满足本县育苗需求外，还超额完成了韶关地区下达的上调任务。在"文化大革命"期间，全县林业虽受到一定的影响，林区出现无政府主义状态，林业生产无人经管，人工造林急剧下降，但仍坚持采种育苗工作，并要求全县各地人人采种、队队育苗，实行专业队伍和群众运动相结合，大量培育速生丰产苗木，这为"文化大革命"后大规模造林革新、林业复苏提供了充足的苗木资源。

四、森林保护

民国时期始兴山火频繁，每次山火，多为自烧自灭，使得森林资源损失严重。中华人民共和国成立后，县政府把护林防火作为保护森林和恢复林业的一项重要措施。从 1954 年起，建立了第一个护林防火指挥部，各林区也成立了 5 个区级防火指挥部，78 个乡级指挥部，310 个村级指挥分部，全县 2662 个打火队，队员 3 万多人。认真贯彻"预防为主，积极消灭"的方针，指挥部印发了护林公约 2.6 万张，制作了大护林牌 50 块、小护林宣传牌 2029 块，张贴防火标语 1685 张。1955 年，县政府颁发"七禁止、五不烧"公告以及"三注意"。"七禁止"：禁止放火烧山边田基草；禁止山上烧灰积肥；禁止烧山放牧；禁止放火烧山开路；禁止烧山赶兽；禁止在山上乱丢烟头火种；禁止放孔明灯。"五不烧"：不经批准不烧；大风天气不烧；火路不宽不烧；没有人看守不烧；未带打火工具不烧。"三注意"：在早晨有露水或微雨天烧；拔下杂枝草分散烧；从山顶往山脚烧。公告和"三注意"都印发到乡村每户及机关、学校。

工矿企业的发展

一、地方国营企业

地方国营企业，是指地方政府机构出资办理的国营企业。1950年，全县地方国营企业只有一间粮食加工厂，到1979年，已经发展到有农具机械厂、水泥厂、氮肥厂、通用机械厂、松香厂、电器厂、造纸厂、印刷厂、木器厂、粮食加工厂10家地方国营企业，共有干部职工1990人，固定资产原值1303.63万元，工业总产值1109.73万元，税收81.35万元，利润35.32万元，全员劳动生产率5576元。国营企业有石人嶂钨矿。

（一）社会主义改造时期

中华人民共和国成立后，全县地方国营工业从无到有、从小到大，进一步带动了当地经济的发展。

（1）粮食加工厂。其前身是国营火力发电加工厂。1950年，县政府拨出专款，从广州购回1台20匹马力内燃机和1台发电机、1台碾米机，还从广州招聘熟练工人，在太平镇建国中路建成一家用火力发电加工大米的工厂，年加工大米4356吨。

（2）农具机械厂。其前身是1951年9月顿岗区创建的农家锅厂，属集体所有，以制造民用铁锅为主，有职工7人，年产铁锅1200只，产值3.34万元。1952年12月，改名为始兴县国营农具工业厂，转为地方国营性质。1953年9月，厂址迁往县城，产品中除铸锅外，增加铸犁头、犁壁、脚踏打禾机等，产值1.55万元，利润0.21万元。1953—1956年进行技术革新，开展增产节约和社会主义劳动竞赛运动，研制、生产出切苗机、自动水车、五一步犁、花生剥壳机等产品。其中，1955年、1956年两年生产、推广了五一步犁7919部。

（3）印刷厂。中华人民共和国成立后，县政府接管原力行石印店，成立文化服务社。1953年6月，该社分设为始兴印刷厂和新华书店。印刷厂开始只有普通印刷机1台，可承印小报和简单文件。1954年，有固定资产1.4万元，流动资金1.3万元。

（4）松香厂。1955年5月，由华侨投资、政府扶助，在墨江南岸河口村上封寺旧址上兴建。主要产品是把松脂提炼成松香。

（5）木器厂。厂址位于县城西郊观音坝。1954年6月，县城19户木器加工户自愿合作组成木器生产合作小组，入股1047元买原料、设备，生产嫁妆品、桌、凳、办公台等。同年11月改名为木器生产合作社，员工发展到50余人。

（6）石人嶂钨矿。石人嶂蕴藏钨矿资源，吸引附近不少农民用手工挖采和淘洗，然后卖给商人挣钱。1953年2月，建立国营石人嶂钨矿。厂址最初设于县城北郊高营，后搬迁至深渡水锅洞。石人嶂是当时广东省第一个采用机械化采选作业的有色金属矿山，在全国享有一定知名度，而且属省内最大型钨矿国营企业。1954年，国营石人嶂钨矿规模扩大，共辖石人嶂、河口山、师姑山3个坑口，各坑口分别下设若干生产工区，全矿正式职工、干部1078人，其中生产工人978人，工程技术人员41人。

（二）社会主义建设初期

1958年开始，全民动员，大搞"工农业生产大跃进"，工业大炼钢铁，超英赶美，全县国营工业总产值由104万元下降至1962年的92万元，税利从38万元下降至17.7万元。1963年随着经济恢复，工业贯彻"调整、巩固、充实、提高"八字方针，工业生产逐步发展，1965 年全县有 5 间厂，总产值上升到 193 万元，利税 66 万元。

（三）"文化大革命"时期

1966—1976 年"文化大革命"十年间，地方国营工业虽受到冲击，但绝大多数工人抵制干扰，坚持生产。同时增办了 4 间厂，尤其是 1974 年邓小平复出后，紧抓整顿和管理，县工业持续发展，至 1976 年全县 9 间国营厂总产值为 664.89 万元，比 1966 年的 228 万元增长近 2 倍。而税利则因新厂初办，从 1966 年的 82 万元下降至 44.5 万元。1978 年，中共十一届三中全会后，国营工业发展迅速，效益随之提高，总产值突破千万元大关（1109 万元），税利合计增至 116.67 万元，税利占产值 10% 以上。

20 世纪 70 年代，始兴县积极响应中央和国务院号召，结合"工业学大庆"运动，建设和发展了一批"五小"（小煤矿、小炼油、小水泥、小玻璃、小火电）企业。

（1）兴办小煤矿。1970 年 1 月，始兴县煤矿厂成立，矿址设于城南公社皇沙大队南山。5 月，煤矿有干部、职工 94 人，全矿当年产煤 300 吨。1971 年 4 月，县煤矿厂与县炼铁厂合并（实际上是一套人马两块牌子），职工增至 150 余人。是年，省拨款 5 万元购置了一批设备，增开了一条斜井。1972 年，省派出 209 地质队 7 分队亲临始兴指挥煤矿生产，当年产煤 1950 吨，创历史最好纪录，此后开始走下坡路。1974 年，省再拨款 30 万元改善生产条件，由于矿层深，煤质差，储量又小，投入越大、投工越多，亏损越大。连年亏损之后，不得不于 1980 年 9 月关闭。

（2）兴办炼铁厂。始兴县曾于"大跃进"年代搞过大炼钢铁，1959 年 1 月，组建始兴县钢铁厂，由于无矿石、煤炭质量差，完全不具备客观条件。只是收集一些废铜烂铁"炼"了些砣砣,不到一年,难以为继,只好于 1962 年停办。为响应国务院号召,1970 年 3 月,始兴县又重组炼铁厂。由于效益不佳,1971 年县炼铁厂与县煤矿厂合并,1972 年 2 月宣布停办。

(3)兴办水泥厂。1958 年 5 月,始兴县在城南杨公岭兴办水泥厂。由于生产出的水泥质量低劣,生产亏损,1961 年停办。1970 年重新组建,1971 年投产,年产 316 吨 200#和 250#普通硅酸盐水泥。此后,水泥厂扩建,年产值、利润增加。1976 年,完成产值 23.2 万元。但是,水泥厂是建立在破坏始兴旅游资源的基础上的。始兴"玲珑岩"以其独特的石灰岩结构,溶洞众多,曲径通幽,且留有韩愈、苏东坡等古代名人的诗词手迹,极具自然和人文价值,是始兴最负盛名的一处旅游景点。可是水泥厂是在玲珑岩山上炸石取料,爆破声响处便是一个个溶洞的塌毁。无疑,这是得不偿失的。

(4)兴办电器厂。始兴县电器厂是 1974 年 1 月由原始兴电瓷厂更名而来,厂址设在县城东郊场,后搬至瑶村坳。电器厂主要生产开启式负荷开关。1975 年研发出新产品,生产封闭式负荷开关和螺旋熔断器,年产量达 2.3 万件,完成产值 113 万元,实现利润 11.4 万元。

(5)兴办造纸厂。1970 年 8 月,始兴县创办小型造纸厂,职工 29 人。造纸厂以芒杆为原料生产牛皮包装纸,后经改进生产纸板。1971 年 3 月,始兴县造纸厂正式组建。1975 年 7 月,造纸厂购进造纸设备,以马尾松为原料生产纸袋包装纸,日产 50 吨,年总产量为 1650 吨。

(6)兴办通用机械厂。1970 年 10 月,始兴县通用机械厂从农机修造厂分出,1971 年 1 月投产,主要产品有电动机、切碎机、车床床头箱等。1972 年开始生产钢筋切断机。1974 年完成产值 100.62 万元,上缴利润 0.9 万元。

（7）兴办氮肥厂。1974 年 12 月，始兴县成立氮肥厂筹建指挥部，厂址设在县城西郊观音坝。氮肥厂设计规模为年产碳铵3000 吨、碳酸氢铵 1.3 万吨，计划建厂总投资 540 万元。1975 年4 月，氮肥厂破土奠基，县委组织土建工程大会战，投入义工 21万个劳动日，挖填土沙 5.85 万立方米。1977 年 3 月，氮肥厂建成投产，当年生产氮磷 5331 吨。但是，因该厂建设缺乏严格科学论证，其主要原材料——煤要从山西运来，生产成本高，且电力严重不足，难以正常生产，加之县内销售有限，外销则又增加成本，所以须靠国家补贴才能维持。

二、集体企业

20 世纪 50 年代初期，始兴县手工业社会主义改造基本完成后，各手工业劳动者按自愿原则，组织起各种不同形式的生产合作社（组）。始兴县手工业生产合作社联合社于 1955 年 4 月成立，后来，"社"改称"厂"，实际上仍属"社"的性质，即集体所有制的形式没有改变。当时比较有名的集体企业主要包括以下几个。

（1）建筑公司。中华人民共和国成立前，始兴县没有专业建筑队伍。城乡建民房、祠堂、庙宇、店铺、学校等，均由民间木匠、瓦匠、泥匠临时组合或由主要师傅承包，负责施工。中华人民共和国成立后，1950 年成立县建筑工会，参加的有太平、城南等地泥工、木工 50 多人，1958 年成立县建筑公司，1963 年更名为县建筑工程队。1960 年，县建筑公司设立专业设计室，负责各项工程设计，改变了以往无图纸施工及另找个人设计的状况。社会主义建设初期，由县建筑公司设计与完成的主要工程有：水泥厂配套生产流水线、通用厂、机械厂、松香厂主体车间、墨江大桥、黄江大桥等。

（2）机械厂。位于太平镇西郊观音坝，建于1954年2月，其前身是城镇铁器生产合作社。主要生产链钾、锄头、铁扎、犁、耙、镰刀、斧头、柴刀、菜刀等铁制农具用具，由于面向农村，当时的市场前景一片大好。

（3）木器厂。位于太平镇东郊，建于1954年6月，其前身是太平镇铁竹木修理生产合作社。主要生产水车、床板、台、柜、凳等30多种木制器具。

（4）服装厂。位于太平镇解放路西段，建于1954年7月，其前身是城镇机缝生产合作社。建厂初期有职工53人，脚踏缝纫机11台，产值22.12万元。

（5）竹器工艺厂。建于1955年12月，其前身是城镇竹器生产合作社。主要生产谷萝、谷围、粪箕、竹篮、米筛等竹制农用器。

（6）日用五金厂。位于解放路中段。1956年，由钟表、自行车、首饰、雕刻、五金修配5个生产合作社（组）自愿合股组建。主要维修钟表、自行车、笔、电筒、蓄电池、首饰，以及承接雕刻、印衫等业务，此外也生产铁锅、铁皮水桶等。

（7）小水电。始兴水力资源丰富，全县水力资源理论蕴藏量13.68万千瓦，可开发量12.82万千瓦，年发电量4.77亿千瓦时。中华人民共和国成立后，在县城东郊建成第一宗小水电——丰陂电站，装机容量60千瓦。接着，新村、良源等小水电站相继建成投产。1968—1978年，建成的联网电站有澄江镇的龙塘、沈所乡的岭下、江口乡的小地、司前镇的江草4宗共6台，装机容量1000千瓦。

三、村办企业

农村实行经济体制改革以后，村办企业属生产大队集体所有，这些企业采取合伙或个人"承包"的方式经营，主要行业有：种养、砖、瓦、石灰、小煤窑、竹木加工、粮油加工、土纸等。

（1）种养业。中华人民共和国成立后，始兴小型的林、牧、副、渔业实行以短养长的方式，获得极大的发展。1958 年，人民公社建立后，土地、山林归集体所有，在顿岗的龙凤壁和澄江兴办了两个"花果山"，种有板栗、李子、沙梨等果树共 80 多亩。1964—1975 年，始兴的种养业蓬勃发展，顿岗的茶场、柑场，城郊的茶场、林场，以及浈江的柑场、赤土岭的柑场、城南的果场、沈所的茶场、岭头的柑场等 10 多个绿色企业先后兴办，共 500 余亩。

（2）竹、木器业。1955 年农业合作化后，马市、顿岗等公社把原个体竹、木手工业者组建为竹、木器生产合作社（组），生产小型农具、家具及日用生活用具。20 世纪 60 年代末期，全县竹、木器厂（社）有 11 家，主要生产小农具、家具、竹席、竹筷子、窗帘、纱管、线管等 20 多个品种，其中竹筷子、窗帘出口港澳。

（3）粮油加工业。1959 年，顿岗公社创办第一家粮油加工厂，购置专用设备有 28 千瓦砻谷机 1 台、碾糠机 3 台、榨油机 4 台。20 世纪 70 年代后，顿岗、城郊、江口、沈所、城南、马市等地区相继兴办碾米厂和榨油厂，农村粮油加工业进一步发展。

（4）制陶工业。20 世纪五六十年代，澄江、罗坝、江口、城南等地办有陶瓷厂，主要生产碗、碟等日用陶瓷。

（5）土纸业。清雍正五年（1727 年），造纸业由福建传入跃溪（今澄江）方洞上楼村。后广传至江口、陆源、罗坝、武岗、北山等地。土纸品种有京文纸、桶纸、玉扣纸、苦竹纸等。主要产区在澄江、北山两地，澄江以京文纸冠名，北山以产桶纸著称，全县造纸作坊约 200 家，造纸人数约 700 人，丰年年产土纸约 1.5

万担，贫年 1 万担。1933 年 7 月，始兴造纸同业公会成立，会员 65 人，为县内造纸业的第一个公会组织，促进了造纸业的发展。中华人民共和国成立初期，年产土纸保持 1 万担以上。20 世纪 60 年代，因大量砍伐成年毛竹外运，手工纸产量逐渐减少，收购量从 1964 年的 6643 担，下降到 1979 年的 562 担。

始兴通信业的起步阶段

一、邮政业务

1915 年，始兴县设立邮政局，下辖江口、马市代办所。1943 年，县邮政局下设有江口、马市、罗坝、司前、沈所、隘子、顿岗 7 个邮政代办所。1945 年 2 月，日军侵犯始兴，县邮政局暂时迁至罗坝上岗围楼。同年 7 月，县城光复，县邮政局于 8 月从都亨迁回县城营业。12 月，下辖的 7 个代办所亦全部恢复营业。1949 年 9 月 25 日，始兴全境解放，经历多年的战争沧桑，始兴各行各业百废待兴，为了方便群众信息沟通，县政府加强了邮政通信业务。1952 年 10 月 15 日，县邮政局与电信代办处合并，成立始兴县邮电局。1953 年 4 月 11 日，县长途电话所纳入邮电局统一管理。同年 10 月 11 日，县政府电话所并入邮电局。1969 年 12 月 5 日，邮电局分设为邮政、电信两局。至 1973 年 10 月 1 日，两局又合并为邮电局。邮电局负责管理全县的邮政、电信技术、业务。20 世纪 50—70 年代的邮政业务有函件、机要通信和有线电报三种类型。

（1）函件。社会主义建设初期，始兴函件业务包括挂号邮函、特种挂号信、保价信和保价印刷品。挂号又分单挂号和双挂号。特种信函可邮寄各种证件、组织关系等。据统计，1950 年，全县出口函件 3.49 万件；1960 年 13.44 万件；1970 年 49.06 万件。1950 年全县邮寄包件 65 件，1960 年上升至 0.25 万件，1964 年 0.63 万件。1966 年因受"文化大革命"影响，包件业务量下降。1970 年只有 5000 件，1971 年上升为 1.36 万件。

（2）机要通信。1957 年 4 月，县邮电局接办了县机要文件交通通信，负责全县党、政、军机关和科局级以上单位，以及人民解放军驻始兴部队的机要通信。

（3）有线电报。1952 年 10 月，始兴县恢复对外电报营业，可直达曲江、南雄。1954 年 10 月，开通气象电报，为国家掌握各地的气象变化提供参考数据。1957 年初，县城开通 B 线莫尔斯电报机。1959 年 3 月，县城设立一部音响机，减轻了电报工人的劳动强度。1962 年 7 月，县城设立一台无线电 55 型 15W 电子管收发报机，按规定的频率、呼号定时开通与无线电中心台联络。1969 年 2 月，县城增设一台八一型 15W 半导体无线电通信机。在战备或因长途有线通信电路中断等特急情况下使用。

此外，始兴县还开展电报通信业务。1953 年，全县电报通信电报 1042 份。1963 年，电报 7758 份。1973 年，电报 17013 份。

二、电信业务

1936 年，交通部第六区电信管理局在始兴邮政局内设报话代办处，开创始兴电报业务。1941 年，广东省战时长途电话管理处在县城设立战时长途电话管理处始兴分所（又称战时长途电话管理处始兴派出所），负责维护、管理县境长途电话线路。1943 年，代办处晋升为电报局，从邮政局分离出来，另行办公；同年 10 月，分所改称电话所。1944 年，电报局改称电信局。1945 年 2 月，县城沦陷，电信局迁往罗坝办公。同年 9 月 5 日，电信局从罗坝迁回县城营业。1947 年，电信局改名代办处，业务由长途电话所代管。1948 年，电话所改称通话站。1949 年底，通话站又改称电话所。中华人民共和国成立后，电信与邮政一度合并，成立邮电局。社会主义建设初期，电信业务在县政府的领导下，得到初步发展。当时主要的电信业务有长途通信电话、市内电话、农村电话、联防通信等类型。

（1）长途通信电话。1949 年 10 月，县城至曲江、南雄两地的长途电话恢复通话。1954 年 5 月，在韶关至赣州 3.2 毫米径铜线上，韶赣两端安装 BBOT 三路电子管载波机。中途在始兴、南雄县城等地加装滤波器和转电线圈，实现一线（对）多用，提高了线路复用率。仍保持南雄、曲江两条长途电话线路。1961 年初，于县城至韶关新整修的 4 毫米径铁线开通 MF－201 型单路电子管明线载波机。按国家标准的规定，始兴为 A 端，县长途电话通信首次实现载波、实线复用。1971 年 11 月，以四一〇站为粤战备指挥中心的通信站正式开始启用。遵照规定，始兴通往韶关等地的部分载波、实线长途电路改由四一〇站迂回转接。

（2）市内电话。1957 年，市话杆路长度达 4.51 杆/千米。1952 年，年末用户 41 户，其中计费用户仅 7 户，免费 34 户。

（3）农村电话。中华人民共和国成立后，始兴农村电话通信事业不断发展，主要设备，包括交换机装机容量、杆路总长度等不断增加，电话的覆盖面越来越大，使用的频次逐渐增多，扩大了城乡信息，为农村科学技术推广与应用及普及教育、医疗卫生、抢险救灾等服务，促进了农村各项事业的发展。

（4）联防通信。1955 年，新架罗坝至都亨防空专用通信线路。此线随防空哨所撤销而取消。1956 年，新架江口至水南防空专用通信线路，亦随防空哨所撤销而取消。1966 年，广东省军区战备指挥部拨款架设"粤赣"联防通信线路。此线由始兴司前至江西省全南县分水坳，县境全长 15.65 杆/千米。1966 年，奉广东省军区战备指挥部命令，架设由始兴黄所至曲江瑶岭，县境全长 14.5 杆/千米的"韶始"联防通信线。同年,韶关军分区拨款,架设了由马市至南雄县古市,县境全长 9.14 杆/千米的"始南"联防通信线。随着国际、国内形势的变化,加之联防通信线路穿山过岭,地势复杂,维护困难,耗资过大,杆路残损,至 1981 年,上述 3 对联防通信线均已撤销。

城乡基础设施建设

一、改善城乡交通设施

（一）交通情况

中华人民共和国成立前，始兴交通运输十分落后，除了韶（关）至大（余）公路，未有修筑其他公路，汽车客运货运量都极小。1953 年初，修建县城至石人嶂公路（县城至横岭 15 千米），全长 26 千米，年底竣工通车。7 月，沈所组织 5 个村的群众修筑沈所至县城 4 千米公路，7 天完成。1955 年，为开发师姑山钨矿，修建了顿（岗）至师（姑山）公路，全长 21 千米。各林区为林木运输需要，还修筑了一些简易公路。

1957 年 5 月，县城墨江大桥竣工。桥长 146 米，12 孔，宽 5 米。从此，墨江两岸民众结束了过浮桥、坐渡船的日子。8 月，顿（岗）至罗（坝）公路竣工，全长 10.5 千米。

1958 年 2 月开始修筑清化公路，全县人民克服难以想象的困难，用锄头粪箕、钢钎铁锤，硬是在崇山峻岭、荒沟深壑中开凿出一条横岭至司前 30.4 千米的简易公路。1959 年 10 月，清化公路全线竣工，结束了始兴县城至清化无公路的历史。截至 1961 年底，共有通车里程 237 千米，其中实现"六化"（路面清洁化、路面修补规范化、路肩草坪化、边坡线条化、道口标准化、路田分隔化）里程 24 千米，路面平实整洁化 52 千米，良好路面 41

千米。

1962 年，司前至隘子 15 千米公路建成通车。至此，始兴县城至隘子全线通车。1964 年，修筑罗（坝）至都（亨）18 千米公路。1965 年 7 月，开始兴建隘子圩至龙斗崬公路，全长 18 千米；同年 9 月，澄江圩至方洞公路竣工，全长 15 千米。从此，公路覆盖了全县各乡镇。

1969 年 9 月，南（龙）至始（兴）公路竣工，该公路始兴境内 57.4 千米。1971 年 4 月，马（市）至双（合水）公路竣工，全长 117 千米，始兴境内 30 千米。

1971 年 5 月，对国道 323 线江口段 6.5 千米进行改建；1975 年，对改建路段铺设了沥青。

1973—1976 年，始兴还修筑司（前）至都（亨）35 千米公路，该公路把县境南部司前与都亨连接起来，为车八岭自然保护区的建设奠定了交通基础。

1976 年 6 月 9 日，墨江大桥被洪水冲垮。1977 年 9 月 25 日，在原墨江石拱桥下 100 米处开始兴建 4 拱净跨 40 米悬链线双曲拱墨江钢筋水泥桥，全长 197.3 米，桥面全宽 10 米。

（二）运输情况

陆运：1950 年 5 月，始兴县汽车客运代办站正式成立，负责韶关至始兴往返客车及路过客车的售票工作。1953 年 12 月，韶关开辟韶（关）至石（人嶂）客运线，这是始兴境内第一条客运线路。始兴公路货运始于 1955 年，是年设运输管理站，由韶关总站派驻始兴货车 2 辆，运送物资至韶关、南雄、石人嶂。此外，石人嶂矿亦有自己的车队，专事本矿物资、矿产运输。1960 年，县城至罗坝、县城至澄江开通客运班车。1962 年，县城至司前客运班车开通，同年又延伸至隘子。1964 年，韶关 601 车队轮流派驻客车 2 辆，交由始兴客运站调配循环营运。截至 1964 年，由始兴客运站开出的班车，有至石人嶂、韶关、南雄、罗坝、澄江、司前、隘子 7 条线路，营运里程合计 107.5 千米，为老区人民日常出行带来交通便利。

水运：1949 年以前，始兴货运主要靠民用木船。浈江及墨江顿岗以西航段，水较深，航行较顺畅，其余河段要么狭小水浅，要么激流险滩，航行十分困难。由县城运一船货物进清化，50 多千米水路，5 天方能抵达。1953 年秋，开展水运民主改革，南雄、始兴、韶关共同组织船民协会。1956 年 1 月 30 日，始兴木帆船第一、第二运输生产合作社成立。至此，船民原私有船舶归集体所有，由社统一领导运输业务，统一分配劳动成果。值得一提的是始兴木、竹排运输。由于始兴陆路交通不发达，一直以来，丰富的木、竹资源基本靠水运输至韶关、广州等地，又由于水运运量大、生产成本低，即便开通了公路，水路运输亦长盛不衰。1950—1956 年，始兴靠木排运输原木不少于 45 万立方米，运输毛竹不少于 40 万根，占到了竹、木运输总量的 95% 以上。至1957 年，澄江河已初步疏通，可以放运木排。

二、改善农田水利设施

中华人民共和国成立后，党和政府把水利作为农业的命脉，投入大量人力、物力和财力，在过去饱经水旱灾害的土地上，先后建成大批水利和电力工程，大大提高了抗旱能力。

1953—1957 年，随着农业合作化的发展，重点新建了两宗示范性山塘和一批灌溉能力较大的水利工程。1953 年冬，兴建江口的三角塘和水南的蛇皮塘，作为示范推广的样板。1954 年，兴修小型水利 3894 宗，其中新筑山塘 19 口，维修山塘 151 口，新开水圳 19 条，维修 2385 条，修堤 59 宗，修陂头 1261 座，合计受益田 23087 亩，年底完成元丰陂、丰收陂两个中型水渠，受益乡

16个，受益田 17402 亩。1955 年冬至 1956 年，重点兴建骨干蓄水工程尖背水库，使马市近万亩农田基本解除旱患。1957 年冬，掀起了规模宏大的兴修水利运动，先后建成顿岗后坑水库，马市冷水坑、官司圹，江口乌岭水库，城南的丰坑、雷公坑水库等 10 万立方米以上工程及小山塘一批，同时还兴建了新村南山水排洪工程，使新村、牛田陂、水村等地 3000 多亩农田免除山洪威胁。这些工程的建成，共增加灌溉面积 3.07 万亩，改善灌溉面积 9.66 万亩，使始兴小盆地和马市、江口等一部分丘陵区免受干旱，逐步改变了"多雨成涝，少雨成旱"的现象。

1959 年进行了墨江河流域规划，初步摸清本流域水资源基本情况，首次编写了《墨江流域规划报告书》，并以河南、新村、罗所等地 1.9 万亩（约占全县水田面积的 10%）土地为重点进行渠系整治和平整土地，使部分耕地改善了排灌条件，初步形成运用自如的排灌系统。同时，把城南的李陂、新兴陂灌区和元丰陂灌区合并起来，由元丰陂进行统一管理，充分发挥了工程效益。1959 年兴建马市河角水库，1960 年春基本建成发挥效益，使马市河北片 3000 多亩农田得到灌溉。

1966—1976 年，修复凉口引水工程拦河大坝，丰收陂及管湖陂改建为圬工硬壳陂，新建了远迳水库、新桥水库、竹子迳水库、跃进水库及一大批水轮泵站。

始兴县的田间渠系整治工作，开始于 1958 年冬，与平整土地同时进行，试点工作在城南公社的新村、东一、石桥头、河南、罗所以及杨公岭大队一部分农田进行。在试点取得经验后，从 1959 年冬开始，位于始兴小盆地的顿岗、城郊及城南一部分地区整治田间渠系及平整土地工作全面铺开，每丘田沿等高线方向布置长 50 米，宽 20～30 米，面积 2～2.5 亩，并设有手推车路和机耕路。此后，马市公社也于 1960 年冬开始，到 1963 年冬全面完成平整土地和渠系整治工作。山区公社则开展以改造低产田为主，以开环山沟排水，降低地下水位，排除铁锈水为主要内容的农田整治。

为防止洪水冲毁农田，1974 年 8 月 23 日开始进行群众性大规模的整治墨江工程。首先选择墨江河的凉口段至城郊东湖坪河段进行重点整治，对易被洪水冲毁的河岸，修建浆砌石护岸堤，堤顶宽 40 厘米，高以平地面为准，多在 2 米左右。1975 年冬，整治墨江河除继续完成凉口段至东湖坪全长约 6 千米的护岸堤外，整治罗坝河则从罗坝公社角田大队开始至淋头大队止，全长约 4 千米河段；顿岗公社则从大村大队开始至城郊公社瑶村大队止，全长约 13 千米河段。罗坝河河段大部分采用浆砌石护岸堤的方法进行整治，并结合河滩造田 200 多亩。而顿岗公社除顿岗圩附近 200 米采用浆砌石结构外，多采用打桩织竹堆石结构。沈所河治理工程从花山水库溢洪道出口开始，一直到沈所塔岗岭脚汇合口止，全长约 7 千米河段，沿河两岸采用裁弯取直办法，开挖河道并利用开挖河道的砂石修筑河堤，一般河堤高 1.5～2 米，顶宽 1.5 米，河床宽从上游的 30 米扩宽到下游的 40 米。

1949 年以前，始兴县没有小水电，1958 年冬在县城东郊附近建成第一宗小水电——丰陂电站，装机 30 千瓦。20 年间小水电装机年增长 50 千瓦，由于受到罗坝 110 千伏变电站供电制约，建设速度缓慢。

三、改善电力设施

中华人民共和国成立前，始兴县没有一台发电机，没有一条输电线路，人们点的是桐油灯、松明子。1949 年以后，随着国民经济的迅猛发展，1951 年 9 月，由县碾米厂用一台 24 千瓦发电机供给县政府机关照明。

1956 年 10 月 1 日，成立始兴县发电厂，一台 60 千瓦发电机，从此揭开了始兴发展电力工业的序幕。因发电厂是利用粮食加工用的木炭为燃料的煤气机作为发电机动力，故只能白天用于粮食加工，晚上才用于发电供县城照明。

1957 年 7 月，为开发石人嶂钨矿，电力部按中央要求，在罗坝区兴建罗坝 110 千伏变电站，给全县电力的应用和发展提供了有利条件。1960 年元旦，首次架设了罗坝至始兴 10 千伏木杆输电线路（17 千米），装设了 3 台电力变压器，总容量为 540 千伏安。有了这条主干线路，供电范围开始向老区农村发展。同年成立了始兴电业管理所，从此白天工业用电、晚上照明用电的状况也不复存在，并且有一部分城镇农村用上了电。

随着农村经济的发展及工农业生产的需求，1962—1965 年，先后架设了顿岗至马市、县城至江口及沈所等区的 10 千伏木杆输电线路，全长约 28 千米，从而使全县三分之一的地区都用上了电。

1970 年 9 月，动工架设了罗坝至三角塘 35 千伏水泥杆输电线路（约 19 千米），同时动工兴建三角塘变电站，该工程于 1974 年冬竣工运行。三角塘变电站的变配体系建成投产后，一举解决了以三角塘为中心的 7 个区的配供电问题，使全县电力发展得到飞跃，全县 70% 的城镇和乡村用上了电。

四、改善农村居住环境

1958 年 5 月，全县开展除"四害"（苍蝇、蚊子、老鼠、麻雀）运动，要求农村的标准达到：沟无积水、无孑孓；人畜分居；小孩不随地拉便尿；分菜或用公筷；各人有手巾、牙刷；厨房、私厕无蚊蝇；食物有纱橱、有盖；家具无灰尘；厕所无活蛆；各户有喷药粉；有卫生值日制度、评比检查制度；房中无虱粪、村内无雀窝。

1961—1962 年，县委、县政府帮助革命老区修建房屋 267
间，解决了 97 户、374 人的住房问题。

五、改善县城环境卫生

民国时期的始兴县城，猪、鸡、鸭满街跑，百货公司门面不
到 3 米宽，邮局在一个麻石高门槛的旧屋里。中华人民共和国成
立后，县委、县政府着手抓县城建设，整治了解放路、公教路、
墨江南路等主要街道，修建了下水道。

1958 年 5 月，全县开展除"四害"运动，要求城镇学校机关
的标准达到：沟无积水、无孑孓，城镇有阴沟；地无猪、牛、鸡
粪，无口痰、无小孩粪尿；饭馆、食堂、厨房无蚊蝇，食物有盖、
有纱橱；家具无灰尘；厕所无活蛆；房中无老鼠粪，放饵后是三
天三夜无鼠吃饵；无鼠洞、无雀窝。

1969 年以前，县城居民和单位用水依靠墨江河水和 20 多口
水井饮用。从 20 世纪 70 年代开始，县政府、商业局、供销社等
单位兴建自来水塔和购买抽水泵，自来水供应设施自此开始。

第六节 文教卫体事业的发展

一、教育事业

中华人民共和国成立后，始兴县人民政府接管了始兴中学和107所小学，并对其进行整顿和改造，废除了旧的训育制度和旧的规章制度，按照新的教学计划、教学大纲和教材进行教学。

据统计，1949年全县中学在校学生仅350多人；小学58所，其中完全小学仅10所，学生只有3823人。社会主义建设初期，经过近30年的努力，始兴教育事业在曲折中前进，为全县经济社会发展、人民生活水平的提高、社会的稳定作出了应有的贡献。

（一）小学教育

1949年10月，县政府接管了县城简易师范附属小学，更名为始兴县立第一小学。1950年9月，县政府为纪念革命烈士全赓靖、郑衍屏和"外营惨案"牺牲的革命志士，决定将司前中心学校更名为"赓靖小学"，城南新村的知新小学改称为"衍屏小学"，沈所外营的日新小学易名为"八一小学"。其他中心学校改为区中心小学，乡村小学改为区分校，建立区中心兼管分校制度。

1950—1951年，在县政府鼓励下，各地停办、关闭的学校逐渐恢复。1951年，全县小学增至105所，教员有253人。1951年9月，县政府召开第一次区校长会议，到会人员18人。会议学习、研究了国家《小学暂行规程》《小学课程暂行标准》，作出

《我县目前小学教育的工作方针与任务》的决议，并确立加强爱国主义教育的指导思想。

1952 年起，全县小学转为国家公办。1953 年冬至 1954 年春，通过整顿，克服小学的混乱现象，小学教育秩序趋向正常并得到稳步发展。至 1956 年，小学发展到 108 所（其中完全小学 21 所），学生总数达 9146 人。

1958 年，贯彻中共中央、国务院《关于教育工作的指示》，教育工作跟着实现大跃进，全县小学发展到 259 所（其中民办 17 所），学生增至 15419 人（其中民办小学生 423 人）。是年冬，学校实行学习、住宿、吃饭、劳动集中。学校既要管教学和管生产劳动，又要管学生的食住，每日的柴、米、油、盐、菜都要教师带领学生去解决，学校工作顾此失彼，师生叫苦连天，家长也不满意。1960 年春，"四集中"被迫停止。

1961 年，贯彻"调整、巩固、充实、提高"的方针，实行双轨制，全县农村小学推行半天读书、半天劳动的制度，同时处理超龄学生（年满 16 周岁的高小学生回乡务农），精减教职工，并于城东下枫山天主堂办实验小学，试行五年一贯制。是年，学生由 1960 年的 18388 人下降到 16790 人，1962 年又下降到 15665 人。1964 年，贯彻"两条腿走路"的方针，办耕读学校 66 所，民办小学 101 所，在校学生上升到 19929 人。

"文化大革命"后期，实行贫下中农管理学校，教学以政治和阶级斗争为标准，教学质量严重下降。"文化大革命"结束后，县委、县政府平反了强加给教师的冤假错案，加强学校领导班子建设，落实知识分子政策，改善办学条件和教师生活待遇，动员广大教师抓紧普及小学义务教育，同时积极改革教学，教育教学质量逐年提高。

1979 年，决定太平镇一小为县重点小学，作为改革小学教育的试点，以改革教学，提高教育质量为中心，带动全县小学的教改。1981年以后，教学质量稳步提高，儿童入学率逐年增长。1984年冬，经省、地检查验收，全县147所完全小学（包括所属教学点）在校学生29776人，入学率达96.9%，年巩固率为99.4%，毕业率96.8%，普及率97%，被省认定为"基本实现普及小学教育县"。同年，经省、地检查验收，始兴实现了"一无二有"（校校无危房，班班有课室，人人有桌椅），被省评为校舍建设二级县，司前区公所被评为校舍建设先进集体。

中华人民共和国成立后，少数民族教育得到重视和发展。1952年，创办左拔水、深渡水和陡子的大鱼坑3所瑶民小学。以后逐年发展，1988年底，全县瑶民小学有深渡水、长梅、捐坑、园洞、合水、塘斗、滩洞、左拔、细坝、何屋水、龙斗斜、罗坝瑶民12所，37个教学班，学生722人。对少数民族学生，实行免收学费的优待，满足了瑶胞子女读书的要求。

中华人民共和国成立之前，教育经费全部由群众负担，从1952年开始，由政府拨款供给。随着学生人数的不断增加，教师数量不足的问题开始显现。为此，政府实现"民办公助"的方式，确保教师队伍稳定增长，满足教育事业发展的需要。民办教师人数在1978年达到顶峰，全县共1139名民办教师。

（二）中学教育

始兴县创办现代中学教育始于1915年，1946年开办高中。1949年10月，县政府接管始兴中学，县长邓文礼兼任校长。接管后，在县委、县政府领导下，即对学校进行整顿。首先，废除旧的教育制度、教学内容，摒弃国民党的训育制度、军训制度等，取消童子军、公民、党义等课程，禁止体罚学生。其次，实行全国统一的教学计划、教学大纲和教科书，执行新的中学管理制度。再次，提倡理论联系实际的教育方法，组织师生参加社会活动，组织教师学习党的方针政策和进行爱国主义教育等。

1950 年下半年，始兴中学停办高中（原高一、高二学生分别并入南雄中学、北江中学），复为初级中学。

为发展中学教育，从 1954 年开始实行人民助学金制度。1955 年，初中学生享受助学金人数 118 人，占学生总数的 33.5%，县财政助学金总支出 4492 元，人均 38 元。1956 年，发放助学金 4576 元。

1956 年，广东省为适应经济建设和高等学校培养人才的需要，提出重点发展高中、适当发展初中的办学方针。始兴中学复办高中，是年招收高一一个班 53 人。1956 年 9 月，罗坝中学开办，至此全县有中学两间。当年全县在校中学生有 637 人，相当于 1949 年全县中学生人数的 2 倍。

至 1970 年，全县有中学 18 所，其中始兴中学、墨江中学、马市中学、顿岗中学、城郊中学 5 所为完全中学；另有 92 所小学附设初中班（称戴帽子中学）。是年底，在校初中学生 5347 人，高中学生 1517 人，分别为 1956 年初中学生 584 人的 9.2 倍，高中学生 53 人的 28.6 倍。

1977 年，全县完全中学发展到 6 所 72 个教学班，学生 3768 人；初中 13 所，另有 93 所小学附设初中班，共有 247 个教学班，学生 9421 人。中学的高速发展，带来师资和校舍的严重不足，造成小学教师教初中，初中教师教高中，小学教师不足拉民办教师，并实行初中、高中两年制。

（三）成人教育

中华人民共和国成立之初，全县人民文化水平普遍较低。据 1949 年底调查统计，全县文盲、半文盲青壮年 3.6 万人，占青壮年总数的 89.2%。为此，县委、县政府十分重视扫盲工作，1950 年冬，县委、县政府即指示各区设立妇女识字班。是年，全县共有妇女识字班 173 个，学员 5564 人。

1951 年，县政府建立扫除文盲工作队，专抓扫盲的组织、辅导工作，推行注音识字法。各乡、村、街道、学校兼管扫盲工作，在校内或乡、街道举办识字班。始兴中学简师班学员利用晚上，在太平镇的墨江路、十字街、水云楼、公教路、四角井等街道协助开办夜校，发动、组织青壮年入夜校读书识字，每班三四十人。经过半年多的学习，普遍识字 1000 多，能读懂一般通俗书报，会打算盘。1952 年起，农村以村为单位设夜校，结合农村生产、工作，教农民读书识字。1952 年 10 月，开设始兴县在职干部业余文化补习学校，以提高干部文化水平。据统计，至 1956 年春，全县办起农村扫盲班 684 个，学员达 14210 人，其中 150 人已经毕业。

1956 年 11 月，县委针对农村扫盲班人数逐渐减少的情况（1956 年春耕前 14210 人，夏收前减少到 9144 人，秋收前又减至 7512 人）指示：全面规划，加强领导，动员一切力量积极开展农村扫盲工作，对扫盲教师给予一定补助，紧密结合生产，坚持常年学习，确保学习时间；学习内容要紧密结合生产生活，学习形式可多样化。

1957 年 6 月，县委党校举办党员、干部文化学习班，共办两期 60 多人参加学习。经过一年集中学习，学员文化程度大为提高。1965 年底统计，全县青壮年文盲、半文盲占青壮年的比例下降到 46.5%。

"文化大革命"十年，扫盲工作停顿，文盲人数上升。

1979 年，成立县工农教育委员会。各公社、大队成立工农教育领导小组。教育局成立工农教育股，专管城乡业余教育。全县 138 个大队，有 125 个扫盲机构。经过全民性文化普查，造册登记，制定出分期分批全面完成扫盲任务规划。各大队以学校为主要阵地，以小学教师为基本队伍，举办扫盲班。经过几年努力，至1983年冬，经省、地、县联合检查验收，脱盲率为92%，省政府授予始兴为"基本扫除文盲县"。

（四）教师队伍

1950年，始兴县有小学教师197人，中学教师17人，多数教师学历低下。教师中成分复杂，思想极不稳定，普遍存在着教师政治地位低、个人无前途的厌教思想。据县政府《1953年一、二、三月工作总结》统计，1952年下半年自动离职回家教师有47人之多，差不多占当时小学教师总数的20%。

1953年10月至1954年1月，始兴分两批对小学教师进行了整顿（中学教师则集中到粤北行政公署整顿）。整顿内容主要是学习中央教育建设"整顿巩固、重点发展、提高质量、稳步前进"的总方针及有关文件，结合实际，对照检查，提高认识，改进工作，建校、招生要按计划办事；统一课程，统一校历；教师要热爱本职，关心学生，上课要备课、写教案；每科期末考、学年考要有65%以上学生达到及格；学校每学期、每学年要有工作计划，要抓好民主管理，抓好教师政治理论学习和专业知识、业务技能的提高。通过整顿，中小学教师思想觉悟有了明显提高，大多能安心教学、乐于奉献，基本克服了学校的混乱现象。1956年，始兴教职员工增加到502人，是1949年171人的2.94倍。1978年，全县有中学公办教师461人，中学民办教师272人；小学公办教师493人，小学民办教师1139人。

教师待遇也有明显提高。1950年，教师薪酬以白米计，一般是月薪白米200市斤（1市斤=500克）。1951年，各区乡教师报酬高低不一。1952年起，全县中小学教师工资统一由人民政府发放，乡村初级小学一般教师月薪19.7万元（旧币，下同）；中心小学一般教师月薪23万元，教导主任25万元，校长28万元；县城联合小学一般教师月薪 25 万元，教导主任 28 万元，校长 31 万～32 万元。1954 年冬实行工分制，小学教师月薪 90～120 分，约合 23 万～32 万元。1956 年实行工资改革，小学教师薪酬 32～41.5 元（人民币，下同），教导主任、校长 43～62 元，中学教师 50 元左右。1962—1986 年，国家进行了 5 次教师工资调整。1986 年 9 月，进修学校教师平均月工资为 84.4 元，普通中学教师为 76.4 元，小学教师为 73 元。

二、卫生事业

（一）医疗机构与卫生队伍

1949 年 10 月，县政府接管了始兴县卫生院，改名为始兴县人民政府卫生院，负责医疗、卫生防疫工作，并领导县属 5 个区卫生所的业务工作，卫生行政工作则由县政府民政科兼管。1949 年，县人民政府卫生院只有卫生技术人员 7 人。1952 年，卫生机构发展到 5 个，人员增至 44 人。

1950 年，县人民政府卫生院门诊设检验室，有检验士 1 人、显微镜 1 台、电冰箱 1 台，能开展三大常规化验工作。1953 年，各区卫生所亦设化验室。1954 年起，卫生院为县属 5 个区卫生所培训检验人员，每年均有 1～2 人跟班学习。

1950 年，全县医护机构仅有注射、灌肠等少量功能室，只能做一般肌肉注射、皮下注射、洗胃灌肠等。1954 年，护理技术有了较大提高，开始施行导尿、静脉输液等医护技术。1956 年，已经能开展洗胃、吸氧、骨髓补液等难度较高的护理，护理质量也有了明显提高。此外，各类功能室不断增加。1951 年，县人民医院设内科（包括儿科、传染科）诊室，有住院病房 7 间，甲等病床 29 张，可收治一般内科、儿科、传染科病人。1952 年，设外科诊室。据始兴县首届一次人民代表大会《始兴县政府四年来施政工作报告》：1951—1953 年，始兴县医疗卫生机构共诊治病人 68516 人次。

1952 年，县属 5 个区设立卫生所，开始为广大农民进行一般西医诊疗。是年，还对私人开业的中医进行发证，要求各中医师、中药店必须持证上岗。1956 年，县卫生科积极组织社会开业医生、中药店加入联合诊所。是年 5 月，成立联合诊所 6 间、分诊所 14 间、门诊部 2 间。1956 年，县人民医院开设中医门诊，吸收部分中医生，开展骨科、外科、内科、针灸科等中医业务。1952 年开始，县卫生科每年组织中西医医生到农村进行巡回医疗。1956 年，巡回医疗队已从原来的 3 个组 15 人增至 6 个组 68 人。巡回医疗队把病看到村头、地头、床头，深受广大社员欢迎。

1957 年，全县卫生机构有职工 81 人，其中卫生技术人员 55 人，县内每千人口中平均有卫生技术人员 0.54 人。1958—1976 年，由国家分配或调配来的历届高中等医学院校毕业生共有 99 人，充实了卫生队伍。卫生技术队伍成分亦不断变化，人员素质不断提高。至 1987 年，医疗卫生队伍发展到 758 人，其中卫生技术人员 645 人，占 85%，有主治主管医师 19 人、医师 113 人、医士级人员 260 人。医务人员从 1957 年的每千人口占 0.54 人发展到每千人口占 3.47 人。

20 世纪 50 年代开始，在农村培训了一大批农村不脱产接生员，普及新法接生，并顺利进行了社会主义改造，将一批个体医生、民间郎中纳入联合诊所。50 年代末期和 60 年代后期，又在绝大多数农村设置了村级卫生组织，建立起一支“赤脚医生”队伍。县级设立了人民医院、中医院、防疫站、慢病站、妇幼保健院等机构。全县初步形成了县、乡、村三级医疗预防保健网，广大人民群众医疗健康有了保障。

为实现“小病不出村”的目标，1968 年，罗坝公社 12 个生产大队率先办起了合作医疗。翌年，发动群众，采用公社办，公社、大队联办，生产队办等多种形式，在各公社推行合作医疗制度。参加合作医疗的群众需缴纳一定数量的资金，一般为每人每月缴交 3 角，全年 3.6 元。参合群众到本大队卫生站或当地公社卫生院凭证就诊，只交挂号费，医药费给予记账。合作医疗经费由所在公社卫生院设专账代行管理，按月结算，年终如有超支，超支部分由公社、大队、生产队三级负担，结余部分则移转到下年度续用。实行合作医疗后，大队卫生站改称为大队合作医疗站，大队卫生员、保健员亦称为"赤脚医生"。合作医疗在行政上归大队管理，业务上由所在公社卫生院管理，赤脚医生报酬一般为大队党支部书记年薪的90%～95%。至1976 年，全县116 个生产大队全部实行了合作医疗制度，实现全县合作医疗"一片红"，每个大队都配有赤脚医生。赤脚医生发展到250 人，生产队卫生员1079 人，农村接生员176 人。

到了 20 世纪 80 年代，随着农业生产管理体制的改变，不少社队的合作医疗纷纷解体。至 1987 年，只有马市镇都塘村的合作医疗制度坚持了下来。

（二）防疫保健

中华人民共和国成立前，始兴县开业的私人诊所一般都不参与社会上的预防工作，仅有国民政府办的"平民医院"有一名防疫人员及几个卫生督察，进行一些卫生督察和消毒工作。人力薄弱，设备简陋，以致急性传染病流行猖獗，广大人民群众的生命健康得不到保障。

中华人民共和国成立后，党和政府十分关心人民群众的疾苦，积极贯彻"预防为主"的卫生工作方针，把除害灭病，改变城乡卫生面貌作为一项重要工作来抓。1953 年初，先后建起了县、区、乡三级"爱国卫生运动委员会"，领导全县人民进行爱国卫生运动。由县长任爱国卫生运动委员会主任，宣传部副部长、卫生科科长任副主任，委员会由青年团、妇联、文教、粮食、矿山等有关部门领导组成。开展了以"除四害、讲卫生、消灭疾病、振奋精神、移风易俗、改造国家"为中心的爱国卫生运动。依靠广大人民群众的力量，扑灭病媒、虫害，改善环境卫生，以消灭多种外在的致病因素，减少和防止疾病的发生，提高人民健康水平。

县人民政府卫生院设立公共卫生组，负责全县卫生防疫业务工作。1956年5月，经县委批准，成立始兴县卫生防疫站，作为全县卫生防疫业务的管理部门，下设防疫组、卫生组，有工作人员11人。培训了卫生防疫人员，开展了卫生宣传和预防接种工作，环境卫生、食品卫生监测监督工作不断加强。1953年2月，结合抗美援朝及细菌战宣传，爱国卫生运动委员会领导和发动全县人民进行了一次"爱国卫生运动突击月"活动。

为保障人民群众饮食卫生，1955年，县卫生科对县内饮食行业进行登记发证管理，全县登记发证79户，占全县总户数（81户）的97.5%。同年，太平镇组织"饮食行业卫生管理委员会"，制定卫生公约。县卫生科亦据此制定出《饮食行业卫生管理条例》，分发各饮食部门遵守执行。

1956年9月，县委、县人委指示卫生科成立"麻风病防治委员会"，设始兴县麻风病防治站。防治站有工作人员2人，其主要职能是开展麻风病检查登记。9月下旬，麻风病防治委员会、县麻风病防治站组织10余人，协助韶关专署麻风病调查队12位同志，分别在城南、沈所、马市、罗坝、清化、顿岗等地进行调查，检查出麻风病患者41人，即送邻县南雄麻风病院隔离治疗。

1958年，县及公社均成立了"除害灭病领导小组"，进行以人畜分居和厕所改良为重点的环境卫生运动。1960年冬，恢复始兴县建制后，重新组成"爱国卫生运动委员会"，开展"以卫生为光荣，以不卫生为耻辱"的宣传，平时以城镇为重点，进行卫生突击活动和检查评比，使卫生工作逐步走向正常化、制度化。

通过抓好疾病预防控制工作，各种传染病得到了有效控制。20世纪50年代初，便消灭了鼠疫、天花、霍乱等烈性传染病。1979年后，全县再未发生过小儿麻痹症、白喉、乙脑急性传染病。实现了消灭丝虫病、基本消灭麻风病和消灭碘缺乏病的目标。

（三）妇幼卫生

中华人民共和国成立前，始兴县没有妇幼保健机构，妇女分娩都由产婆接生，产妇分娩如同过鬼门关，生命安全得不到保障。妇女常因产褥热、难产而死亡；新生儿常因破伤风、早产而夭折。广大劳动妇女因分娩后得不到应有的照顾和休息，很多人在产后得子宫下垂等妇科病。直到1949年，县卫生院聘请一名助产士开设留产室。

中华人民共和国成立后，县人民政府卫生院设助产室，配有新法接生员2人。1952年，为迅速改变妇幼卫生落后状况，降低产妇和婴儿死亡率，县人民委员会卫生科响应政府的号召，为满足广大农村妇女的要求，减少产褥热，推行新法接生，消灭新生儿破伤风，保证母婴身体健康，在全县范围内培训了首批农村接生员共543名，设置接生箱135个。1954年，全县新法接生781例，新法接生率提高到81.35%，旧法接生179例，占18.64%。新生儿破伤风死亡率，新法接生占2.89%，旧法接生占37.43%。至1957年，全县农村接生员达到600名。1963年，罗坝公社设农村产院1间，至1965年发展有东围、瑶村、周所、月武4间。1985年，全年新法接生2429人，新法接生率达99.44%，住院分娩率为80.07%，无新生儿破伤风发生。

1953年，开始推行产妇孕期保健。是年，产前检查2400人次。1983 年后，开展围产期保健，难产率、孕产妇和新生儿死亡率显著下降。1984 年，产妇总数 2131 人，产前检查 7282 人次，人均 3.35 次，住院分娩 1707 人，住院分娩率为 84.4%，产后访视率为 92.3%，产后 42 天检查率为 30%。

1960 年，开展妇科病的普查普治。当时农村粮食紧张导致营养不良，至 1961 年，普查发现全县子宫下垂患者 3033 人，月经病患者 3451 人，发病率分别为"四病"（浮肿、干瘦、子宫下垂、闭经）的 34.54% 和 39.3%。对子宫下垂患者一律给予免费治疗。1963 年，农村经济好转，第三次普查时，子宫下垂患者 704 例，比 1961 年下降 76.79%。

20 世纪 70 年代，在农村开展"两病"（子宫下垂、尿瘘）的普查普治。1975 年普查，子宫下垂患者 30 例，此后未发现新病例。

民国时期，城乡开始种牛痘，对小儿天花的防治有显著作用。对新法接生，政府虽然要求免费，产后访视、婴幼儿保健检查等，但皆以地方财力缺乏为由，没有开展儿童保健工作。中华人民共和国成立后，儿童保健工作的重点为防治危害儿童健康的各种烈性传染病，控制流行，积极治疗，降低死亡率。主要是开展儿童预防接种工作，接种疫苗从民国时单一的牛痘扩大到伤寒、副伤寒、白喉、百日咳、破伤风、卡介苗、小儿麻痹糖丸、麻疹、流脑、乙脑、乙肝等。1952 年，开始接种伤寒、副伤寒、白喉疫苗。至 1957 年，共接种 16742 人次。1960 年，运用精白、百日咳疫苗，首次接种 1354 人次，卡介苗 1651 人次；1965 年，开始服食小儿麻痹糖丸；1973 年，使用麻疹减毒活疫苗预防麻疹流行。1970 年，世界卫生组织宣布全世界已经消灭天花后，停止接种牛痘。

1970 年起，推行儿童预防接种记录卡（册、表）。根据不同生物制品接种程序的不同要求，进行定期接种和记录，防止人口流动可能造成的漏种或重复。

1955年8月，县卫生科为学校举办了一届卫生导师训练班，培训了16间完全小学18名保健教师，训后从事卫生课程教学、饮食卫生管理、晨间检查等学校卫生工作。各校还设有保健室，学生健康得到了保障和提高。

三、文化事业

（一）文化单位与文艺团体建设

民国时期，县政府未设文化专管机构。1949年10月，县政府设文教科主管文化教育工作。为了用文艺形式扩大宣传党的方针政策、扩大新政权的影响，1949年12月，县委要求始兴中学成立一支文艺队伍。始兴中学积极响应，挑选了50多名学生，组织成立了一个文工团。

1950年5月，始兴县成立播音站，开始在县城转播中央人民广播电台和省电台节目。1956年3月，播音站更名为始兴广播站，受县委宣传部、省人民广播电台双重领导。

1957年，全县除罗坝、深渡水、司前、隘子外，其余各乡（镇）都建起了广播站，并分别配有专职广播员1名。广播专线长58千米。是年，购入喇叭1650只。

1950年10月，由42人组成的中共始兴县委宣传队成立。这是始兴县第一个专业的党的文艺团体，以演歌剧、话剧为主，开创了始兴文艺活动新局面，影响较大。因土地改革工作和组建县级机关的需要，宣传队于1952年3月撤销。

中华人民共和国成立后，县政府接管了县城原力行印社，成立文化服务社。1953年6月，文化服务社一分为三，设始兴印刷厂和新华书店——始兴第一间新华书店诞生，隶属文教科。书店有门市部 1 间，设经理 1 人、业务员 2 人。1955 年冬，始兴县成立电影放映队。

1956 年，在县城建立工人文化宫，初期设舞厅、图书阅览室、乒乓球室。1963 年，省拨款 9 万元兴建 600 平方米的文化楼，七级看台、1200 平方米的露天灯光篮球场，观众座位 1500 个，建礼堂 550 平方米，可容纳观众 1000 人。

始兴县文化馆前身是始兴县民众教育馆，建于 1938 年。1953 年更名为人民文化馆，属文教科领导，馆址设在县城关帝庙内，与县工商联合会共同使用。文化馆面积约 100 平方米，全员 4 人，馆内设有藏书室、阅览室、娱乐室。1964 年，馆址从关帝庙迁至县城钟家祠，面积 155 平方米，增设美术室、资料室。同年 8 月，析出文化局。1967 年 3 月，受"文化大革命"冲击，文化局和文化馆的职权被终止。1973 年 5 月，恢复文化局和文化馆。

（二）群众文化的形成

中华人民共和国成立后，业余剧团在文化馆的组织下迅速发展。从 1953 年建立的新村业余剧团起，到 1957 年 12 月，已发展到沈所、石下、周所、隘子、澄江、马市、罗坝、顿岗、沈南、沈北、石下外、黄所、东湖坪、总甫、水南、水口、罗围、石坪、围下、总村等 30 多个业余剧团。

1957 年 11 月，墨江艺术团成立。该团是由县城居民及附近农民组织的业余采茶剧团发展成为专业艺术团的。全员 11 人，演出传统采茶剧《哨妹子》《打鸟》《老少配》和现代采茶剧《拾棉花》《中秋之夜》《一出戏》等剧目，历时不足一年。1958 年 11 月，以原墨江艺术团成员为骨干成立始兴文工团，全员 21 人，仍演采茶传统剧目和现代剧目，1960 年撤销。

采茶剧由赣南传入始兴，剧目多表现民间生活、爱情故事，特别受群众欢迎。民国年间，民间曾流传顿岗镇禾花塘村"唱了一夜采茶，嫁了八个寡妇"，足见其影响之大。1953年，江西大余县采茶剧团在始兴演出近一个月，每场爆满，盛况空前。由于采茶戏朴素易懂，生动活泼，曲调简单，优美明快，观众容易接受，很快在始兴掀起一股采茶热，学唱采茶调的青年男女遍及城乡。到1957年12月，全县有业余剧团30多个，团员847人。当年演出212场，观众1.02万人次。1958年，移植剧目现代采茶戏《中秋之夜》，参加省民兵文艺演出获优秀节目奖。

四、体育事业

（一）体育管理机构与体育协会

民国时期，始兴没有专门管理体育运动的机构，各种竞赛活动由民间组织或由政府指定某些部门组织实施。

1956年下半年，始兴县体育运动委员会（简称"体委"）成立，由一名副县长兼任主任，副主任由有关党政机关领导兼任。体委日常事务工作指定文教科一名干部兼管。1958年12月底，始兴并入南雄县后，始兴体委被撤销。1960年底恢复始兴县建制，体委重新组建，主任由副县长兼任，副主任仍由党政有关部门领导兼任。体委有工作人员3人，其中行政干部1人，业务干部2人。1967年1月，体委实行军管。1968年春，始兴县革命委员会成立，体委隶属革命委员会民事组。1972年初，成立始兴县革命委员会体委办公室，有5名工作人员，由副主任主持日常业务工作。

1956年冬，一些系统和机关先后建立体育协会。协会有理事7～9人，分设有运动部（负责竞赛工作）、劳卫部（负责组织实施《准备劳动与保卫祖国体育制度》）、群体部（负责组织群众参加体育活动）、财务部（负责体育协会的财务收支），各部部长均由理事兼任。

1956年冬，钟声体育协会成立。有理事9人，负责组织、领导教师的群体活动。1956年和1957年先后主办教工篮球赛、乒乓球赛和田径运动会各一次，同时组织教师实施《准备劳动与保卫祖国体育制度》（简称"劳卫制"）锻炼标准。

1957年，始兴县银鹰体育协会成立，是组织领导银行系统干部职工体育活动的群体机构。继钟声、银鹰体育协会成立后，始兴县中学体育协会、始兴县邮电体育协会等县属机关体育协会也相继成立。

（二）运动设施建设

民国时期，始兴体育设施简陋，无设备可言。只有县立中学设有篮球场、排球场、乒乓球台、高低栏、单双杠、滑梯、浪桥、秋千、沙地、早操指挥台等。小学设备稍好者有篮球场、排球网。乡村中心小学篮球架多是立两条木柱钉上一块板装上球圈。少数学校有单双杠，跳高、跳远沙地和乒乓球台。

中华人民共和国成立后，1950—1951年，县政府拨出经费在西郊场建了3个篮球场和一些浪桥、滑梯等设施。1957年，在西郊场建成第一个周围有五排座位混凝土看台的灯光篮球场。1968年，县综合体育馆建成，可供体操、篮球、乒乓球、羽毛球竞赛和训练。1974年，在西郊场建成第一个溜冰场。

（三）学校体育

中华人民共和国成立初期，因学校工作要配合政治运动，体育活动多为跳秧歌、打腰鼓所取代。1951年，始兴中学、县城小学及各区中心小学篮球、田径逐步恢复和发展。1952年，校际篮球赛进入活跃时期。当时，始兴中学队与教师联队经常举行比赛，推动了学校体育的开展。1955年春，全县小学体育工作会议后，各校普遍建立了早操制度。1956年后做少年广播体操，并将早操列入学校正式课程。1956年开始，全县中小学先后实施"劳卫制"锻炼标准。其中开展得比较好的学校有始兴中学、联合小学、沈所小学、乌石小学、顿岗小学、千家营小学。这些学校还建立了运动队，并以运动队为骨干，推动学校体育活动的开展。是年春，始兴县少年第一届田径运动会举行，跳高运动员陈大旺、吴仲忠，短跑运动员雷元峙、杨盛洲比赛成绩均达国家三级运动员标准。1958 年是"劳卫制"达标的高潮期。至是年底，全县初高中有近千名学生通过各级"劳卫制"标准。

1963 年秋，联合小学率先在全县开设课间操和眼保健操。随后，实验小学和墨江小学也相继开设课间操。墨江小学还开展了田径、小足球、乒乓球、小篮球等体育活动，其中小足球获县儿童组第 1 名。1964 年，县中小学田径选拔赛中，联合小学获奖牌数仅次于始兴中学，其中撑竿跳高、女子跨栏、短跑、跳远、跳高等项目已达县先进水平。1965 年，联合小学获地区乒乓球小学组男子团体第 4 名。

1973 年冬，始兴县第一届中小学生田径运动会在罗坝举行。红卫中学（即墨江中学）获中学团体第 1 名，红旗镇第一小学（即实验小学）获小学组第 1 名。1974 年 11 月，韶关地区学生田径运动会在始兴举行。始兴朱定虾获女子组手榴弹（500 克）第 1 名、标枪（600 克）第 1 名、铁饼（1 千克）第 3 名。县代表队获团体总分第 4 名。

为解决体育师资缺乏的状况，始兴县采取两方面的措施：一方面是对现有的中小学体育教师进行培训；另一方面是分配体育专业的大中专毕业生充实体育师资队伍。从 1954 年起，全县参加省级师资培训班或教研活动的有 9 人次，县体委和教育局联合举办体育师资培训班 11 次，参加培训的体育教师达 700 多人次。

（四）业余体校

1958 年，县体委开办青少年业余体校，不久停办。1962 年春，县体委复办青少年业余体校。设有篮球、乒乓球、田径、游泳 4 个班。其中篮球班、田径班分别附设在始兴中学和墨江中学。体校学生每周定期训练 2～3 次。1962 年下半年起，田径班改设在始兴中学。

1974 年，体校开始独立办校，田径班列为省办班。业余体校开办后，全县形成了一个以业余体校为龙头的业余训练网，推动了全县体育事业的发展，提高了体育竞技水平，向各类院校输送了大量体育人才。1956—1957 年，林优棠、陈燕春先后输送到韶关地区集训队。以后，林优棠又被送到广东省游泳队。1957 年，乒乓球运动员陈敬良被批准为国家二级运动员，这是始兴县第一个国家级运动员。1958 年，乒乓球运动员石其兴又被批准为国家二级运动员。至 1965 年，全县共有国家一级运动员 3 人，二级运动员 10 人。20 世纪 60 年代，先后被输送到省体校的运动员有 8人，到韶关体校 10 人。输送到广东省队的运动员有方原、江毅（原名江福音）。其中，省游泳队的江毅入选国家代表队。

第五章

改革开放的起航和奋进

（1978 年 12 月—2012 年 11 月）

中共十一届三中全会后，始兴县委认真贯彻落实十一届三中全会精神，带领老区人民推行家庭联产承包责任制，积极发展"三高"农业，充分调动了农民的生产积极性，促进了农、林、牧、副、渔全面发展。1982 年 9 月，中共十二大召开后，始兴县委贯彻十二大精神，开启了始兴改革开放的新时期，农村政社分离，城镇启动经济体制改革。中共十四大后，始兴县委、县政府加大改革和招商引资力度，国有企业改革走在韶关市前列，招商引资被广东省政府誉为"广东山区招商引资的一面旗帜"。先后获得"全国绿化先进单位""全国森林资源和林政管理示范县""中国枇杷之乡""全国农业标准化示范区先进单位""国家级生态示范区""中国绿色名县""中国杨梅之乡""中国制笔研发制造基地""中国优秀生态旅游县""中国地名文化遗产——千年古县""中国围楼文化之乡""中国魅力文化生态旅游目的地"称号。

第一节 落实联产承包责任制，发展"三高"农业

一、落实联产承包责任制

1978 年 12 月，中共十一届三中全会提出："把党的工作重点转移到经济建设上来，实行改革开放的历史性决策，实现了中华人民共和国成立以来党的历史上具有深远意义的伟大转折，开启了我国改革开放和社会主义现代化建设新时期。"首先在农村推行家庭联产承包责任制。

1979 年，始兴县粮食生产普遍推行三种形式的责任制：对偏远革命老区少数规模较小的生产队（15 户以下）实行定额管理，包产到组，评比奖励；对少数规模较大的生产队（50 户以上）先"四固定到组"（土地、劳力、耕牛、农具），再"三定到组"（定工分、定产量、定成本），按产计酬，超产奖励；对大部分生产队推行"五定到组"（定劳力、定土地、定工分、定产量、定成本），按产计酬，超产奖励。是年夏收前，全县水稻等作物实行几定到组，超产奖励，或管理到人（包到劳力或户），全县 1163 个生产队超产奖励的有 754 个，实行水稻田间管理小段包工到组或到人，评比奖励的有 349 个生产队。经济作物和杂粮生产实行几定到组，超产奖励或定产到人，超产奖励责任制的有 577 个生产队，占全县 1012 个有经济作物的生产队的 57%；田间管理实行小段包工评比奖励的生产队有 258 个，占全县 1012 个生产

队的25.5%；工副业（林业）实行任务到组、到人，超产奖励，减产处罚，按产品产值或同等农业劳动力计酬责任制的有736个生产队，占全县1012个有工副业生产队的72%；养殖业实行几定到组或到人，按产品、产值或同等农业劳动力计酬的有451个生产队，占全县714个有养殖业生产队的63%；实行"社员三定"（定出勤、定交家庭肥、定劳动底分）的有960个生产队，占全县生产队总数的80%；实行定额管理的有1054个生产队，占全县生产队总数的87.83%；建立了"五账三簿"（现金账、实物账、固定资产账、分类账、往来账；工分登记簿、工具登记簿、票证登记簿）的有843个生产队，占全县生产队总数的70.25%；实行"一年早知道"（指在年初制定生产队一年内的生产计划、财务收支、社员分配等预算规划）的有831个生产队，占全县生产队总数的69.25%。此外，还有214个生产队实行花生分到户，谁种谁得；另有99个生产队实行"副业包上缴，门路自己找"的办法，即生产队硬性规定一个劳动力外出搞副业，一年净交生产队现金250～350元（也有500～600元)[1]，在生产队里不记工分，不参加生产队分配。

在此期间，由于极左思潮的影响，生产队普遍存在集体财产管理不善、财务账目混乱等现象，导致集体经济、农户利益受损。如1979年城南公社杨公岭大队上厅生产队，就损失大小农具110件，折款1588.64元，平均每户损失29.6元，平均每人损失5.33元。又如顿岗公社宝二大队下村生产队，一台拖拉机三年内购买零部件和修理费共2780元，除燃油外平均每年费用927元；罗坝公社田心大队田下生产队在两年时间里死亡耕牛20头。至于生产队育秧用的尼龙薄膜和谷箩的损失浪费更严重，造成生产队生产

---

① 《始兴县志》，广东人民出版社1997年版第105页。

费用增大，生产成本一年比一年高，甚至超过增产速度。1979
年，全县农村总收入虽比上年增加18%，但总费用却比上年增加
了20.7%；农业收入增加18%，而费用却增加了23.7%。生产队
的财务也很混乱。如1979年马市公社有12个生产队的财务共短
款3500元；都亨公社和平大队的财务1978—1979年两年共短款
800元；城郊公社斜潭大队车头坪生产队的财务短款1100多元；
而在同时期的司前公社大小生产队干部大吃大喝，开支粮食超过
20吨；沈所公社大坪大队借安装电灯之际，吃喝花销2000元。
针对这一情况，1980年春，县委、县政府组织区、乡干部，认真
抓了生产队财务制度的落实和健全，以实现"五增一降"（增产、
增收、增积累、增贡献、增分配；降成本）。是年6月，生产责任
制落实工作有新的进展：全县1183个生产队中，水稻实行各种责
任制的生产队有811个，占全县有水稻种植生产队的68.55%，
比1979年增加20.4%；有花生种植的773个生产队中，实行"五
定一奖"（定劳力、定土地、定工分、定产量、定成本；按产计
酬，超产奖励）的占42.7%；有黄烟生产的167个生产队中，实
行"五定一奖"的占55%。司前、隘子两个林区公社还普遍推行
了林业生产责任制。马市公社有3个生产队实行水稻包产到户，
61个生产队经济作物包产到户，60个生产队食油包产到户。此
外，县内还有375个生产队实行副业包纯上缴，不记工分，不纳
入生产队的分配。①

1978年完成国家征购粮食15417.95吨，农村人均93.29
公斤。

1981年2月，县委、县政府强调稳定生产大队、生产队的规
模，不允许再分小生产队，准予规模较大的生产队进行"四固定

---

① 《始兴县志》，广东人民出版社1997年版，第106页。

到组，小组大包干"；允许少数实行"三靠队"（吃粮靠统销、困
难靠救济、投资靠贷款），只要做到"三坚持"（坚持生产资料归
集体、坚持统一经营、坚持统一分配），生产队也可以包产到户；
个别生产队已实行了大包干的，则可因势利导，逐步进行完善。
至此，全县农业生产责任制已日趋定型。其基本形式有三种：一
是顿岗公社的统一经营，包产到组，联产到劳；二是隘子公社的
统一经营，互助到组，联产到劳；三是江口公社的统一经营，划
分三田，互助到组，联产到劳。同年 8 月，县委、县政府允许
"包干到户"在一些地区实行。至年底，全县 1310 个生产队中，
实行专业承包、联产到组的生产队有 823 个，占全县生产队总数
的 62.8%；专业承包、联产到劳（户）的生产队有 107 个，占全
县生产队总数的 8.2%；包干到户的生产队有 20 个，占全县生产
队总数的 1.52%。

1983 年秋收前，全县农业生产责任制形式已趋于一致，1450
个生产队中，实行农业联产包干到户的生产队有 1443 个，占全县
生产队总数的 99.51%。1984 年 9 月，普遍调整了责任田、责任
山、自留山和延长土地、山林的承包期。至 1985 年 3 月底，全县
1431 个有水田的生产队调整了责任田，占全县 1465 个生产队的
97.67%，责任田的承包期延长为 15 年，山林的承包期延长为 45
年；当年开始国家实行合同订购粮食 20034.9 吨，完成 19289.85
吨，完成 96.28%。1997 年，县印发《始兴县关于进一步稳定和
完善农村土地承包关系的实施意见》，规定把土地承包期在原有
的基础上延长 30 年不变，从而解决了农民担心政策多变的顾虑，
减少了周期短所带来的投资风险，农民放心增加农业投入，调整
种植结构，力争农业效益最大化。

中共十一届三中全会以来的实践表明，在农村推行以家庭经
营为主的联产承包责任制，符合始兴农业生产力发展水平，并取

得了前所未有的巨大成就。1983 年，全县稻谷大幅度增产，总产量为 96828 吨，比 1978 年稻谷总产 71977 吨，增产 24851 吨，增长 34.5%。粮食生产水平也由 1978 年的人均 442 千克，提高到 1983 年的 481.5 千克。完成征购粮 13396.3 吨，人均 75.75 公斤。在生产队总收入（含家庭副业）方面，1983 年，全县生产队总收入 8978 万元，比 1978 年增长 101.5%。随着生产队总收入的增长，社员现金分配也得到了很大的提高。1983 年，全县生产队现金分配人均收入 425 元，比 1978 年的 101 元增加了 324 元，增长 320.7%。同时，社员口粮也相应提高。1983 年，全县生产队人均口粮 339 千克，比 1978 年的 288 千克增加了 51 千克。农户在解决温饱之际，对国家的贡献亦更大。1983 年，全县生产队向国家交售粮食共 23940.5 吨，比 1979 年的 19470.5 吨增加了 4470 吨，增长 22.95%。反观在生产队总费用方面，1983 年，全县生产队总费用只占生产队总收入的 15.4%，比 1978 年的 27% 下降了 11.6%。生产队由于收入增加，总费用下降，1983 年社员分配总额所占总收入的比例，也由 1978 年的 58.5% 提高到 81.1%。社员超支户、超支款额减少，1978 年，全县生产队超支户共有 8935 户，占农村总户数的 30.8%，超支款总额 153 万元。至 1982 年，全县超支户只有 3084 户，比 1978 年减少了 5851 户，仅占全县农村总户数的 10.2%，超支款额也下降到 64 万元，比 1978 年减少了 89 万元。更为重要的一点是，全县农村生产布局和产业结构日趋合理。1978 年，全县生产队农业收入 1796 万元，占全县生产队总收入的 67%，而 1983 年增加至 4011 万元，占全县生产队总收入的 44.2%；1978 年，全县生产队粮食作物收入总产值 1472 万元，占全县生产队总收入的 54%，到 1983 年全县生产队粮食作物收入总产值增至 2603 万元，所占全县生产队总收入的比例已下降到 29%；1978 年，全县生产队林业收入仅占全县生产队总收入的 8.1%，至 1983 年上升到 15.7%。①

随着农业管理体制的进一步改革，全面推行家庭联产承包责任制，全县农村经济得以持续增长，农业经济已由自给自足的自然经济向商品经济转化。1985 年，全县农村经济总收入首次突破 1 亿元大关，比 1978 年的 2682 万元增加了 7582 万元，增长 282.69%。1989 年，全县农村人均分配 812.5 元，比 1978 年全县农村人均分配 101.2 元增加了 711.3 元，增长 7 倍之多。农村商品率也有明显增长，1989 年，全县农村商品率占 62.71%，比 1978 年的 56.6% 增长近 11 个百分点。农村产业结构的调整，同时也带来了效益的增长。1989 年，全县农村第一产业产值共 17630 万元，比 1985 年的 8776 万元增加了 8854 万元，增长 100.8%。

实行联产承包责任制后，农村一些家底厚、劳力强、有技术、有经济头脑的农户，则因地制宜，持己所长。在传统经营中，逐渐开始转移经营经济效益较好的种植业、饲养业和工商副业，成为专业户、重点户。县、乡两级党委和政府，对专业户、重点户从传授技术、传递信息、疏通渠道以及发放专业贷款等方面给予扶持。1983 年底，经营得较好的专业户有 9 户，共 67 人，总收入 11.1807 万元，纯收入 8.254 万元，人均收入 1230 元，为当年全县普通农户平均收入 425 元的近 3 倍。至 1985 年底，全县经营得较好的专业户就有 106 户，共 675 人，总收入 86.7 万元，纯收入 57.9 万元，人均收入 857.8 元，为普通农户人均收入的 180.98%。其中有 13 户收入超万元，有 26 户出售商品粮农户平均出售 7.948 吨（含交售给国家和社会销售这两部分）。② 这些数据表明，联产承包制已逐

① 《始兴县志》，广东人民出版社 1997 年版，第 107 页。
② 《始兴县志》，广东人民出版社 1997 年版，第 108 页。

步改变过去那种"以粮唯一"的思想观念，从而使农、林、牧、副、渔得到全面发展。

进入 20 世纪 90 年代，为稳定和完善家庭联产承包责任制，始兴县农村耕地全面实行了家庭联产承包责任制，农户在完成国家、集体任务后，剩余的归自己，从而调动了农民生产积极性，提高了农业生产效率。1990 年，全县水稻亩产平均 399 千克，2000 年平均亩产提高到 456 千克。在完成农业生产的同时，还有大量剩余劳动力外出务工。2000 年，全县外出务工农民有 15916 人，年人均收入 2.15 万元，有效地增加了农民家庭收入，促进了农村经济的发展。

2003 年 10 月，农村税费改革工作圆满完成，全县农民亩均耕地负担 33.14 元，人均负担从 124.6 元减至 27.34 元，减负率达 78.1%。

二、发展"三高"农业

1995 年，县委、县政府制定"山上抓竹木'两香'（松香、香菇），山下烟果菜桑，依托资源搞加工，大办基地促流通，集体个体一起上，富民富县奔小康"的"三高"（指高产量、高质量、高经济效益的农产品或项目）农业发展战略。

始兴县第十届人民代表大会第四次会议提出：创造良好的"三高"农业发展条件，首先要深化农村改革，促进适度规模经营。对农村土地结构进行适当调整，逐步建立"一乡一业、一村一品"（指一个乡镇拥有一个主导农业产业；一个村拥有一个主导农产品）的商品基地，形成农贸一体化、产供销一条龙的生产格局。其次要增加"三高"农业投入。强调金融部门要在信贷方面向"三高"农业倾斜，大力支持"三高"农业发展。同时还要积极引进外资，发展外向型农业。要逐步建立科技、社会化、融资这三大服务体系，保证"三高"农业的资金投入。要加强农村基础设施建设，抓好农村道路、电力、通信和农田水利基本建设。是年，县委、县政府通过抓规模、抓基地、抓专业大户示范、抓科技服务，以及组织开展"学梅州，看始兴"，以开发山坡地为主的"三高"农业活动，使"三高"农业得到较好发展。新增灌溉面积 64 公顷，改善灌溉面积 480 公顷，改造低产田 33.33 公顷，治涝面积 53.33 公顷，为"三高"农业发展奠定较好的物质基础。1995 年，全县农业总产值 4.6332 亿元，比上年增长 6.2%；农村经济总收入 7.9112 亿元，比上年增长 41.2%；农村人平均纯收入 1974.8 元，比上年增加 526.6 元，增长 36.4%。

另外，县政府相继制定《始兴县鼓励外商投资优惠政策》《始兴县外商投资管理办法》等政策措施，坚持"先让利，后得利，求发展"的指导方针和"以诚招商、优惠引商、服务稳商"的原则，抓住机遇，积极参加广东省在香港举办的"三高"农业招商会和在广州举办的珠三角招商会，使外经外贸和招商引资取得突破。1995 年，实际利用外资 518.39 万美元，比上年增长 5 倍；出口创汇总值 437.2 万美元，比上年增长 3 倍，其中一般贸易出口 252.2 万美元，实现历史性突破。

1996 年，加快黄烟、水果、蔬菜、优质谷、马蹄、香菇、毛竹和速生丰产林等经济作物的基地化生产步伐，县委、县政府通过政策、资金、技术等方面扶持，涌现一批种养大户和专业村（镇）。特别是水果和甲鱼养殖基地的建设，取得可喜成绩。是年，全县新开发山地种果面积 2566.67 公顷，种植果树 177.2 万株，签订承包开发租赁合同 1590 户；投资 570 万元，建立甲鱼养殖基地 20.07 公顷。1997 年，全县新开发种果面积 5133.33 公顷，建有千亩以上的开发基地 12 个，新挖鱼塘 289.93 公顷。另有 6666.67 公顷水果、1 万公顷优质谷、13333.33 公顷速生丰产林、

11333.33 公顷竹子、20 公顷甲鱼养殖、3333.33 公顷优质烤烟、1333.33 公顷蔬菜场地等农业商品基地初步形成。1998 年，通过发展特色农业，抓好蔬菜、蚕桑、黄烟、水果等经济作物的生产，尤其是毛竹的深度开发、反季节蔬菜种植和小水电开发，使农村经济稳定发展。粮食生产连续四年获得高产，总产量达到 11.1 万吨；蔬菜种植面积 686.67 公顷，总产 14.49 万吨；蚕桑种植面积 234.33 公顷，产茧 272 吨。

2004 年 5 月 7 日，始兴县荣获"中国枇杷之乡"称号；2005 年 10 月，始兴县荣获"全国农业标准化示范区先进单位"；2007 年 8—12 月，登记核准成立了 18 户农民专业合作社，有效地促进了农村经济的发展；2010 年 5 月 17 日，始兴县荣获"中国杨梅之乡"牌匾。

三、提高农业机械化

2002 年，经县编委批准设置始兴县农业机械化技术推广站，2004 年更名为始兴县农业机械管理总站，制订县农业机械化发展规划、重大技术措施并组织实施，引进国内外先进适用农业机械，引导农业机械产品结构调整，组织农机化的示范推广应用、人员培训、安全生产教育。

2015 年，省农业厅下达《关于印发广东省 2015—2017 年中央财政农业机械购置补贴实施方案的通知》，县委、县政府根据该通知精神，加大力度宣传农机购置补贴优惠政策，继续增强和扩大农机购置补贴政策实施效应。县农业机械管理总站积极推广先进适用农机新技术工作，开展农机培训业务，为农业、农民培养合格优秀的农机技术人才。2010—2017 年，全县实施农机购置补贴资金共 1980.24 万元，培训拖拉机联合收割机驾驶技术员 1959 人。

2017 年，全县农机总动力达 21.4 万千瓦，大小拖拉机 14525 台，机耕作业面积 31184 公顷；大小联合收割机 443 台，水稻机收面积 12328 公顷。农作物综合机械化水平 52%，水稻机械化水平 71%，机耕化水平 93%，机收化水平 95%。

四、改革农村流通体制

中共十一届三中全会后，在对全县城乡市场调整的同时，实行计划经济与市场调节相结合，农村商品生产迅速发展，上市产品增多，购销范围扩大，集市贸易空前活跃。1980 年前，农村粮食、油料实行计划收购和供应，由国家粮食部门独家经营。1983 年，国务院发文允许粮食部门在完成统购、超购任务后，粮油经营向市场放开。1984 年，随着个体、私营业主陆续进入粮油市场，始兴多渠道经营粮油的格局逐渐形成。是年，县国有粮食企业开展综合经营，全县市场贸易成交额也直线上升。1978 年 378 万元；1983 年 1003 万元；1985 年比 1983 年翻了一番多，达到 2221 万元；1987 年 2917 万元；1989 年 5044 万元。1978—1989 年间，平均每年递增 424.1 万元，比 1950 年全县市场成交总额 336 万元增加了 88.1 万元。1990—2000 年，县工商部门投入大量资金建设新市场，维修老市场，规范市场管理，增设市场经营摊位和门店，以适应日趋广泛的商贸流通和市场繁荣的需求。2000 年，全县集贸市场有 12 个，总建筑面积达 2 万多平方米。1990—2000 年，市场成交额达 129281 万元。

1992 年 1 月 18 日至 2 月 21 日，邓小平先后到武昌、深圳、珠海、上海等地视察，发表了重要谈话。在计划和市场关系问题上，他精辟地阐述了"计划多一点还是市场多一点，不是社会主义与资本主义的本质区别。计划经济不等于社会主义，资本主义也有计划；市场经济不等于资本主义，社会主义也有市场。计划和市场都是手段。社会主义的本质，是解放生产力，发展生产力，消灭剥削，消除两极分化，最终达到共同富裕"①。1993年5月，国家取消了计划分配物质，随之物质市场逐步开放。同年11月，中共十四届三中全会通过了《中共中央关于建立社会主义市场经济体制若干问题的决定》，勾画出社会主义市场经济的基本框架，认为社会主义市场经济体制是由市场主体、市场体系、宏观调控体系、收入分配制度和社会保障制度这"五大支柱"构成，并确定了建立社会主义市场经济体制的改革目标。

随着改革开放的深入，市场经济的确立，县委、县政府在保证粮食产量不减产、保证村民不减收的前提下，根据国家需要和市场需求，结合实际情况，适时提出切合实际的农业发展新思路。"八五"期间，提出始兴走"山区抓'两香'，平原丘陵抓烟果麻桑"的农业发展新路，促进了全县的农业发展和经济增长。1993年4月1日，粮油购销价格全面放开，取消粮食合同定购，放开定量、定（统）销供应的粮油价格，不再使用粮油票券。至此，运行40年的粮油统购统销政策画上句号。1994年12月，县委、县政府把农业发展调整为"立足'三高'，突出'两强'（黄烟、水果），推进'三大'（林业、黄烟、水果）"的效益农业发展思路，在东北部山区建立4个毛竹林场（山尾、文政坑、东二、方洞），在北部山区建立一条50千米的毛竹长廊（江口—北山—马市），以及4个万亩基地（马市万亩黄烟，罗坝万亩蚕桑，江口万亩水果，城南、沈所、顿岗万亩蔬菜）。到"九五"期间，基于市场需求，对农业发展思路再次进行了适度调整，重点抓烟、果、菜、桑、竹。使各革命老区的农业稳中有发展，村民收入稳中有提高。1990—2000年，全县农业产值年均递增6.8%；仅

---

① 《邓小平文选》第3卷，人民出版社1993年版，第373页。

2000年，全县农业总产值就有8.32亿元，其中种植业4.26亿元，林业0.99亿元，畜牧业1.5亿元，渔业0.4亿元，副业1.17亿元。

个体私营经济迅速发展。随着改革开放的深入，一些偏远的革命老区年轻村民纷纷走出山里，在城镇经营商店，使个体和私营企业如雨后春笋，层出不穷，经济也迅速发展壮大。2016年，全县个体工商户已有6438户，注册资金达60517.82万元，从业人员13095人；全县民营企业有910家，注册资金33.8亿元，从业人员7219名。该年度，来源于民营经济的地税税收就有1.07亿元；民营经济的国税税收达到1.7亿元；全县社会消费品零售总额18.97亿元，同比增长11.7%，其中城镇15.48亿元，增长11.6%，乡村3.49亿元，增长12.3%。

新型流通企业迅速崛起。2016年3月17日，始兴县与阿里巴巴集团签订农村淘宝项目合作协议，成为韶关市首个正式运营的农村电子商务试点县，并建立县级电子商务运营中心和33个村级淘宝服务站。是年6月18日，举行首届电商节，日交易额突破1000万元，创省内新纪录，且被定为省农村电子商务示范县。阿里巴巴是年12月举办的年货节期间，始兴县"村淘"合伙人累计交易额200多万元，名列全省第六。至2016年底，全县已建立起村级淘宝服务站43个，其中县级农村淘宝服务示范站5个，行政村级淘宝服务站38个。

2017年，全县共有市场主体9538户，其中内资（非国营）企业430户，注册资本99645.11万元；私营企业1102户，注册资本405537.25万元；个体工商户7685户，资金数额76248.11万元；农民专业合作社321户，出资总额22516.63万元。是年，全县新增市场主体2104户，其中内资（非私营）企业29户，私营企业242户，同比增长33.7%；个体1802户，同比增长

46.5%；农业合作社 31 户，同比增长 47.61%。

五、开展老区扶贫

改革开放以来，始兴县农村扶贫政策，从 1978 年农村经济体制改革下的救济式扶贫，到 1986 年开发式扶贫和"八七扶贫攻坚"（力争 1994—2000 年基本解决贫困人口的温饱问题）；进入 21 世纪，形成新世纪"大扶贫"格局后，再到 2016 年的脱贫攻坚和精准扶贫，已经历了四个扶贫阶段。随着改革开放后的经济高速发展，县委、县政府对农村扶贫开发力度不断加大，贫困人口基数快速减少。

1978 年，全县有 15 个公社（场）相继成立了扶贫机构，县制定扶贫原则，规定人均收入低于当地生活水平线下的，为扶贫重点对象，全县共计有 13 个大队、76 户、391 人被定为扶贫重点对象，其中属于缺乏劳动力的有 24 户 104 人，劳动力长期有病缠身的有 20 户 111 人，人口多劳动力少的有 20 户 113 人，遭遇不幸事故的有 2 户 11 人，其他原因的贫困家庭有 10 户 52 人。针对这些贫困原因，县委、县政府采取的扶贫主要措施是由集体帮工、帮成本、帮技术，协助贫困户发展副业生产，搞好种养。另外，政府有关部门发放优惠照顾扶贫救济款，通过资金扶持，发展生产。1978 年，共发放优惠照顾扶贫救济款 5774 元，其中集体 2806 元，国家救济 2968 元。在 76 户对象中，1978 年脱贫的就有 5 户 27 人，1979 年脱贫的有 22 户 106 人，1980 年脱贫的有 13 户 54 人。

1984 年，县扶贫领导小组改称"双扶"（扶贫、扶优）领导小组，重点优先扶持优抚对象中的贫困户。1985 年，全县"双扶户"有 869 户，其中扶优 227 户。当年脱贫的扶优户有 159 户。1986 年，根据中央精神及省、市的部署，采取普遍扶持与兴办经济实体相结合的开发式扶贫，各行各业从技术、种苗、肥料、资金等方面共同扶持，"双扶"拨出扶贫有息贷款和补息贷款共10.7281万元，并成立经济联合体114个。通过"双扶"工作，是年就有775户脱贫，其中脱贫专业户拥有汽车10部、手扶拖拉机74部。

1998年，启动贫困村由帮扶单位和村委会双方共同投资入股水电站的形式，确保建立扶贫长效机制，确保扶贫收益稳定可靠。至2018年，全县113个行政村有84个入股扶贫水电站，入股资金926万元，每年为村集体增收70.08万元。

1995年7月，为改变革命老区的贫困面貌，树立农村新景象，在县政府的扶持下，全县开始实施"奔康工程"（指进行农房改造或重建农房）。1997—2000年，掀起"奔康工程"建设高潮，各乡镇相继成立"奔康工程"领导小组，开展"领导挂点、干部包户"活动，制定每户补贴1000～2000元、水泥1～2吨或红砖3000～5000块的物质扶持。并全免或减免各种建房办证费用2000～5000元。同时还动员挂点机关单位捐款捐物，增加资金投入，大力推进农房改造。至2000年，全县新建有2.91万套农村奔康房，70%的农户住上了新房。

2001年，为了南山保护区的持续发展、县城饮用水的清洁，将花山乡合水瑶族村整村移民搬迁。瑶族村800多人，山林面积3315.48公顷，其中列入南山保护区面积3279.48公顷。2002年开始至2007年，98%的农户分三批从合水村搬迁至沈所镇（围溪）瑶民新村。

2009年10月15日，县召开扶贫开发"双到"（规划到户、责任到人）工作会议，并印发《始兴县扶贫开发"规划到户、责任到人"工作实施意见》，重点帮扶沈所镇沈北、八一，顿岗镇围下、贤丰、七北，澄江镇潭坑共6个抗战革命老区贫困村，并对 4502 贫困户、14708 人进行分类帮扶，派出县直 132 个单位、干部 606 名重点帮扶 965 户具有劳动能力和发展意愿的贫困户。与此同时，还组织 136 名农家子女到省、市技校进行学习，投入 12 万元培训农村骨干 1965 人，帮助贫困户改造住房 1190 套；省、市财政投入 32 万元，对隘子镇冷洞村 27 户 131 人原居住在偏僻山区的村庄实施整村搬迁。

县委、县政府还围绕省、市党委、政府的部署和扶贫"双到"的目标要求，坚持"政府主导、社会参与、自力更生"的原则，重点抓好革命老区的党建扶贫、产业扶贫、智力扶贫，注重扶贫与农村基础设施建设、农村社会保障制度的结合。同时成立了以县委主要领导为组长的扶贫工作领导小组，并派出帮扶工作组驻扎在村，专门负责落实帮扶工作。县政府与各乡镇、各帮扶单位之间，6 个省定贫困村的帮扶单位与各乡镇、各贫困村之间，帮扶干部与贫困户之间都分别签订责任书，明确了领导责任人、分管领导和贫困村、贫困户的责任。制定《始兴县扶贫开发"双到"工作驻村干部管理办法》《始兴县扶贫开发"双到"工作驻村干部工作责任》《始兴县扶贫开发"双到"工作督查制度》等相关管理制度，将扶贫开发"双到"工作列入县督查、督办项目，纳入县机关绩效考评和乡镇领导班子岗位责任制综合考核。要求各帮扶单位进村入户调查了解，制订"一村一策"三年帮扶规划及年度实施计划，建立动态管理档案，做到户有卡、村有表、镇有册。

针对有些革命老区居住条件比较恶劣的地理环境，县委、县政府制订贫困地区危房改造计划，开展整村推进、村庄整治、"两不具备"（不具备生产条件、不具备生活条件）整村搬迁和低收入困难户住房改造工作。

太平镇总甫村民委员会 14 个抗战时期的革命老区村庄，属

"两不具备"贫困村，原民居在偏僻山区。在新一轮扶贫开发"双到"工作中，县委、县政府结合"两不具备"贫困村庄搬迁安置工作，争取到上级专项资金660万元，并整合各级部门行业资金，充分发挥资金聚合效应，其中涵盖了扶贫、农业、水利、交通等部门，争取到资金1100万元。同时拓宽渠道吸纳社会资金，成功引进碧桂园集团援助资金85万元，建设总甫新村休闲广场。另外还获得省财政垫付的2013年到户补助资金440万元和集中安置新村基础设施建设资金110万元。2015年，总甫村民委员会14个革命老区村庄小组428户共1700多村民，全部搬迁入住总甫新村。

第二节 林业改革与生态县建设

一、绿化始兴达标

党的十一届三中全会后，县委、县政府领导成员认真总结了林业生产上的历史经验和教训，认识到始兴潜力在山、希望在林，把林业工作摆到主要议事日程，切实加强了林业生产的领导。林业主管部门紧密配合，上下一致，认真贯彻党的十一届三中全会以来所制定的林业方针、政策，使全县林业生产出现了崭新的面貌。1979 年《中华人民共和国森林法执行草案》公布，县委及时作出了"凡发生山火，不管什么原因，必须依法惩处，赔偿损失或追究刑事责任的决定"。1980 年，县委制定了"以营林为主，定量采伐，限额消耗，青山常在，永续利用"的林业总方针后，确定"统筹安排，定量采伐，限额消耗，适地适砍，充分利用，消耗量必须低于生长量"的林木采伐原则。全县各林区公社普遍推行"以种代砍"的方法分配商品材的采伐任务。县委对社、队木材采伐作出"五不准"规定：不准无证砍伐；不准超计划砍伐；不准买卖青山；不准砍中幼林；不准雇工砍伐。同时，鉴于始兴县长期存在森林消耗量大于生长量的不平衡状况，1983 年 7 月，县委、县政府书面报告省政府，要求始兴今后商品材原木任务稳定在 10 万立方米以下。1984 年开始，始兴实行了木材采伐"一本账"，即全县商品材、自用材都列入计划内，严格控制采伐量。

1981—1982 年，根据中共中央、国务院《关于保护森林发展林业若干问题的决定》，始兴县先在司前镇进行第三次山林发证的试点工作，然后组织 1600 多人的工作队，在全县开展"二定"（稳定山林权，划定自留山）；使全县 1198 个有林队 18018 块山，面积 240.8 万亩（其中自留山 8 万亩）的林权得到了确定。"二定"后，山林为集体所有，经营权和管理权为生产队集体和林农所有。

1982 年 10 月，县公安局林业分局成立，分局干警 14 人。龙斗䂬林场、刘张家山林场、河口林场、车八岭自然保护区均设立了林业派出所，全县林业干警有 45 人。

1983—1985 年，将原属于集体所有的山林，按人口平均，或以人口、劳动力相结合的办法，划分到户经营，成为"责任山"，连同原来落实的自留山，统一落实到户，即落实林业生产责任制，在全县 1464 个生产队中，增划自留山 21.17 万亩，加上原有划定的自留山共 29.17 万亩，人平均 1.61 亩，划定责任山面积 143.44 万亩，占集体山林面积的 66%。自留山、责任山到户后，县委、县政府和林业部门进一步加强了封山育林工作，认真贯彻"以封为主，封、管、造、节并举"的林业发展方针，实行大面积封山育林。到 1986 年，全县封山育林面积达 9.4 万公顷，占全县林业用地面积的 65%，其中合约封山 6.13 万公顷，使全县林业得到了恢复和发展。

1983 年，始兴县林业生产坚持彻底改掉造林以杉为主的思想，抓营造速生丰产林，抓营造混交林。随着农村经济管理体制的改革，林业生产经营亦发生变动，推行了联产承包等多种形式的生产责任制，林业生产涌现了一批重点户和联营体，共有 1905 户，承包荒山荒地造林 846.67 公顷，其中司前公社有 80 户，承包荒山荒地造林 7 公顷以上的有 12 户。1984 年 9 月 20 日，《中华人民共和国森林法》正式颁布后，实行有法必依，执法必严，违法必究，依法治林。始兴从此走上依法治林的轨道。1985年，增设林政股，林政工作有了专人专职管理，对森林资源的档案、木材采伐、木材放行、护林防火工作不断完善和健全。

1986年，始兴县被中央绿化委员会（现为全国绿化委员会）授予"全国绿化先进单位"（《现代中国林业》一书也记载"始兴封山育林获得显著成绩"）称号。县委提出"三年消灭荒山，五年绿化始兴"的目标，1987年造林8.2万亩，造林数量和质量均创历史纪录。1988年，林业部门根据上级指示精神，将原来的无偿贷款造林改为有偿贷款造林，按照"联合造林，山权不变，林权共有，界址分明，投资偿还，通力协作，风险共担，利益分成"的经营原则，充分发挥了农村、林场和社会团体的土地、资金、劳力以及技术的优势，为"三年消灭荒山，五年绿化始兴"而开创出乡（镇）、林业站、村三级联营，部门、村、社联合造林，部门承包荒山造林、联合办林果场、租山造林以及农户办小庄园等多种形式的联合造林体系。全县人民积极开展科技兴林，提前实现无荒山县、绿化达标县、改燃节柴达标县。1988年，县公安局林业分局查处林业案件642宗，没收不合法的木材及罚款总值47万元，没收木材1876立方米，惩处违法分子528人。1989年，始兴县被国家林业部定为"全国森林资源和林政管理示范县"。

2010年8月12—14日，始兴县被评为"中国优秀生态旅游县"。11月10日，始兴县被广东省委、省政府授予"南岭山地森林生态及生物多样性功能区生态发展试点县"称号。

二、生态立县的形成与发展

（一）建设林业生态县

1990年12月25—28日，省完善林业双层经营体制研讨会在始兴县召开。1992年7月5—11日，全国资源林政管理工作会暨始兴县资源林政管理经验现场会在始兴宾馆召开，推介始兴县资源林政管理经验。1995年，全国首届林业生态文字创作研讨会在始兴宾馆召开。中国林业报总编冯泰、人民日报记者朱坤荣、韶关市委副书记刘创等来宾30多人参加了研讨会。1996年，县政府颁布《关于毛竹收费管理的补充规定》《毛竹资源经营管理的暂行规定》《始兴县林木（含竹材）采伐管理规定》《始兴县林地管理规定》《始兴县竹木加工（厂）点管理规定》等有关文件，规范林木（含毛竹）经营管理。1998年，县委、县政府提出建设林业生态县，这是始兴县传统林业向现代化林业过渡的重要时期。

随着社会的发展，人们在追求物质的同时，更加关注环保，关注生存环境。自1998年县委、县政府提出建设林业生态县以后，为便于保护和发展森林资源，县林业部门在全县以地形物为界线，区划了固定的经营小班，并在编制《森林经营方案》中，明确地提出了按防护林、用材林、经济林、薪炭林、特种用途林五大林种实行分类经营，搞好生态林和商品林的区划界定，确保建设现代生态县以林业为底色的生态建设和经济建设所必需的物质基础。

（二）建设现代化生态县

世纪之交，作为山区以及经济欠发达地区的始兴县，县委、县政府把握时代的脉搏，站在时代的前列。1999年12月24日，始兴县委九届六次全委（扩大）会议召开，县委书记冯寿宗代表县委作题为《把握机遇，真抓实干，开创国企改革发展新局面，夺取两个文明建设新胜利》的工作报告。这份2万多字的报告里，其中提出了积极实施"科教兴县、外向带动、可持续发展"三大发展战略，以绿色为底色，以生态为基调，计划用十年时间，把始兴建设成为"现代化环保型产业生态县"，使始兴的天更蓝、山更青、水更碧、人更美。这是县委、县政府对始兴县情的新的认识，也是对始兴现代化建设路子的新的探索。

2000年，始兴县成立生态建设领导小组，并由县委办牵头，以可持续发展为基础，以科技为依托，以市场信息为导向，以经济效益为中心，以环保型产业为主导，组织编写出了《始兴现代化生态县建设规划》。同年10月20—23日，韶关市计划委员会主持召开始兴现代生态县建设规划论证会，来自中山大学、华南农业大学、省政府发展研究中心、万国经济发展研究中心、省可持续发展研究会、省科学院、省环保局的多位专家、学者，在始兴经过两天实地考察后，对《始兴现代生态县建设规划》作出了科学性、可行性的论证，充分肯定始兴"既要金山银山，更要绿水青山"的"生态、经济、社会"三大效益相兼顾的可持续发展蓝图。

2000年12月29日，始兴县委九届八次全会通过了《中共始兴县委关于建设现代生态县的决定》。2001年1月11日，始兴县第十一届人民代表大会第四次会议批准县政府提出的"始兴现代生态县建设规划"，把县委的决定变为全县人民的具体行动。同时，以县人大常委会决议的形式确定下来，作为县政府组织实施的规划，使生态县建设能做到一级领着一级干、一届做给一届看、一届接着一届干，确保生态县建设的连续性和稳定性。

2001年6月，国家环保总局正式批准始兴县为"全国生态示范区建设试点地区"，省政府也批准始兴县为首个"建设现代生态县示范县"。

2002 年 2 月 26 日，为加大生态建设的组织协调力度，县委、县政府率先在全省成立了专门负责组织、指导、监督、协调全县生态建设工作的正科级常设办公机构——县生态办。2002 年 4 月 4 日，县生态办挂牌成立，邓炳光任县生态办主任。为做好全国生态示范区的创建工作，按照当时国家环保总局的要求，县生态办主任邓炳光组织县内有关部门的专业人员，编制了 20 多万字的《广东省始兴县国家级生态示范区建设总体规划》。

2003 年 1 月，由省环保局组织的《广东省始兴县国家级生态示范区建设总体规划》论证会在始兴县召开，来自省环保局、省农业厅、省林业局、省旅游局、华南农业大学、华南环境科学研究所、省城乡规划设计研究院的专家，在省环保局副局长李伊慧的带领下，通过现场考察和听取对《广东省始兴县国家级生态示范区建设总体规划》内容的介绍后，通过了该规划，标志着始兴现代生态县建设以创建"国家级生态示范区"为载体的工作正式启动。

在县委的高度重视下，始兴县创建"国家级生态示范区"一方面加大宣传力度，提高广大干部群众建设生态的意愿，增强生态保护意识，另一方面积极开展试点示范，为全面开展生态建设工程奠定基础。

生态宣传方面，始兴县当时开展了立体式的生态知识宣传教育活动。对中小学生，组织人力编写了具有乡土特色又符合中小学生年龄阶段特征的四册（第一册供小学一二年级使用，形式以儿歌为主；第二册供小学三至六年级的学生使用，形式以故事为主；第三册供初中学生使用，形式以问答为主；第四册供高中学生使用，形式以介绍世界、中国及本省本县生态破坏和生态建设的内容为主）生态教材，在全县中小学开设了生态课程，把生态知识教育纳入国民教育之中。

对县乡村干部，创办了反映始兴生态建设的新成就、新业绩，介绍国内外生态建设新进展、新知识的《生态建设》杂志，免费赠送给他们，使他们在潜移默化中受教育；对广大干部群众，通过演讲、征文、标语等进行宣传，还撰写了10多万字的生态环境知识普及读本《环境与人类》，免费送给县、乡、村干部群众学习，使他们在最短的时间内，最集中的篇幅里，通过古今中外人们破坏生态环境触目惊心的事例，深切感受到环境保护的重要性和必要性，告诉人们如何用现代化科学技术治理环境，发展生态经济。还专门邀请省环保专家到始兴上课，举办生态建设研讨会等。通过各种宣传，使生态意识不断深入人心，举生态旗、打生态牌已成为当时始兴的一种社会时尚。"生态"开始用在招商引资上，用在企业家开拓市场上，用在老百姓选择产品上。

在试点示范方面，从三个方面作为突破口开展一系列的生态建设试点示范工作。一是从生态建设中处于首要地位的林业作为突破口，进一步加大林业改革的力度。在内部改革上，实行了政企分开，减员增效；在经营上，调减了商品材的砍伐量，从1999年的9万多立方米减到2005年的4万多立方米，并精减了全县90%的加工半成品的木材加工厂；在体制上，出台了《鼓励社会力量办林业的优惠政策》，进一步完善了山林经营管理公有制改革工作，积极发展非公有制林业；在工程上，开展了生态公益林管护、自然保护区、绿色通道、生物防火林带的建设；在专项行动上，开展了节柴改燃、整顿林区秩序、野生动植物保护、古树名木和奇石资源保护等专项行动。通过努力，2004年底，始兴顺利通过了省级林业生态县的验收。二是以沼气建设为纽带，带动养殖业、种植业和农村能源改革。到2005年，全县建立沼气池1.1万多户，"蚕—沼—桑""猪—沼—果（烟、菜）"等生态模式已成为循环经济的典型模式。同时，户建一个沼气池，年节约薪柴 2.5～3 吨，相当于 5～7 亩薪炭林的年生长量，1.1 万多个沼气池，相当于 6 万多亩山林的年生长量，有效地减少了森林资源的消耗。三是以绿色城镇建设为载体，广泛开展了创建生态村（镇）和绿色学校的活动。当时，以村道硬底化、住宅楼房化、经济产业化、能源沼气化、村头村尾林果化、家用电气化、饮水洁净化、村务制度化、计生普及化和生活现代化的"十化"标准开展的创建生态文明村活动，为改善人居环境开创了新的模式。同时，开展了保护水源地、改善瑶区群众生活的生态移民行动，并以实行引进项目环保评估为手段，对污染大、治理难、财税贡献小的项目坚决禁止引进，切实保护始兴这片净土。

2005 年底，国家环保总局对始兴创建"国家级生态示范区"进行验收并达标后，县生态办主任邓炳光亲自编制了近 20 万字的《始兴县国家级生态县建设规划》。该规划于 2006 年底通过省环保厅组织的专家组的评审和县人大常委会的批准，标志着始兴县按照新的规划，启动了向更高层级、更高标准的"国家生态县"的目标迈进。

2010 年 5 月，由始兴县现代生态县建设领导小组办公室、中国科学院广州地球化学研究所可持续发展研究中心组成编写组，共同编写了《广东省始兴县生态白皮书》。进一步增强始兴人民走生态富民强县的信心与决心，也是为了今后始兴的绿色崛起之路在科学发展观的指引下走得更好、更快、更远。

截至 2016 年，始兴现代化生态县建设取得了巨大成就。森林覆盖率达 77.34%，森林可游览面积达 7.6 万公顷。森林旅游地多达 20 个，其中国家级自然保护区 1 个，省级自然保护区 1 个，广东省旅游型森林小镇 1 个，县直森林公园 11 个，湿地公园 1 个，国家级生态乡镇 8 个，省级生态镇 1 个，市级生态村 51 个，乡村美化绿化地 79 个，景观地带 53.3 千米，成为国家级生态示范县、中国十佳自驾游圣地。

（三）始兴自然保护区的建设和发展

为进一步保护林业资源，始兴县设立了车八岭国家级自然保护区、南山省级自然保护区、将军栋县级自然保护区。

广东车八岭国家级自然保护区位于始兴县东南部，东与江西省全南县交界，距离始兴县城43千米，距离韶关市区111千米。保护区成立于1981年7月，1988年经国务院批准成为国家级自然保护区，属于改革开放后中央批复成立的第一批国家级自然保护区，重点保护中亚热带常绿阔叶林及珍稀濒危的野生动植物，是中国森林和野生动物类型自然保护区之一。总面积为7545公顷，区划为3个功能区，即核心区（2512.49公顷）、缓冲区（2331.41公顷）、实验区（2701.1公顷）。

车八岭保护区于1995年9月加入中国人与生物圈保护区网络，2007年9月经联合国教科文组织列为世界生物圈保护区网络成员，2014年加入国际自然保护地联盟，2018年被中国人与生物圈国家委员会（MAB）和国际动物学会（ISZS）列入全国首批7个野生动物红外相机监测项目试点保护区之一。2004年，省科技厅、省委宣传部、省教育厅、省旅游局、省科学技术协会联合发文将车八岭保护区命名为"广东省青少年科技教育基地"，2018年，车八岭保护区还被评为"全国林业科普基地"，中山大学、暨南大学、华南农业大学、韶关学院及广东生态工程职业学院等一大批高等院校相继在车八岭保护区建立了教学实习基地。

车八岭保护区地处南亚热带向中亚热带过渡地带，是世界同纬度地区森林植被的典型代表，区内森林覆盖率超过95%，活立木蓄积量达到86万立方米。区内生物多样性资源丰富，是闻名遐迩的"物种宝库"，被誉为"北回归线荒漠带上的绿洲"，在生物进化史上具有特殊的地位和作用，是保护和研究中国乃至全球生

物多样性的一个重要基地。截至 2018 年 7 月，车八岭保护区监测
到野生植物 1928 种，其中国家重点保护植物 11 种，有 I 级保护
植物伯乐树，II 级保护植物粗齿桫椤、金毛狗蕨、樟树（香樟）、
闽楠、野大豆、任豆、花榈木、红椿、伞花木、绣球茜 10 种，
《珍稀濒危植物保护名录》植物 14 种（其中 6 种植物同时被《国
家重点保护野生植物名录》收录）；野生动物 1615 种，其中国家
重点保护野生动物 50 种，有国家 I 级保护野生动物华南虎、云
豹、豹、黄腹角雉、蟒蛇、金斑喙凤蝶 6 种，国家 II 级保护野生
动物穿山甲、水鹿、苏门羚、海南虎斑鸦、虎纹蛙等 44 种。此
外，还有大型真菌 619 种。

　　保护区管理机构全称为广东车八岭国家级自然保护区管理局，
为正处级事业单位。2002 年 8 月，经广东省机构编制委员会批准
成立，核定事业编制 19 名，其中局长 1 名，副局长 2 名，人员经
费由省财政核拨，隶属广东省林业局管理。2005 年 1 月，广东省
林业局党组任命车八岭保护区首届领导班子，饶纪腾任局长，吴
智宏、张朝明任副局长。保护区管理局下设办公室、科研宣教科、
保护管理科、资源可持续利用科。为加强资源保护，保护区管理
局在两边大门处分别设立了樟栋水保护管理站和企岭下保护管理
站，另外还建立了资源管护大队和社区护林员队伍。保护区自建
立以来，得到上级领导部门和地方党委、政府的大力支持与帮助，
经过近 40 年的建设发展，保护区的本底资源清晰、管理队伍专
业、设施设备完善、规章制度健全、规划科学合理、社区协调发
展，已发展为推动始兴乃至粤北地区成为生态高质量发展区的一
道亮丽名片。

　　南山省级自然保护区于 1994 年开始筹建，2001 年被批准为
县级自然保护区，2002 年 11 月经韶关市人民政府批准升格为市
级自然保护区，2005 年被广东省人民政府批准为省级自然保护

区，为副处级单位。2013 年成为中国生物圈保护区网络成员，2014 年成为首批国际自然保护区联盟成员单位。2015 年，保护区内设综合科、保护管理科、宣教科 3 个科室，编制 10 人，设正、副主任各 1 人。南山省级自然保护区为自然生态类型中的森林生态系统类型保护区，位于始兴县城的西南面 13 千米处，属于珠江二级支流——浈江流域。总面积为 7113.1 公顷，其中核心区 3749.9 公顷，缓冲区 1769.5 公顷，实验区 1593.7 公顷，是南亚热带向中亚热带过渡的地带，具有丰富的生物多样性，区内有生态公益林面积为 7015 公顷。保护区以中山地貌为主，平均海拔在 500 米左右，千米以上的山峰有 4 座，其中黄坑顶海拔 1094 米，为保护区最高的山峰。区内有右拔水、左拔水、中拔水、马头水、含秀水五大水系，库容量 1000 多万立方米的花山水库是始兴县城及太平镇、城南镇、沈所镇等乡镇主要饮用水源地。

始兴将军栋县级自然保护区，是广东省自然保护区建设发展规划的项目之一，项目原名为"深渡水自然保护区"，根据目前的资源及区位状况，现更名为"始兴将军栋县级自然保护区"。保护区总面积为 6225.3 公顷，区内有地处南亚热带向中亚热带的过渡地带。区内有保存完整的中亚热带常绿阔叶林，有丰富的生物多样性，以国家保护的苏门羚等多种野生保护动物和保护植物而著名。是南岭面积较大、分布较集中、原生性较强、具有原始状态的季雨林区，是世界同纬度地区森林植被的典型代表，在生物进化史上具有特殊的地位和作用。而且有将军栋、黄巢点兵等多处风景秀丽的景观资源。对维护生态平衡，保护生物多样性，实现始兴经济可持续发展战略，具有重要的意义。为认真贯彻落实《转发广东省人民代表大会常务委员会关于加快自然保护区建设的决议通知》精神，根据《中华人民共和国自然保护区条例》《国家林业局计资司关于规范国家级自然保护区总体规划和建设程序有关问题的通知》等文件精神，建立"始兴将军栋县级自然保护区"。

　　将军栋保护区以保护亚热带常绿阔叶林生态系统及珍稀动植物为宗旨，大力开展科学研究和科普教育，探索自然资源的演变规律和合理利用途径，建成一个基础设施完善、管理水平先进、生态功能完备、社区经济可持续发展的县级自然保护区。在保护的基础上合理地利用生物资源、水资源和景观资源。坚持保护为主，合理利用、全面规划、合理布局、突出重点、分步实施、适度开发、社区协调发展的原则，把保护区划分为核心区、缓冲区、实验区 3 个功能区，以保护区的发展推动地方经济的发展，帮助当地群众脱贫致富，增强其热爱和保护自然环境的自觉性。

开展招商引资加快发展工业、企业

一、迅猛发展乡镇企业

20 世纪 80—90 年代，由于经济环境好，始兴的乡镇企业获得了迅速发展。至 21 世纪初，始兴乡镇企业基本上形成了以小水电站为主，农业企业、社会服务业等为辅的行业结构，发展态势迅猛。

小水电企业。20 世纪 90 年代后，始兴县积极实施广东省人大常委会《关于农村小水电建设的决议》，小水电建设有了长足的发展。1990 年，全县小水电装机容量 2 万多千瓦，年发电量 5332 万千瓦时。1999 年起，始兴小水电建设进入高峰期，2003 年全县小水电站已发展至 209 宗，小水电装机容量 13.15 万千瓦，已占可开发量的 103%，年发电量达 3.4 亿千瓦时。2005 年，始兴通过全国"十五"水电农村电气化建设县达标验收，小水电成为始兴主要支柱税源之一。

乡镇企业。始兴土地肥沃，气候优良，水资源充足，历来是农业大县，相应地衍生了不少农业加工企业。至 21 世纪，始兴县的农副产品加工企业有茶叶、柑果、黄烟、蔬菜等 100 多间；竹木加工企业有小型农具、家具、竹席、筷子、木材成品及半成品等 200 多间；粮油加工企业主要分布在太平、城南、顿岗、马市等有 300 多间，其中碾米机 100 多台，榨油机 100 多台，年产值约2000多万元。

始兴县太平镇以"竹木工贸城"工业开发区及房地产开发公司为龙头发展四级企业。县国土局、财政局、地财服务公司、供电局、自来水公司5个单位，合资投入近百万元兴建了始兴"竹木工贸城"。引进近300万元兴办了南洋木线厂、中兴宝力生食品饮料厂、顺兴木业制品有限公司等6家合资、合作企业和29间门店。同时以房地产开发公司为主体，先后筹集资金300多万元，在国道323线路边兴建了150多间门店和3幢占地面积1.5万多平方米的综合住宅楼，以推动四级企业的发展。

顿岗镇石坪管理区有各种企业114家，企业从业人员325人，企业总收入1448.9万元，上缴税金41.9万元。主业是利用当地"能工巧匠"发展传统的加工业，从事碾米、榨油、食品加工，办起腐竹厂和养殖场，利用当地"竹、木、藤"加工成各种产品出口外销。全区有300多人亦商亦农，搞建材批发和开饭店、开糖烟酒店；有20多人成为运输专业户；有50多人租赁邻近管理区荒山近千亩，办起4个果菜场、1个煤场。全区年收入达50万元的家庭企业大户有6家。其中徐胜祥和徐按祥两兄弟投入50多万元，引进外地技术办起的筛网厂、腐竹加工场和猪场，1995年收入超过100万元。陈百成创办的顿岗粮机厂年创产值800多万元，产品销往省内外许多地区。

1997年，刘张家山乡新建和扩建的单板厂和胶合板厂年收入达2000多万元。投入100多万元兴办甲鱼养殖场。全乡人均种果近0.13公顷。新办企业安置了林场100多名职工就业，就业人员月平均工资达600元。

刘锡维、王建平、沈正良合资兴办蓝宇饲料有限公司，以生产各种禽畜饲料为主，是集生产、饲养、销售于一体的私营企业。当年生产饲料600多吨，销售500多吨，产值140万元；饲养肉猪 200 头，出栏 160 头，鸡鸭 4500 只，当年企业收入突破 200 万元。

太平镇发挥中心镇的地缘优势，紧密配合县招商引资工作，积极参与企业创亿元镇活动，重点扶持个体企业，2000 年全镇四级企业总产值达 3.09 亿元。

城南镇杨公岭村以诚招商，1998 年引进湖南老板投资 100 多万元办起了占地面积 500 平方米的石场和石料加工厂，1999 年引进福建老板投资近 200 万元建起了全县最大的长城一、二机砖厂。该村兴办了 7 家资源型企业，在南蛇岭山脚的 66.7 公顷荒山地种上蚕桑、丛生竹。2000 年，全村企业总产值超 200 万元，奔康户 120 户，90% 农户用上了沼气，实现了生活环境生态化、村头标准化、巷道硬底化、食水卫生化、厕所无害化。玲珑新村被韶关市授予"市级奔康工程标准村"。城南镇引进香港合利集团公司在城南办起第一家外资菜场，其他外商老板又相继在顿岗、沈所种植无害化蔬菜。采摘的蔬菜每天出口香港等外地市场，在香港市场赢得了"冠军菜"称号。

司前镇一村民种植反季节苦瓜 4.67 公顷，经过科学管理应用"猪—沼—菜"生态农业模式，年产优质苦瓜 18 万公斤，纯收入 9 万元。

交通运输业。到 20 世纪，始兴县拥有大型货运汽车 400 多辆，工程运输斗车 200 多辆，小型民运客车 200 辆，拖拉机 4000 多台，年收入 1 亿元以上。

社会服务业。20 世纪后期，始兴旅游业的发展逐步带动了饮食、住宿、农家乐等社会服务业的高速发展和劳动就业，年收入 2 亿元以上。

二、改革国有工业企业

改革开放时期，始兴的工业企业经历了大起大落的发展阶段，有些企业由于适应社会潮流，发展得越来越辉煌；也有些企业是资源加工型企业，产品科技含量低，资金回笼慢，累积负债多，没有研发投入，在社会主义市场经济的冲击下，面临着转制或关闭的命运。

1996年，县委分工一名副书记、县政府分工一名副县长主抓国有企业改革。1998—2008年，按照国家要求，重点抓好国有资产从一般性竞争领域退出，县委、县政府制定了《关于加快国有企业改革步伐的若干措施》，认真抓好国有企业转制工作。对资不抵债、扭亏无望、无发展前景的企业依法实施破产；对有市场前景、经营较好或暂时有困难的企业实施国有转让；对环境污染大的企业实施关闭。重点解决好企业转制干部、职工的安置和想方设法退回职工集资款的问题，保持社会稳定。至2018年，县属国有企业全部退出一般性竞争领域，国有企业产权制度改革全面完成，县属国有企业员工4274人全部得到妥善安置。

（一）企业的发展概况

20世纪90年代，列入县经济委员会管属的国有工业企业共有家私厂、造纸厂、印刷厂、通用厂、锅炉厂、松香厂、水泥厂、铁合金厂、食品厂、缫丝厂10家，其中生活锅炉厂和铁合金厂两家企业达到国家二级计量标准。生活锅炉销往全国，家私远销欧洲。1989年，10家企业合计有干部职工2249人，固定资产1645.5万元，生产总值3367.8万元，上缴税利427.2万元，全员劳动生产率13751.73元，其中有7家盈利，有2家亏损。到1997年，工业总产值10434万元（当年价），利润总额 – 1074万元。

二轻工业企业有康雅保健用品厂、木器厂、服装厂、塑料一厂、塑料二厂、日用五金厂6家。合计拥有固定资产原值397.1万元，净值284.6万元，工业总产值704.4万元，销售收入629.8万元，利润总额－9.4万元，应交税金21.8万元，职工人数384人。

20世纪90年代至21世纪初，列入县工业局管辖的工业企业有18家，其中国有企业10家，其他类型工业企业5家（宝兴实业总公司、兴马木业有限公司、港兴彩印有限公司、金梭织造有限公司、联兴造纸有限公司）。合计工业总产值10400万元，销售收入5166万元，利润总额－994万元，应收税金430万元，职工人数2041人。

二轻工业企业有康雅股份有限公司、纸箱厂、木器厂、服装厂、塑料一厂、塑料二厂、日用五金厂7家。合计拥有固定资产原值1948.7万元，净值1341.3万元，工业总产值175万元，销售收入349万元，利润总额－202万元，应交税金32万元，职工人数439人。

（二）**重点企业**

（1）广东康雅股份有限公司。康雅股份有限公司成立于1994年，是始兴县唯一的一家经省体改委批准的股份制企业。公司成立后有8条妇女卫生巾生产线，1995年创历史最好水平，工业产值达3200万元，创利润252万元。1998年后，由于技术更新跟不上市场发展，产品不适应市场需求，企业生产下滑。2000年完成工业产值52万元，利润总额－142万元。企业产权制度改革从1999年开始。

（2）始兴生活锅炉厂。1980年1月建成投产，1982年12月经省、市劳动局专业技术鉴定，批准该厂为专业生产"生活锅炉厂"。1984年，被省、市评为安全文明生产先进单位。1980—1985年，生产各种型号锅炉1852台，完成产值546.55万元，实现利润 144.6 万元，产品远销全国 26 个省、市。1986 年，被市机械工业总公司评为企业整顿先进单位。同时兼生产力车配件、小型农机产品、除尘器、泥斗车等。1988 年，获省级先进企业称号，"墨江牌" MJ 生活锅炉获省优产品称号。至 21 世纪初，拥有自动电焊机、大型油压机、剪板机、卷板机、液压万能试验机、化学元素分析仪、X 射线探伤机、水压试验机等各类生产锅炉重要设备 70 多台（套），主要产品有 LSG 系列汽油两用锅炉、自动燃油蒸汽锅炉、制衣用设备（蒸汽锅炉）、蒸饭柜、除尘器等。生活锅炉厂达到国家二级计量标准，生活锅炉销往全国。1990 年完成工业产值 163.6 万元，利润率 4.1 万元。1997 年实行厂班子风险抵押承包经营；1998 年由职工出资实行股份合作制的形式；1999 年由广州志诚机械有限公司租赁经营。至 2000 年底止，有职工 187 人，完成工业总产值 1203 万元，固定资产 354 万元，流动资产余额 181 万元。

（3）始兴县家私厂。位于县城西郊观音坝，1954 年 6 月建成投产，当初名叫"木器生产合作社"，1958 年改名"始兴县地方国营木器厂"。1964 年初，按广州外贸提供图纸生产出口男装柜，试产样品，经过鉴定符合质量要求，1965 年投入批量生产，产品由省外贸订货包销。从此，该厂转入以生产出口家具为主，1966 年生产出口家具 1034 件，产值 66 万元。1979 年 4 月，改名"始兴县家私厂"，成为省内专业生产出口家具的企业之一。20 世纪 80 年代，利用外资 8 万元，引进联邦德国、日本、意大利等国家先进家具专用设备，建成 3 条生产流水线。1981 年 3 月，抽调 1 名副厂长和 20 名技术工人及部分设备，在深圳创办了深圳始兴联合家私厂，承接订样生产，供应国际市场，完成产值 141.3 万元，利润 19.71 万元，被韶关地区工交系统授予先进企业称号。1982 年完成产值 172 万元，利润 24.11 万元，被省授予先进企业称号。

同年 7 月，深圳始兴联合家私厂划归县外经委领导，因产品滞销，1988 年撤销，设备、人员归回县家私厂。1985 年，承接生产一批远洋出口产品杂志架，需要专用设备，该厂发扬自力更生精神，自己设计、加工、安装、调试，制造木工切削机械设备 150 台，提高了加工生产能力。该厂以优质取胜，其成套出口家具，曾在全国质量评比中被评为免检优质产品，荣获广东省政府和香港家私协会分别颁发的先进企业优质奖和家具设计一等奖，其四号写字台获国家设计一等奖。产品销往全国及港澳地区和美国、日本及西欧，年创外汇 30 万美元。1989 年，有职工 404 人，其中技术人员 20 人，有固定资产 201.3 万元，流动资金 379.5 万元，专用机械设备 167 台（套），生产能力达 26.85 万件（套），完成产值 560 万元，实现利润 17.7 万元，获省级先进企业称号。2000 年，全厂占地面积 6.1 万平方米，有固定资产原值 1122 万元，净值 554 万元，有木制家具专用设备，自动设备生产线，主要产品有出口杂志架、套凳等。有职工 480 人，完成工业产值 1238 万元，出口产品 18.7 万件，实现税金 63 万元。

（4）始兴建筑机械厂。1990 年由于投放少，技术更新慢，设备残旧，没有开发新产品，市场占有量不断下降，企业效益不好，长期处于停产半停产。1999 年，部分厂房实行租赁经营。2000 年工业总产值 83 万元，利润 -56 万元，职工人数 146 人。

（5）始兴水泥厂。1992 年进行技术改造，生产能力从年产 3000 吨扩大到年产 8 万吨。主要产品有 425#、425R 普通硅酸盐水泥。1993 年水泥产量达 5.03 万吨。1992 年在水泥厂的基础上成立了粤兴实业总公司。由于受市场的影响和经营环境的转变，水泥厂于 1998 年实行租赁经营。水泥厂从 1970 年成立到 2000 年，累计生产水泥 612134 吨，1990—2000 年，平均每年实现税金 145.5 万元。由于对环境的污染，2000 年 12 月 20 日，县政府根据上级要求下发了关闭水泥厂的通知。到2000年底，粤兴实业总公司拥有固定资产原值2581万元，净值1181万元，职工人数189人。

（6）始兴县造纸厂。1990年5月成立始兴县造纸总厂，8月，下设第一造纸厂和第二造纸厂。为便于管理，于1992年9月将第二造纸厂（烟纸线）划出来，成立广东省始兴金叶造纸厂，1993年11月撤销县造纸总厂，成立广东省始兴县造纸实业总公司。总公司下辖县造纸厂和金叶造纸厂，实际上是各自独立核算，自负盈亏，各具法人代表资格。始兴县造纸实业总公司拥有2400、1092卡纸生产线各一条及碱回收装置，设计生产能力年制木浆1.05万吨，年造纸8000吨。由于经营效益不高，1092生产线于1995年初、2400生产线于1996年4月先后租赁给东莞石龙联兴实业总公司经营。

（7）粤北铁合金厂。1984年，国家实行对小型氮肥厂实施关、停、并、转的产业政策，县委、县政府决定关闭始兴氮肥厂，将氮肥厂所有资产、原有人员成立铁合金厂。当时购进了两台3000千伏安、一台1000千伏安的矿热冶炼炉及配套设施，主要原材料为硅石，年生产金属硅1800吨，于1985年11月建成投产。在册职工183人，占地面积71628平方米。

（8）始兴县食品厂。位于县城东上围街153号，1962年建厂，占地面积2.8万平方米。主要生产月饼、酒、汽水、豆奶、鲮鱼干、竹筒酒、辣酱、马蹄爽等。1978年归供销社，1987年归经济委员会后改为工业局管理。至2000年底，在册职工96人，离退休人员53人。

（9）始兴县缫丝厂。位于太平镇瑶村坳，1992年筹建，占地面积6.5万平方米，建筑面积1.9万平方米。有6组D301A型自动缫丝机和配套的生产设施，生丝的年生产能力达到150吨。

1994年上半年，第一期工程建成投产。为协调种桑养蚕及蚕茧收购加工，于1997年9月把原始兴丝绸公司和丝厂合并，组建了始兴县茧丝绸总公司。实行"公司＋农户＋基地"的经营模式，使始兴县的种桑养蚕得到发展。由于企业负债太重，至1999年底，企业资产总额1517万元，负债总额4210万元，2000年11月28日宣告破产。由广东省丝绸集团公司金丝达有限公司控股整体购买注册为金兴茧丝绸有限责任公司。注册资金500万元，其中金丝达公司270万元，职工入股230万元。转制后企业焕发生机。全县种桑面积由2000年的773公顷扩大到2002年的901公顷，收茧从460吨增加到1900吨，生产生丝由62吨增产到260吨，缴纳税款从19.8万元增加到261.9万元，产品质量填补了广东没有3A级丝的空白。2003年3月，金兴茧丝绸有限责任公司被广东省人民政府认定为省级农业龙头企业。

（10）始兴县松香厂。建厂于20世纪50年代，主要从事松脂加工，产品有松节油、聚酯多元醇、多彩涂料、喷涂粉末等。1990年松香产量1916吨。1996年由企业职工股组建了林产化工有限公司。2000年实行承包经营，年松香产量1950吨，聚酯多元醇42吨。

（三）企业体制改革

随着社会主义市场经济体制改革的进一步深化及自身存在某些问题的原因，到了20世纪末21世纪初，一些国有企业出现了严重亏损现象。如粤北铁合金厂，是高耗能企业，生产1吨金属硅需1.3万千瓦时电，只能使用供电局丰水期的富余电力，年生产时间短，产量低，亏损大，至2000年10月，企业总资产1787万元，总负债2316万元；县食品厂，至2000年底，资产总额589万元，负债总额1675万元；等等。面对企业困境，县委、县政府按照国家、省、市有关企业改革、转制的要求，对一些亏损企业进行了转制。

首先启动破产程序的是始兴县造纸厂。1999 年 10 月，经清产核资，县造纸厂固定资产清查值为 1813 万元，负债总额 28428 万元；12 月 13 日，该厂宣告破产，其资产由东莞石龙联兴实业总公司竞标 2000 万元整体购买转为民营企业。清退欠职工医药费、工资、集资款 460 万元，安排 320 名职工就业。造纸厂的破产案例被最高人民法院收录为中小企业破产重组典型范例。

县造纸厂的成功转制，为其他企业的改革提供了可供借鉴的经验。2001 年 2 月 28 日，县政府下发了《始兴县国有企业改革若干问题的处理办法》，以产权制度为核心的国有企业改革全面铺开，按照《中华人民共和国企业破产法》法定程序，认真做好破产企业的清算工作和资产处置工作等。同年 3 月，铁合金厂、食品厂进入破产清算程序。5—7 月，开展煤炭专项清理整顿工作，全面炸封、关闭始兴县的小煤窑。9 月，金叶纸厂进入破产清算程序。10 月，通用厂（建筑机械厂）进入破产清算程序。为配合做好全县亏损企业转制工作，县成立了兴达资产管理公司，接转破产企业的相关事宜。2002 年 10 月 30 日，兴达资产管理公司参加金叶造纸厂拍卖现场会进行全程监督。对县属商业总公司、外经委属下进出口发展公司等企业，在产权交易、资产处置、资产拍卖过程中进行指导和监督。从而使国有企业处置工作在公开、公平、公正的原则下进行，避免了国有资产的流失，较好地理顺了国有企业改革与发展的关系。2002 年底，县属工业企业全部进行了不同形式的改革转制，企业改革转制面达 100%。其中有造纸实业总公司、缫丝厂、食品厂、丝绸公司、金叶造纸厂、建筑机械厂、铁合金厂 7 家企业经法律程序宣告破产；锅炉厂、家私厂进入破产程序；粤兴实业总公司、水泥厂、林产化工厂（松香厂）、商业总公司、矿产公司 5 家企业实行了关闭改制形式。

三、招商引资建设工业园区

（一）工业园区的建设

始兴工业园区于 1993 年 6 月经广东省政府批准正式成立始兴县林产工业开发区，行政级别为正科级。工业园区主要负责全县工业园区土地的规划、利用、开发、建设，负责招商、服务、协调、管理等工作。按照"三为主、二致力、一促进"[①] 的发展方针和"高起点规划、高标准建设、高效能管理"的原则，稳步推进园区的规模扩大和功能完善，不断壮大园区经济实力，形成了规范高效的经济运行和管理体制，取得了丰硕的成果，被广东省人民政府誉为"山区招商引资的一面旗帜"。

1. 园区建设的基本特征

工业园区作为始兴县改革开放的"试验区"和"排头兵"，自 1993 年以来，不断尝试和探索各种超前的改革和试验，推动县域经济的持续快速发展，使之成为全县乃至全市经济发展中重要的增长点。工业园区开发主要呈现以下基本特征：一是土地资源利用实效增强，闲置土地得到有效开发和充分利用，所有工业项目建设用地以山坡地、荒地、滩涂地等类型的土地为主，没有占用农田。二是项目引进质量不断提高。外资项目年年有引进，年年有实效，年年有增加，且质量逐年提高，逐步从劳动密集型项目向科技含量较高的层次发展。三是企业增资扩产发展势头良好。落户始兴的外资企业能够做到"引得进、留得住，有发展"，外

---

① 三为主：以提高吸引外资质量为主，以发展现代制造业为主，以优化出口结构为主。二致力：致力于发展高新技术产业，致力于发展高附加值服务业。一促进：促进国家级经济技术开发区向多功能综合性产业区发展。

商纷纷增资扩产，进口新设备，增加或更新生产线，增强生产能力。

2. 园区建设的主要做法

开发区坚持以经济建设为中心，遵循市场经济发展规律，围绕建设始兴现代生态县的战略目标，不断与时俱进，大胆创新，扎实工作，主要做法如下：

理清思路，立足长远，坚持走新型工业化道路。县委、县政府对园区工作高度重视，把它作为"一把手"工程来抓落实。1995 年，县委、县政府就提出了"引资、兴工、促农、旺商、富县"的发展战略，制定了"以诚招商，优惠引商，服务稳商，以商带商"的十六字方针，形成了"路途遥远感情补，硬件不足软件补，资金不足政策补，欢迎来始兴投资"的"三补一来"招商理念。园区对投资项目和投资者的选择始终注重"两个坚决"（坚决不引进严重污染环境而无法治理的项目，坚决不引进严重破坏资源、破坏生态、贻害后代的项目）和"五个选择"（选择创税能力强的项目，选择产业链条长的项目，选择就业岗位多的项目，选择有实力的投资商，选择有带动能力的投资商）。

出台政策，落实责任，提高园区招商竞争实力。为吸引更多的外商到始兴投资置业，园区在原有《始兴县招商引资优惠办法》的基础上，相继出台了加快民营经济发展、鼓励生产加工型创税企业发展、优化投资环境"八不准"等一系列政策规定。这些政策的出台，既创建了更宽松的投资环境，提升了竞争力，又促进了经济结构的调整。政策出台后，注重抓好"两个落实"（即《始兴县招商引资责任考核制度》《始兴县窗口服务行业评议考核制度》，真正做到招商与服务相结合，业绩与奖罚挂钩，调动了各部门、各乡镇参与招商引资工作的积极性和自觉性，有效改善了投资环境，推动了招商引资工作的深入开展），做到"三个更加"（即在招商载体上，更加重视"筑巢引凤"；在招商项目上，更加重视资源加工型、创税型企业的引进；在招商环境建设上，更加重视软环境建设）。

以情招商，优化服务，营造良好的投资环境。按照"围着客商转、围着项目转、围着问题转"的工作思路，努力构筑全方位、多层次、立体化服务网络，不断改善投资的硬环境和软环境。实施了"一个窗口办事、一个口子收费、一条龙服务"的"三个一"的办事制度和提高办事效率的"马上办"制度。同时，组建了一支能力强、素质高，深受外商好评的服务队伍。通过完善招商引资责任制，形成了"一切围绕招商想，一切围绕招商转，一切围绕招商干"的良好氛围，打造了"诚实守信，少说多干，艰苦奋斗，廉洁高效"的服务品牌。县公安局还建立了外资企业警务队，专职为外商提供治安服务。

创新方式，打好"四牌"，加大园区招商工作力度。一是打好"乡情引资牌"。通过举办春节茶话会、中秋恳亲会等活动，密切联络"老始兴""始兴佬"，加强外引内联，掌握引资线索，提高引资实效。二是打好"驻点招商牌"。充分发挥招商小分队作用，加强与珠三角地区各类商会、协会的沟通联系，及时掌握引资线索，把握珠三角产业转移信息，从"等客上门"向"会客敲门"转变。三是打好"中介招商牌"。积极与海内外有实力的招商中介机构（或个人）建立合作伙伴关系，开展委托招商、代理招商，按引进项目的资金、产生的效益兑现奖励，降低招商成本，提高招商成功率。四是打好"以商带商牌"。通过在始兴县投资置业外商的牵线搭桥，联络客商到始兴考察投资环境，投资置业。

坚持原则，依法征地，努力提高资源利用效率。园区征地工作是一个复杂而又敏感的问题，上系国家法律，下涉农民利益，处理不好就会影响园区发展建设进程。在用地上始终坚持"四个符合"：一是坚持项目用地符合土地利用总体规划和城镇规划的原则。在工业项目建设用地过程中，坚持国土、建设、环保、计划等有关部门共同把关，做好工业项目的具体规划、设计，做到工业园区的发展与城市的扩展统筹规划。二是坚持项目开发建设符合用地政策的原则。工业用地坚持以山坡地、荒地、滩涂地等类型的土地为主，做到珍惜土地，合理利用土地。三是坚持以项目带开发的原则。所有项目开发建设前，都是与投资方签订合同，根据项目的投资额和规模，会同有关部门勘察后，结合始兴实际，充分论证后再进行征地、开发建设，从而避免了土地闲置现象的发生。四是坚持统一管理的原则。在工业建设用地管理上做到"四个统一"，即园区项目用地统一规划，项目基础设施统一建设、统一管理、统一服务。

3. 园区招商的主要成效

黄花园工业园，地处县城北郊，属城乡接合部，交通便利，是较早、较为完善的一个工业园区。占地面积近 66.6 万平方米，园区招商成效明显。截至 2000 年止，园区工业企业达 7 家，完成产值 8.1 亿元，工业增加值 1.25 亿元。园区内企业平均用工 6000～8000 人，高峰期超过 9500 人。为农村富余劳动力的转移、下岗工人再就业提供了更大的空间，同时促进了国有企业的转制，带动了民营企业的发展，带动了始兴经济的快速发展。

（二）重点外资企业

（1）标准微型马达有限公司。由香港标准微型摩打有限公司独资兴建，属技术含量比较高的外资企业。该公司于 1996 年 3 月起筹建，占地面积 1.5 万平方米，标准厂房 2 万平方米，员工宿舍 4000 平方米，2000 年有员工 5000 多人。引进日本、德国先进生产技术，所生产的各类微型马达，产品质量已达到国际同类产品的一流标准。公司共有 100 多名技术人员,日产微型马达 30 多万只,产品全部出口香港地区及日本和欧美等。该公司于 1997年、1998 年、1999 年被中国外商投资企业协会评为全国外商投资"双优"企业。

(2)德宝玩具实业有限公司。由香港五福企业有限公司投资兴办,于 1995 年 12 月批准成立。公司占地面积 1.3 万平方米。主要生产各种电动玩具及塑胶玩具,产品全部出口欧美等地。1999 年起,开始进行二、三期工程建设,进一步扩大生产规模,陆续增加 PU 生产线、高精密注塑生产线,现总投资已达 1300 万美元。

(3)德捷玩具厂。由香港海而德有限公司独资兴建,于 1998年 2 月批准成立。厂房建筑面积 2700 多平方米。生产各种塑胶玩具,产品出口香港地区及日本、美国等。

(4)天山制衣有限公司。由香港永联织造厂独资兴建,1996年首期投资 120 万美元,1998 年 10 月增资 100 万美元,增加生产线 5 条,增加厂房建筑面积 1000 多平方米。生产各种高档针织童装系列产品,部分产品远销香港、东南亚等地,出口创汇 200 多万美元。

(5)兴马木业有限公司。由香港金马企业贸易公司独资成立,属竹木深加工的资源型企业。于 1989 年 11 月批准成立,1990 年 5 月正式投产,是始兴县第一家台商投资的外资企业,总投资达 200 多万美元。经过几年的经营发展,已发展成为占地 3万平方米的生产基地,利用本地资源生产各种欧式珠宝箱及其他木制工艺品,产品全部外销。该公司于 1990 年被广东省外经贸厅确认为"出口创汇型企业";1997 年、1998 年、1999 年被中国外商投资企业协会评为全国外商投资"双优"企业。

(6)智能木业有限公司。由香港环智企业有限公司独资兴办。于 1996 年 6 月批准成立，投资额为 85 万美元。公司占地面积 1.5 万平方米。

（7）盛怡实业（韶关）有限公司。成立于 2000 年，位于始兴东湖坪工业园区。该公司是国内一家专业生产"TOYO""YO-KA""庞中华硬笔书法笔"系列文具产品的知名企业。公司名下的品牌东洋文具经过多年的发展已成为国内文具行业的知名品牌，以其物美价廉、产品不断创新，赢得了广大消费者的青睐。YO-KA 系列产品远销欧洲、北美、南美、中东、亚洲及澳大利亚等多个国家和地区，在国际文具市场上占有一席之地。公司通过 ISO 9001：2000 版国际质量标准认证，拥有完善的质量管理体系。

（8）万达工业（始兴）有限公司。隶属于香港美昌集团，于 2003 年底在江口镇成立，占地面积 260 亩，建有现代化厂房 6 座，是集团在亚洲最大生产基地。公司主要生产按比例制造 1：10、1：12、1：18、1：24 合金模型车，机动玩具车及各种塑胶和电子玩具。

（9）日本电产（韶关）有限公司。隶属于日本电产株式会社，于 2010 年在始兴黄花园工业区建成投产，是一家以生产小型超精密马达为主的企业，产品销往全世界，被广泛运用于电脑、办公自动化设备、家用电器、汽车等各种领域。其生产的硬盘驱动装置用主轴马达占世界市场 70% 以上，技术水平国际领先。

（10）始兴华洲木业有限公司。隶属于广州华坊洲木业（集团）有限公司，位于东莞石龙（始兴）产业转移工业园，项目于 2012 年 6 月投产。引进当今世界最先进的德国 DIEFFENBACHER 等生产设备和技术，年产 22 万立方高质量环保型原木微粒板，可为市场提供长 2440 毫米、宽 1220 毫米、厚 6 毫米至 50 毫米的多种规格的原木微粒板，满足不同领域客户的需求。公司团队倾心于人造板技术的创新，致力于林业基地建设，努力把公司打造成一家高效、持续、专注于木材综合利用的节约型、环保型企业集团。

四、稳步发展通信业

1979—2012年中共十八大召开前，乘着改革开放的春风，人民群众生活水平不断提高，始兴通信业发展进入了一个高峰期。

（一）邮政业务

（1）函件。改革开放初期，传统业务发展呈上升趋势，但随着现代通信设备的出现，函件业务便逐渐下降。1980年，邮寄包件的业务量为1.13万件。1981年增加乙类商品包裹保价业务以后，收寄包裹中，小包减少，大包增多。1988年、1989年收寄包裹分别为8900件和8800件。1989年起，出口函件通信逐年减少。

（2）特快专递。1988年5月1日，始兴邮电开办国内快件业务。在快件基础上，1994年1月1日又开办邮件特快专递业务。邮（电）政部门选择快速、有效地运输和最佳邮路运送，必要时组织专人运送。

（3）有线电报。1980年10月，有线电报通信更新为BD055型电传机2台（1台备用），配单路载报机1部、专线电报电路1条，与韶关电报中心往来通达各类电报。1982年12月，电报电源设备由原来的电池组供电更换为DD12型变换器供电。1989年12月，开通中文电子电传业务。经营实绩：1953年，全县电报通信去报1042份。1963年，去报7758份。1973年，去报17013份。1983年，去报上升为21728份。1988年，去报32515份，比1953年增长31.2倍。1989年，去报3.91万份，比1953年增长36.52倍。20世纪90年代后，随着电话的普及，电报业务量大幅度下降。

1998年9月，邮电体制改革，始兴县邮电局一分为四：始兴县邮政局、始兴县电信局、移动通信公司始兴分公司、联通通信公司始兴分公司。函件和电报业务渐渐淡出人们的生活。

（二）电话

（1）长途通信电话。1979 年，县城至韶关对端开通 ZM204 单路晶体管载波机，代替原 MF－201 型单路载波机。1983 年 2 月，四一〇站至南雄对端开通 ZM307－Ⅱ型晶体管 12 路载波机。原四一〇站至南雄对端开通的 ZM203－Ⅱ型晶体管 3 路载波机南雄端机移至县城至四一〇站 2.6 毫米铜包钢话线对端开通，淘汰原县城至韶关对开的 ZM204 单路机，并增开县城至韶关电路 1 条。1984 年 1 月，县城至四一〇站增开 ZM203－Ⅱ型晶体管 3 路载波机 1 套。原县城至韶关、南雄两地的实线电路转往此套设备经四一〇站四线转接开通。至此，县内通往韶关、南雄两地的长途电话电路全部实现载波通信，提高了通信电路的质量，并达到了标准要求。1986 年 12 月，四一〇站撤销。原四一〇站至韶关对开的 ZM307－Ⅲ型晶体管 12 路载波机（A 端）移至县城对韶关开通。原由四一〇站经转韶关等地的长途报话通信电路全部改由县城至韶关直通。1987 年 2 日，开通县城至广州经韶关转接的直通电路 1 条。同年 3 月，对端开通县城至翁源 ZM203－Ⅲ型晶体管 3 路载波机，并开通县城至翁源载波电路 1 条，增开县城至仁化经韶关转接的载波电路 1 条。1989 年 4 月，开通至南雄 JM－307Ⅲ型载波。同年 5 月，开通 JDD－03 长途半自动电话，话务员可直拨全国网内电话和已进入国家公众网的专用电话。

（2）市内电话。1988 年，市内电话用户为 685 户，其中计费数 662 户。1989 年，市话杆路长度为 20 杆/千米，电缆长度为 20.4 皮长/千米，其中地沟电缆为 4 皮长/千米，拥有电话户数 1048 户，其中计费 1039 户，比 1988 年同期增长 56.9%。

（3）农村电话。随着改革开放的进一步深入发展，始兴老区村庄的群众也享受到改革带来的红利，许多农村家庭装上了家用电话。

（4）固定电话。20世纪90年代，始兴电信业务增长最快的是固定电话（市内电话和农村电话），它是电信的支柱业务，随着电话的广泛普及，电报业务则逐年下降，新兴的电信新业务自1996年起，逐年发展。市内电话自1989年开通步进制3000门自动交换后，发展较慢。主要是当时初装费较高等原因。1993年开通8000门S－1240数字程控交换机，市话单机也由脉冲拨号换成音频拨号，音质更好、音量适中，又具备长途直拨功能，吸引了更多用户装机，年增幅达千户。但存在界外用户需交纳维护费及缆线到位率低等因素，制约着发展。1996年邮电改变经营方式，主动改善服务谋发展，大规模铺设缆线，满足装机需求，变自然增长为刺激发展。采用各种可行措施引导用户装机，发展速度创新高。2000年市话接入用户达13903户，是1990年的10倍。20世纪90年代的始兴农村电话起步于摇把式人工电话。1992年农村电话自动化先从马市、罗坝、隘子开始，至1994年江口开通自动交换机止，建成了13个自动交换点；县城交换点随S－1240交换机开通360线农话交换机。"九五"期间，实现中继电路光纤数字化，交换机全面更新换代，是全县农村电话大发展的五年。2000年农村电话交换机容量是13350门，是1990年的14倍；用户总数达13035户，是1990年的31.3倍。城乡公用电话发展之路分三个阶段，即人工值守公用电话、磁卡公用电话、智能型IC卡式公用电话。至2000年底，城乡智能卡式公用电话总数为288部。21世纪初，随着手机的普及，多数家庭电话被手机取代。

（5）电报与传真。1982年初，县政府机要科安装了传真机，电路由县邮电部门提供，经四一〇机务站转接。1984年11月，开通公安专线电路/传输电平（接口）按真迹传真规定调测，随时可进行传真业务。电路亦由四一○站转接。1986年12月26日，以上两条电路改由县邮电局对韶关（市）通信中心面定开放。1989年有55型机械式电传机4部，全电子式电传机1部；用电传机、传真机及莫尔斯人工电报机均是向县外传递和接收电报信息的设备。定点电路是始兴—韶关。1991年机械式电传机全部淘汰，采用电子式电传机；1992年8个邮电支局开通传真电报业务，配备传真机10部；1994年安装8路载波电报机；1996年4月省局配给BYD单机型电传传真电报分集器1套，含安装费用10万元，同年开通分组交换节点机、数字数据节点机；1997年又增开一部型号为OCM2330节点机。2000年4月11日开通帧中继节点机，容量为40端口。

传真电报包括用户传真和公众传真。1990年安装使用图文真迹传真设备，当年发出传真电报5份，开通用户传真4户。1992年1月，8个邮电支局均开办传真电报业务。因支局电报业务量小，不设专职报务员，由话务员或营业员兼办收发电报和传真。为了保障质量，支局出口的电报全部用传真的办法传真到县局报房把关，验证无误再行转发。

随着通信的发展，事务性内容的电报可以用电话快速、方便地实现传递或互联网下载。因此，电报业务已逐年明显下降。

（三）无线通信

（1）无线电台。20世纪80年代的无线通信设备有宝鸡厂产55型15瓦电子管电台1部、八一型15瓦半导体电台1部及整流器和直流发电机。1995年，省邮电局下拨IC－M700TY单边带无线电台1部。省内二级无线电路一路，保持定时、定频率与市局沟通，传递方式为短波，通信方式为人工。设备保持应急行装，随时应付紧急调度。

（2）海事卫星电话。1994年4月，省局下拨TT－3060海事卫星电话 1 部。

（3）无线寻呼。无线寻呼属单向无线通信。1992 年 10 月 19 日，始兴开通万门无线寻呼台。到 1995 年，基站保持 3 个，容量增加到 1.2 万门；1997 年增加 2 个基站；1999 年每个乡镇（场）均设有基站，每个基站均配置放大器和发射机。寻呼范围有市网、省网和国网。在始兴经营的有润迅、兴达、铁通等寻呼台。

（4）一点多址无线电话。为解决北山乡山高路长造成的架线难、维护难等问题，县电信局投资 17 万元，于 1996 年 11 月 5 日开通 1 套一点多址无线电话设备，当日开通 7 户电话，接入马市交换机。由于存在呼叫难、语音不清晰等诸多问题，不够理想，没有再增加用户。1998 年 11 月架通北山光缆，12 月 8 日安装华为 128A 接入设备，淘汰了无线电话设备。

（5）微波通信。1994 年在县局通信楼六楼顶安装一座 15 米铁塔、直径 1.5 米锅状的天线；5 月 17 日，始兴—韶关 480 路长途微波电路交付使用，当日放通 60 路；12 月 18 日，S–1240 交换机投产，480 路微波电路全部投入使用。1996 年 8 月 9 日，县城至顿岗的数字微波设备开通，容量为 8 个 2 兆字节每秒。

（四）移动通信业务

1994 年 5 月 19 日，始兴移动通信正式开通移动通信服务，制式为 TACS900 兆模拟蜂窝式，号码为 9011×××，交换设备在韶关，县城 1 个基站、8 个信道。1995 年增加到 24 个信道。1996 年 4 月，两座 50 米移动通信铁塔同时开工建设，县城的安装在通信大楼五楼顶，马市的安装在邮电支局院内；6 月 17 日，马市模拟基站投入运行，模拟信道再增加 8 个；年底开通石人嶂莲花山 TACS 差频直放设备。1997 年，先后开通了司前、隘子、澄江、都亨 4 个直放设备。

GSM 数字移动电话于 1996 年开始在县城放号，县城有 1 个基站、8 个信道，交换设备同样在韶关。1998 年数字基站增加到 5 个，信道有 96 个，占用电路 180 路。模拟移动电话逐渐减少，被数字移动电话代替。

　　至 2000 年 12 月 31 日止，始兴停止所有模拟机，全部更换为数字机，全县使用移动通信达 3250 户。2013 年，始兴移动通信启用第四代移动通信技术，外语缩写为 4G。该技术包括 TD – LTE 和 FDD – LTE 两种制式。4G 是集 3G 与 WLAN 于一体，并能够快速传输数据及高质量音频、视频和图像等。4G 能够以 100 兆比特每秒以上的速度下载，比家用宽带 ADSL（4 兆）快 25 倍。手机更换为智能手机后，始兴消费者几乎人手一部手机。

第四节 城乡建设日新月异

一、现代化交通网络逐步形成

1988 年，粤赣线、始翁线公路扩建，新开和维修了 50 多千米村级公路，对林区公路进行维修养护。1987—1989 年，除罗坝小安至大安、深渡水至左拔、田拉塅公路未竣工验收外，冷洞、黄（江）总（甫）、下窖 3 条新开公路已验收通车。

1990 年，扩宽各级公路 79 条、132 千米，完成了马俄线的新建和罗源线的改建工程，公路优等路完好率 100%，平均好路率达 98.3%，大大改善了城乡交通状况。1991 年，完成横经县城国道 323 线 4.7 千米公路扩宽水泥路面工程和红旗西路、上围街路面工程；扩宽乡村公路 35.6 千米。

1994 年，公路建设总投入 6600 多万元，全县改建国道、省道和地方道路 11 条共 71 千米。其中，国道 323 线始兴路段第一期工程（9.6 千米）已竣工通车，县城至顿岗凉口的水泥及柏油路基础工程基本完成。1995 年，完成新改建公路 128.2 千米。新建的渔珠潭大桥已全桥接通，路桥连接，江口路段 4 千米改线完成路基工程。

1996 年，渔珠潭至高基岭路段 4.22 千米二级路面通车，高基岭至中古坑路段 6 千米二级路改建完成 90% 路基工程。完成始花线、始周线、始奇线共 21.1 千米山区二级水泥路面工程，实现了地方公路水泥路面零的突破。下窖线公路上等级 10.5 千米；公路的养护质量有了新提高，国省道和地方道路年末好路率分别为 70.2% 和 92%。周所大桥建成通车。

截至 1997 年，全县已有 141 个管理区通公路，公路密度为每百平方千米 42.4 千米，公路通车里程达 806.9 千米。至 2000 年底，全县有公路 147 条，通车里程达 1008 千米。其中，国道 1 条 38.5 千米，省道 3 条 171.05 千米，县道 3 条 118.1 千米，乡道 96 条 493.7 千米，林道 29 条 129.4 千米，专用道 15 条 57.9 千米；一级公路 7.55 千米，二级公路 37.85 千米；大、中、小桥梁 155 座 4616.18 千米；100% 的老区乡镇和老区村庄通了公路。2000 年底，全县有水泥路面 183.8 千米，沥青路面 71.05 千米，共硬化路面 254.85 千米。始兴公路建设进入了一个新的发展时期。

1998 年，完成县、乡、村道路硬化 45.3 千米（始周线、始花线、始奇线、罗都线等地方公路实现了水泥硬底化），其中县道"四改二"（四级公路改二级公路）15.1 千米，省养县、乡道 18 千米，乡村道 12.2 千米；完成了县城兴平后街、红旗西路、丰收路、北山路口、东门路口的水泥路面及其行人道的铺设工作；完成了国道 323 线东湖坪至中古坑路段柏油路面的铺设工程。

中华人民共和国成立后，墨江上游因筑坝修库，水流量小，清化、罗坝两支流遂告停航。1989 年，县城至浈、武夹江口通航里程 78 千米。水路运输仍不失为全县交通运输的一支辅助力量。20 世纪 90 年代中期，因陆路交通快速发展，逐步取代了水上运输。同时，由于水流量减少，加上沿河修坝筑库，始兴墨江、浈江相继停航。到 2000 年底，始兴县只剩下上俄井、下俄井、总甫 3 个交通渡口。

1999 年，国道 323 线县城过境段和马市段改造进度加快，省道 244 线凉口至亚吉山 48.8 千米改造已动工；完成了省道顿岗至罗坝、顿岗至澄江和县道始奇线里公陂至北山共 15 千米"四改二"硬底化工程；完成了隘子至建国等 10 条通村公路建设，村道硬化 13 千米。随着柑梓园公路的建成，全县实现了村村通公路。

1998—2002 年，改造国道、省道和县乡道共 223 千米，全面实现国道、省道硬底化及村村通公路目标。按一级路标准建成了永安大道；修复了罗坝大桥，建成了江口大桥；开办了飞马、飞达客运公司和友发小汽车出租公司。

2001—2005 年，改造公路里程 323.2 千米，新增公路里程 223.45 千米，县通镇公路达到三级以上标准，县城到乡镇实现了"一小时生活圈"。2007 年，隘子冷洞、罗坝桃源等 6 个行政村实现镇通村公路硬底化，边远山区交通条件明显改善。2009 年，天元大桥、兴隆大桥、澄江大桥建成通车。

2010 年 12 月 31 日，韶赣高速公路始兴境内全长 32.4 千米建成通车，赣韶铁路及始兴火车站建设加快推进，粤湘高速（始兴段）开始启动，改写了始兴革命老区没有高速公路、铁路的历史。新客货运中心投入使用，农村公路改造 42 千米，生态示范路建成 65 千米，实现全县通行政村公路硬底化。总甫大桥建成通车；县城解放路、东门路、红旗中路等路网改建顺利完成。

2011 年，完成农村公路改造 31 千米，新建 9 个乡镇客运站、86 个农村候车亭，革命老区人民的交通条件得到进一步改善。

二、水利电力建设再上新台阶

（一）水利工程

20 世纪 70 年代，全县掀起农田基本建设高潮，兴建了马市的新桥水库、城郊的竹子迳水库。并于 1976 年 7 月完成了拖延十多年的流田水库扫尾工程。扩建了尖背水库大坝，改放水斜管为隧洞，完善了反滤移体，提高灌溉工程，增加灌溉面积，对新建的新桥水库坝身裂缝作了处理。

1977—1987 年，新建了一批水利水电骨干工程。蓄水工程有花山水库，水电站有大源电站、师姑山电站、凉口电站及樟树湾电站，小地电站的挖潜改造工程也于 1987 年冬开工。这些骨干电站的建成，大大地改变了水电工程建设落后的局面。与此同时，对全县的骨干工程尖背水库和凉口引水进行技术改造，完成尖背水库大坝加高增厚，改建溢洪道和放水隧洞及闸门安装，兴建西干渠红梨双助拱渡槽，增开中干渠；凉口引水工程改建左岸进水闸，完成全长 386 米的前山隧洞工程，免除了契井石滑坡对渠道的威胁；扩建尖背水库和瀑潺坑塘水库；花山水库完成大坝和隧洞灌浆处理、改建溢洪道，顺利地通过了工程验收。

花山水库：位于墨江一级支流横水（即沈所河）中游、花山乡的暗桥角，坝址以上集雨面积 48.2 平方千米，库容 1000 万立方米，是始兴目前规模最大，具有防洪、发电、饮水综合利用功能的骨干蓄水工程。灌区分南北干渠，总长 49.9 千米，其中北干渠长 22.3 千米，已建渡槽 10 座共长 225 米，主要灌溉花山乡、沈所乡农田 0.42 万亩；南干渠长 27.6 千米，已建成渡槽 5 座共长 1112 米，最大规模的有兴仁渡槽全长 660 米，设计流量 1 立方米每秒，灌溉花山、沈所、城南 3 个乡镇的农田 0.85 万亩。工程于 1976 年 9 月调动全县 8000 多民兵动工兴建，1978 年 6 月基本完成水库主体工程，1985 年完成溢洪道改建工程后，于 1986 年 1 月 28 日通过验收交付使用。

截至 1989 年，全县共有中型水库 2 宗，小（一）型骨干水库 6 宗，小（二）型水库 21 宗，塘坝 517 宗，总库容 5066.2 万立方米，蓄水灌溉面积 4.72 万亩，多分布于半丘陵区的马市、城郊、顿岗、江口、沈所、花山、城南等乡镇。

1998—2002 年，水利水电建设实现新突破。完成了墨江大堤

17.3 干米和墨江闸坝工程建设；扩建了花山供水工程；完成了列入省人大议案的 11 宗小型水库除险加固工程；建成了山口三级和黄石坑二、三级等 75 宗电站。全县小水电装机总容量 7.58 万千瓦。

引水工程是利用拦河堵坝，把河溪水引入灌区自流灌溉的水利工程设施。始兴县重视对原有水陂工程的改造，1990—2000 年，共计改建硬化水陂 96 座，可灌溉农田 1707 公顷。全县灌溉 6.7 公顷以上水陂，已大部分改为永久性工程。

改造中低产田。始兴县是广东粮食生产县之一，1998 年改造中低产田 1000 公顷，开挖疏浚渠沟 35 千米，修建桥梁、闸、渡槽 22 座，改良土壤 1333 公顷，修建机耕道路 18 千米，衬砌渠道 18 千米，累计完成土方 4.2 万立方米，砼 0.7 万立方米，投工投劳 5.3 万工日，总投资 376.25 万元。1999 年，始兴县列入国家农业综合开发基地，实施山水田林路综合治理计划。全县改造中低产田 2133 公顷，整治硬化水圳 62.3 千米，疏通渠道 125 千米，道路硬化 12.5 千米，累计完成土方 8.1 万立方米，沙石方 5.96 万立方米，砼 1.1 万立方米，投工投劳 9.96 万工日，总投资 656 万元。项目区内农田实现了旱能灌、涝能排、渠相通、路相连。

2011 年，顺利完成尖背灌区改造、沈所河治理、城市防洪工程和 11 宗农村安全饮水工程，扎实推进田间工程、罗坝河治理工程，成功争取省级小型农田水利重点县建设项目。西气东输二线管道工程（始兴段）及省天然气管网一期工程（始兴段）顺利竣工。

墨江防洪堤工程：墨江是北江上游浈江的一级支流，河流全长 89 千米，由东向西穿过始兴平原和县城，流域面积 1367 平方千米，占始兴县总面积 62.4%。1998 年 9 月 29 日，墨江河堤工程正式动土奠基，这是 20 世纪末始兴县一项最大规模的水利工程。该工程右岸从墨江上游富村湾至下游渔珠潭大桥，左岸自凉口水陂坝址至下游渔珠潭大桥，堤防总长 23.3 千米，工程设计为二十年一遇洪水标准。至 2003 年 6 月，完成墨江防洪堤 16.8 千米，工程总投资为 6309.57 万元。

墨江防洪堤工程发挥了巨大的社会效益和经济效益。主要表现在：一是防洪堤建成段抵御了较大洪水的侵袭，尤其是在 2000 年 8 月县城段防洪堤抵御了一次水面超过最高警戒 1.5 米的二十年一遇的特大洪水侵袭，有力地保障了始兴县城 5 万多人的生命财产安全；二是改善了沿江周边 1000 公顷农田的水利灌溉条件；三是促进当地建筑业、运输业、旅游业和餐饮业等行业的发展，促进全县 GDP（国内生产总值）的增长进度；四是促进房地产业的发展，通过采取"以堤养地，以地筑堤"的措施，一方面筹集了防洪堤工程建设资金，另一方面推动了沿堤路段土地的开发。

墨江闸坝工程：于 1999 年 9 月 29 日奠基动工。该工程枢纽为河床引水式布置，由闸坝、引水渠、电站厂房组成，闸坝布置在河床，电站厂房、引水布置在左岸。2001 年 5 月，经过一年多的建设，总投资 1800 万元的墨江闸坝下闸蓄水，其中闸坝电站装机 1650 千瓦。工程建成后，有效地改善了墨江河下游两岸刘镇营、罗所、沈南、狮石下、东湖坪等老区村庄 10595 亩农田灌溉条件。闸坝工程还提高了墨江河县城段的水位，形成了一个人造平湖。墨江河堤和墨江闸坝的兴建，使之成为集防洪、灌溉、发电、休闲于一体的民心工程。

（二）水电建设

1978—1987 年，先后有大源（县办）、九龙（澄江镇）、师姑山（顿岗镇、澄江镇合办）、宝丰（城郊镇）、兴和（罗坝镇）、三卡水（北山乡）、三坵田（都亨乡）、凉口（县办）和樟树湾（县办）等一批装机 500 千瓦以上电站投产，十年投产 21 宗，49

台共 1.49 万千瓦，年平均投产 1490 千瓦，为前十年的 29.8 倍，是始兴县小水电发展的黄金时代。这一期间，县办工业如造纸厂、铁合金厂、松香厂、水泥厂及乡镇企业等用电大户猛增，而电网不满足工业发展需要，刺激了小水电的发展。

樟树湾电站：位于县城南面司前镇樟树湾村，距离县城 38 千米，电站总装机容量 4000 千瓦。电站位于墨江干流—清化河中游，坝址以上集雨面积 527 平方千米，多年平均径流量为每秒 19 立方米，枢纽工程包括主、副坝各一座。主坝坝长 164.2 米，右岸刺墙共长 25.5 米，左岸接头长 7.2 米，进水闸 8 米，为空腹重力式浆砌石闸坝，坝高 22.6 米，坝顶高程 208.6 米，正常水位 207 米，相应库容 440 万立方米。副坝位于河口林场，全长 440 米，最大坝高 9 米，为碾压式均质土坝。电站设计年平均发电量 1738.5 万千瓦时，不仅为电网提供了电量，而且在枯水期还负担峰荷，为县城提供照明用电。工程于 1982 年 4 月开始进行测量，7 月进行地勘工作，1983 年 5 月完成初步设计，1987 年 1 月 24 日基本建成，1988 年 1 月验收投产。

山口一级水电站：位于澄江镇鹅公陂村上游，距离县城 32 千米，电站总装机容量 5600 千瓦（包括原师姑山电站 1600 千瓦），坝址以上集雨面积 163 平方千米，多年平均径流量为每秒 4.51 立方米，枢纽工程包括水库、引水隧洞、调压井、压力钢管、厂房、升压站及老电站改造。工程于 1991 年 10 月 21 日动工，1997 年 2 月 25 日全面交付管理单位使用。这也是始兴县首宗股份制电站，由始兴县供电局和水利局与韶关市供电局 3 家投资兴建。

（三）电网建设

始兴小水电的发展，加快了老区人民的电网建设。1981 年，始兴发电量 748.1 万度，到了 1982 年，发电量达 1911 万度。1986 年，电网覆盖率达 99.8%，农村用电户达 98%。

1988 年 3 月 11 日，赤土岭变电站正式开工，1989 年 7 月 18 日竣工。1989 年 6 月，新架设三角塘变电站—小地电站 35 千伏线路，全长 9.5 千米。1999 年 9 月 30 日，35 千伏隘子输变电工程开工，2000 年 3 月 10 日竣工。

1999—2001 年，正式启动农村电网建设与改造工程，第一期农网改造投资 3254.93 万元，改造农户 17048 户，完成建设与改造 10 千伏线路 46 千米，低压线路 444.3 千米，改造台区 130 个。

司前 110 千伏、都亨 35 千伏输变电站和 10 千伏配套工程建成投入运行。城网、农网改造有较大的进展，供电质量明显提高。2008 年，抗冰救灾复电工程提前完成，33 个电网配网改造项目顺利推进，建设农村 10 千伏线路 76 千米，电压质量和供电可靠性显著提高。

随着社会的进步，全县电力事业发展迅速，电源电网建设步伐加快，农村电网改造工程顺利推进，电力体制改革顺利进行。截至 2008 年，始兴电网拥有 110 千伏变电站 3 座（赤土岭变电站、司前变电站、顿岗变电站），35 千伏变电站 6 座（三角塘变电站、沿溪变电站、马市变电站、隘子变电站、罗坝变电站、都亨变电站）。

（四）供水工程

县城供水：1979 年，县城成立了自来水公司。同年 2 月，在县城东南部食品厂南侧中心开挖兴建自来水沉井，同时铺设主街管道，同年下半年投产使用，日供水量 380 立方米。随着县城人口增加，原有供水设施无法满足供水要求，加上水源受到县造纸厂废水污染，1985 年起在县城东南 3 千米罗坝河与清化江汇合处兴建了一口直径 4 米的沉井和一口直径 4 米的提水井，设计能力为日供水量 1.5 万立方米。1986 年，在白石坪山岗上兴建一座二级泵房和一个容积 800 立方米的清水池。同时铺设直径 400 毫米

的主管道 3700 米，与城内原有 4.42 万米人、小管道连接。至
1987 年，完成第一期直接供水工程。

1987 年以来，县城自来水水源取用清化河水，随着经济不断
发展，供需矛盾逐年加大，最关键的是水源上游受石人嶂钨矿排
放污水和沿途 3 个乡镇的人畜污染严重，加上供水设施欠完善，
在洪水期间，自来水的浑浊度无法处理，水质标准难以确保，高
层楼房用户经常出现无水现象。为改变这一状况以及更有利于始
兴县长远发展规划，适应经济发展需要，县委、县政府决定启用
花山水库的水为县城饮用水源。

花山供水工程从 1994 年 4 月开始筹建，该工程以花山水库
（中型）为水源，水库三面环山，森林茂密，人烟稀少，水库水
经多年检测分析，水质良好，水量充足。水厂设计最大供水量
2.5 万立方米，分两期完成，首期投资 805 万元。为节省工程资
金，输水主管采用自行研制口径 600 毫米预应力水泥管 1.2 万米。

1996 年 5 月第一期供水工程完成，实现向县城供水一次成
功，平均日供水量达 6000 立方米。花山供水工程主要供县城生
活、生产用水，受益人口 6.5 万人。县城供水平均压力 0.4 兆帕，
600 毫米输水管道全长 11750 米，经过净化消毒后，采用自流方
式向县城和近郊农村供水，按设计年供水量，每年可节电 180 万
千瓦时。花山供水工程建成通水后，极大地改善了县城居民的饮
水质量，对始兴经济发展和改善投资环境具有十分重要的意义。

2001 年 7 月 1 日，花山供水二期工程胜利竣工，花山水库的
水经过花山水厂，经过一条条管道，从此流进了县城的千家万户。
2010 年 1 月，为使县城与沿线居民的供水安全得到有力保障，始
兴县积极推进花山供水复线工程建设，于 2010 年 8 月正式投入
使用。

乡镇供水：1996 年花山供水工程竣工后，使沿途的乡镇用上

自来水，如城南、花山、沈所。此前，该3个乡镇大部分村民靠河水，一些有条件的村民在家中安装手摇泵取水，既没有过滤也未消毒。近几年，供水公司积极发展沿途村庄安装自来水，改善村民的饮水条件。1996—1998年，直接用上自来水受益人口4100人。1999年，为城南杨公岭和沈所独峰等老区村庄奔康房共85户安装了自来水。

1999年7月，供水公司与马市镇政府联合兴建马市水厂，以河角水库作为水源，并在水库的东南面新建一座水厂，占地面积10389平方米。供水设施有预沉池、混合池、沉淀池、过滤池、清水池、加氯房和一幢三层的综合楼，输水管道口径150毫米，从河角水库至马市镇总长6.2千米，日供水能力3000立方米，受益人口1.5万人。工程仅用了5个多月，于当年12月底全面建成通水。

2005年，马市、澄江、司前、罗坝4个乡镇的16宗饮水工程竣工使用，老区受益人口2.4万人。

三、老区村民喜住奔康房

1980—1983年，司前、都亨、隘子、马市、罗坝、澄江、顿岗等圩镇建设的进展很快，逐步成为各区政治、经济和文化中心。

1981—1989年，全县农村民房建筑竣工面积共87.97万平方米。按农业人口17.27万人计算，人平均新增住房5平方米多。仅1983年，农村建房达2000多户，竣工面积10多万平方米。1987年，许多农村建筑开始改变泥砖青瓦的结构，逐渐向钢筋水泥结构发展。为满足农村商品经济发展的需要，新建了顿岗和沈所两个农贸市场。

沈所房屋普查换证登记中，从累计的406户、2057人的调查统计，1980年前这406户人家有旧房面积44684.68平方米；

1980—1987 年，新建房屋面积 13129.76 平方米。新、旧房屋合计面积 57814.44 平方米，户平占有房屋面积 142.4 平方米，人平占有房屋面积 28.1 平方米，户平新增房屋面积 32.34 平方米，人平新增房屋面积 6.38 平方米。

从江口 804 户、4078 人的调查统计，1980 年前的旧房面积 83314.9 平方米。1980—1987 年，新建房屋面积 20733 平方米。新、旧房屋合计面积 104047.9 平方米，户平占有房屋面积 129.4l 平方米，人平占有房屋面积 25.51 平方米，户平新增房屋面积 25.78 平方米，人平新增房屋面积 5.08 平方米。

太平镇城北村，有 841 户。1987 年，有 12 户人家建起新房面积 1119 平方米，户平新增房屋面积 93.2 平方米。1988 年，有 54 户人家新建住房面积 5781 平方米，户平新增住房面积 107 平方米。

太平镇赤土岭黄屋，全村 38 户，户户建有新房。该村坐落在离县城东南面约 3 千米处一座小山岗脚下，为解决村民食水、用水困难，经村党支部与村民商议迁村至原村庄南角 500 米处建村。从 1967 年开始在新村地址建房，1968 年始陆续建成乔迁至新房。至 1989 年 12 月止，赤土岭黄屋新村基本建成。全村 38 户人家，户户在新村建有新房，总住房建筑面积 6475 平方米，户平新建住房面积 170.4 平方米。全村 188 人，人平占有新房面积 34.4 平方米。新建 6475 平方米面积中，属全部红砖结构的瓦房 640 平方米，占全村新建住房建筑面积的 9.88%；属钢筋混凝土结构的房屋有 460 平方米，占全村新建住房面积的 7.1%。

改革开放后至 1990 年，部分农民住上了钢筋混凝土结构的单层或双层楼房。1990 年 8 月，始兴县全面开展文明创建工作，在农村把文明创建活动与整治村容村貌结合起来，开始了"五改"（改房、改水、改厕、改灶、改圈）工程，全县涌现出文明村 140

个，文明村示范小区 2 个（太平镇罗围下村和城南镇罗所七社）。

1990 年，全县开展文明村镇建设，各圩镇率先进行"五改"等工作。司前等圩镇主要街道铺设了水泥路面，安装了街灯。随着改革开放的深入，商贸活动逐渐活跃，各圩镇建设也不断发展，交通、能源、电信、文化教育、卫生、商业服务等配套设施日益完善。房屋建筑也发展很快，各乡镇政府、基层工商、税务、法庭、农行、农村信用社、邮电、供电、商业、供销、教办、学校、医院等部门都先后在圩镇建起了办公楼、干部职工宿舍。

1994 年，兴建马市、城南、新村 3 个市场。至 1995 年，全县有马市、顿岗等 5 个建制镇完成了总体规划，商业贸易也较活跃。马市镇有两个农贸市场，总面积 1840 平方米，并规划建设一个面积 33 万平方米的经济贸易区，集镇建成面积已达 2 平方千米。顿岗等多数建制镇圩镇的面积比原来增加一倍多。

1995 年，开展城镇建设规划管理"岭南杯"达标活动，全县 15 个乡镇都编制和修编了乡镇总体规划，部分乡镇还制订了功能规划。全县开始实施"奔康工程"进行农房改造。罗坝镇政府组织圩镇的农户，把"奔康工程、农房改造"与城镇建设结合起来，改造罗坝镇的一条主街道。1998 年，全县开展"城镇建设管理年"活动，各乡镇加大对圩镇基础设施的投入，修建了圩镇排污水沟，安装了路灯，加大圩镇农房改造，圩镇主要街道的农房均改建成钢筋水泥楼房，而且比较注重外墙装修，部分基层单位新建、修建、装饰了办公楼，圩镇面貌有很大改观。

1997—2000 年，掀起"奔康工程"建设高潮，各乡镇成立"奔康工程"领导小组，加大领导力度和工作力度。在推进农房改造过程中，采取五条措施：一是开展"领导挂点，干部包户"活动，年终进行奖罚的责任制，层层签订责任书。二是制定各项优惠政策，调动农民改建农房的积极性，补贴资金，每户补贴

1000～2000 元；补贴物资，每户 1～2 吨水泥或价值 3000～5000
元的红砖；全免或减免各种建房办证费用 2000～5000 元。三是动
员挂点机关单位捐款捐物。四是要求家在农村的干部带头建奔康
房。五是增加资金投入，全县新建了 2.91 万套农村奔康房，70%
以上的农户住上了奔康房。

1993—1997 年，"奔康工程"建设有较大进展，建好水泥钢
筋楼房和红砖瓦房的农户达 6720 户，占农户总数的 17.5%。1998
年，新建农房面积 32.9 万平方米。1999 年，马市、隘子、顿岗、
罗坝、江口等多个乡镇的圩镇建设有较大发展。农房改造步伐进
一步加快，以玲珑新村、城东新村、金叶新村、低坝开发区为代
表的新农村初具规模；教师安居工程兴建住房 1076 套，面积 12
万多平方米。

2000 年，生态县建设迈出了坚实的步伐，开展"猪—沼—
果""猪—沼—烟""蚕—沼—桑"等生态模式的试点工作，落实
了 300 户生态示范户。农房改造 2609 户，建新村 19 个，改造旧
村 5 个，有 23 个村委会新建了钢筋水泥办公楼。截至 2006 年底，
全县建成沼气池 1.9 万户；建成省级生态乡镇、省级生态示范园
各 1 个，省级生态示范村 6 个，市级生态示范村 12 个，县级生态
示范村 20 个。

2007 年，完成马市、顿岗等 8 个乡镇的总体规划编制，完成
23 个新村规划、9 个新村整治和 7 个旧村改造工程。完成了花山
水库移民安置。2008 年，大力开展"空心村"整治，完成太平镇
河北村等 14 个点的村庄整治工作。深入开展农村生活污水治理、
改水改厕等综合整治，马市镇、深渡水乡的简易人工湿地生活污
水处理工程投入使用，有效改善了老区村庄人居环境。

2005—2010 年，新农村建设积极推进，完成新农村规划 72
个、村庄整治 60 个，创建省级卫生村 17 个、市级卫生村 25 个；

深入实施乡村"清洁美"和"万村绿"工程，农村卫生厕所普及率达 85%，村容村貌明显改善。被评定为全省首个"国家农村小康环保行动计划试点县"。

始兴县在推进社会主义新农村建设过程中，认真规划，多方筹资，积极开展农村改水改厕工作。通过利用山地落差优势，引建简易自来水供水工程。卫生监督部门加强对农村饮水卫生监测，确保农村居民饮水安全。2007 年，确立了马市镇涝洲水丰山、沈所镇沈南村等 10 个改厕示范村，以示范带动促进改厕的不断深入，投入改厕资金 370.68 万元，新增无害化卫生厕所 1786 座，卫生厕所普及率达 73.7%；投入改水资金 167.95 万元，新增自来水受益人口 4538 人，自来水普及率达 46.6%。

2010 年，花山供水复线、白石坪水厂重建、白石坪水厂至瑶村坳管网改造和 8 宗农村饮水安全工程全面完成，城乡居民安全饮水供给能力进一步增强。高标准实施太平镇低坝新村、罗坝镇淋头新村和顿岗镇七北仙水塘小组等村组的村庄整治。

2011 年，高标准启动名镇名村建设，完成村庄整治 13 个，创建省级卫生村 3 个、市级卫生村 6 个，无害化卫生厕所普及率达 73.4%。顿岗镇、澄江镇两个老区镇被评为广东省生态示范镇，深渡水乡创建成为广东省生态镇。兴建廉租房、公共租赁房 240 套，棚户区改造开工建设 262 套。

四、城区建设迅速扩展

进入 20 世纪 70 年代，始兴县城开始向城西方向扩展，建设一批"五小"工厂及县森林工业局的楼房住宅。1966—1981 年间，太平镇曾改称红旗镇，1981 年 3 月起复称太平镇。

中共十一届三中全会后，随着经济建设的发展，城区向西迅速发展，同时也在东、南、北三面零星扩展。为搞好城镇建设，始兴县成立了城镇建设指挥部，制定县城建设近、远期规划蓝图，整治旧城区，并向西在丰陂洞观音坝一片扩建新城区。1979—1989年，房屋建筑竣工面积265371平方米，其中住宅面积167630平方米，办公用房和其他用房97741平方米。按房屋所有权分，公房建筑面积219350平方米，其中住宅面积123075平方米；城镇私人建筑面积46021平方米，其中住宅面积44555平方米。

1980—1983年，全县城镇建设步伐加快。仅1983年竣工房屋面积4.53万多平方米，其中住宅2.58万多平方米，职工和居民的居住条件和工作条件得到较大改善。县城原来破烂的街道和小巷大部分已修好，卫生状况有所改善。20多幢新楼拔地而起，同时开始兴建墨岛宾馆、影剧院、游泳场、田径场、博物馆。

1984年，县城新影剧院落成，面积达6000多平方米的农贸市场交付使用，在县城增添了垃圾车、垃圾桶等卫生设备，整治了红旗大道。1987年，完成自来水供水系统第一期工程和修整影剧院前后以及墨江北路街道的工程。各机关、厂矿和学校的园林化建设也在抓紧进行。

改革开放初期，始兴县城建设较差，房屋建筑杂乱无章，到处窝棚，道路狭窄，污水横流，交通落后，居住条件较为简陋。随着改革开放和经济的发展，城镇规划摆上了重要的议事日程。1985年4月开始着手编制《始兴县太平镇总体规划（1986—2000年）》，于是年底完成，1986年经县人大七届二次会议审议通过，1987年7月经韶关市人民政府批准实施，为始兴县第一个有法可依的城市规划。总体规划面积为3.5平方千米，城市性质定为"林产品、农产品加工工业和支农服务业的综合性城镇"。

1987年，全县严格整治县城环境卫生，城镇和机关、学校、厂矿的环境和卫生面貌大为改观，基本上改变了由来已久的

"脏、乱、差"现象。1988 年，全县城乡住宅建筑面积9.2 万平方米，图书馆、儿童公园和商业大楼交付使用；体育馆、邮电大楼、粮食大楼工程基本完成；完成县城内几条街道的整治、美化和绿化，城镇面貌大为改观。

改革开放后，始兴城区发展较快，1980 年起，先后改造、修建、扩建了上围街、东门街、红旗大道、兴平路、解放路、迎宾路、墨江南路、墨江北路、复兴路、公园前路、红旗横路、振兴路、文化路、河南路等主要街道。仅 1980—1989 年，在城西区沿韶余公路（后改称兴平路）南、北两片共建楼房48 幢（南 14幢，北 34 幢），面积 9.37 万平方米，其中住房 4.05 万平方米，城区占地面积 3.33 平方千米（规划面积 4.8 平方千米），城区占地面积比 1949 年的旧城区 0.79 平方千米扩大 3.2 倍，新城区为2.66 平方千米，其中新西区占地面积 2.61 平方千米。

1990 年，始兴县宣传实施《城市规划法》，1991 年修编《始兴县太平镇总体规划（1990—2000 年）》。在原总体规划的基础上，增加 3 个小区（五里山至县城综合开发区、瑶村坳工业开发区、丹凤山公园），使县城范围面积从原来的 3.5 平方千米扩大为4.8 平方千米。规划的指导思想是充分合理利用土地资源，协调城市各功能的建设。

1990 年，全县城乡竣工住宅总面积 7.8 万平方米，供销商场、广播电视大厦、外经委大楼、防疫站大楼、建筑公司住宅大楼等建成使用。铺修了县城红旗大道，新筑了县城广场水泥大道270 米，增设了 3 座交通指示灯，整治了下水道，新建了公厕，完成了丹凤山公园第一期工程。城镇的园林化及其美化、绿化和净化工作也有了进一步发展。1991 年，中山公园、丹凤山公园建成。全县竣工住宅总面积 8.29 万平方米，房地产开发步伐加快。1993 年，城南小区、工贸城、建发新区的建设初具规模。

1993—1997 年，完成了《始兴县太平镇城市总体规划（1995—2015 年)》的重新修编工作，基本完成建制和集镇规划，完成了黄花园工业区、丰陂洞小区的详细规划和 126 个中心村的建设规划；新建、改造了黄花园工业区路、河南路、沿江路、迎宾路等道路的混凝土路面和附属设施建设；新建了城南小区、工贸城、建发新村；县城总体规划面积增加到 10.18 平方千米；建成丹凤山公园、始兴县革命烈士纪念碑；8000 平方米的公共停车场建设已初具规模；完成了花山水库供水工程，县城日供水新增 2.5 万吨，自来水普及率达 70%；开展"岭南杯"达标竞赛活动，初步扭转了县城"脏乱差"的局面；完善纸厂碱回收系统，使墨江河污染初步得到了控制；进行城镇住房制度的改革，出售了 3515 套公有住房，面积 29.1 万平方米。五年来，完成基建项目 223 项，建筑面积 35.1 万平方米。

1998 年，开展整治墨江河建设沿江路第一期工程，县城 3.8 千米河堤建设基本完成。1999 年，墨江河滨公园建成；县城排污网管、街道硬化、出口道路绿化等城市配套设施建设继续得到完善；成立了城市监察大队，整治县城"脏乱差"效果明显；创建卫生城市工作通过了省、市的检查验收。

1990—2000 年，县政府把加快城市基础设施建设作为改善投资环境的一件大事来抓，特别是"九五"期间，开展"城镇建设管理年"活动，加大市政工程投入，城市面貌有了很大变化。1986 年开始，各单位（包括在乡镇的基层单位部门和乡镇政府）为解决干部职工住房困难，自筹资金在县城建起集资福利房和综合楼（低层办公或商店，高层为住宅），有条件的单位后又另建办公大楼。至 2000 年底，县城面貌发生了很大变化，城区共有五至九层的办公楼、住宅楼、商品楼 300 多幢。

1998—2002 年，完成县城总体规划修编和中心镇总体规划；

开展"城镇建设管理年"等活动，兴建了城东市场、红旗东路、文化广场等一批市政工程，建成了花园式沿江北路，改造了红旗中路、兴平路，启动了新行政区和沿江北路旧城改造工程建设；加强市政管理，市容市貌明显改善。

2000 年，城镇街道硬化 14 千米，绿地面积 3000 平方米，兴建排污管道 3.4 千米；新建了城市广场、雕塑，美化了一批景点。2001 年，加强太平、马市、顿岗等中心镇的试点工作，完成了江口卫星镇一河两岸工业园区的规划设计工作；启动沿江北路旧城区改造和红旗中路美化、亮化工程，完成了解放东路风华影院、文化广场至低坝等路段水泥路面铺设，完善了红旗东路、东门路、黄花园工业区东侧道路的人行道及排水设施建设。制定《始兴县城市管理实施细则》，开展"规范县城市场管理启用城东市场"专项整治和对"城中村"的整治；以"爱我始兴建设墨江"为主题的绿地绿树认建认养活动效果良好，在县城范围内共种植小叶榕、桂花等名贵树木 1500 多株，新增绿地 1.3 万平方米，创建省卫生县城工作顺利通过了省初检。

2001—2005 年，兴建沿江北路、文化广场、城东市场、九龄步行街等一批市政工程项目，完成了红旗中路、北门路、兴平路等街道和九龄公园的改造亮化，新行政中心初具规模，城乡面貌焕然一新。2002 年 5 月，太平镇被省爱国卫生运动委员会命名为广东省卫生镇。

2005—2010 年，城乡建设步伐加快，城区面积扩大到 9 平方千米。五年间，先后实施了兴平路、北门路、北山路、体育东路等一批道路新建、改造工程，建设了天元帝景、亿城·金海岸、丹枫苑、一品东城等一批高档生活小区，兴建了新行政办公楼、法律援助服务中心、人力资源和社会保障等一批单位综合大楼，行政区、生活区、商业区格局初见雏形。大力开展城市环境整治、城市绿化美化亮化，城市面貌焕然一新。城镇住房特困户安置房交付使用。加快推进沿江南路、原铁合金厂东西侧规划道路等"两横四纵"路网建设，新建成大桥北路、体育东路、丹凤路。兴建廉租房、经济适用房22套。2006年，被国家环保总局正式命名为国家级生态示范区，成为广东省首个获此殊荣的山区县；2009年，被国家传统文化促进会、中华民族和谐发展促进会、欧中经济技术交流促进会、中国影响力传媒机构等单位授予"中国最美小城"称号；2010年，被中国绿色名县名镇推介委员会授予"中国绿色名县"称号。

2011年，实施"三旧"改造项目11个，九龄公园、体育馆建成开放。2011年6月，被联合国地名专家组中国分部评为"中国地名文化遗产——千年古县"。8月，被联合国亚太城市发展研究中心、联合国环境发展促进会、中国城市建设发展促进会、中国城市品牌建设研究会等联合授予"中国围楼文化之乡"称号。

"旅游旺县"的提出与创建

　　始兴地处粤北山区，森林覆盖率高，自然风光秀美，地热资源丰富，有"南岭明珠""温泉之乡""恐龙之乡""绿色名县"等美称；始兴又是有着 1700 多年历史的客家古邑，积淀千年的历史文化、古老的围楼以及各具特色的乡村，客家民风习俗丰富多彩，无不让游客沉醉其中。无论人文旅游还是生态旅游，始兴均有着丰富的资源、独特的魅力，有些还在省内乃至全国具有较高的知名度，被广东省旅游局定位为粤北旅游"最具发展潜力的县"。

一、开启"旅游旺县"战略篇章

（一）始兴旅游业的初步发展

　　始兴旅游资源丰富，但旅游业起步较晚，始兴县旅游公司于 1993 年注册成立，标志着始兴旅游业正式开启。

　　在 1998 年 5 月召开的中共广东省第八次代表大会上，确定以旅游为重点加快发展第三产业，成为新的经济增长点，始兴县委、县政府紧紧抓住这一难得的发展机遇，逐步将发展旅游业提上议事日程。同年 8 月，正式成立了始兴县旅游局，始兴旅游业步入正轨。同时，根据省委关于大力发展以旅游业为重点的现代服务业的指示精神，先后开发了车八岭自然保护区、东湖坪客家民俗文化村、满堂客家大围等旅游景区（点），兴建了一些配套酒店、宾馆等基础设施。2000 年，经省、市旅游局考察评估，始兴县怡东酒店被广东省旅游局评为三星级饭店，兴粮大厦、平湖山庄被韶关市旅游局评为一星级饭店，永安大厦被评为二星级饭店。

为进一步加大旅游开发力度，1999 年 12 月 12 日，县委、县政府举办"始兴县 99 旅游招商节"大型活动。此后，成立了创建"中国优秀旅游城市工作组织委员会"，组织制订工作方案、协调部门关系，积极开展各项创优工作。并先后参加韶关市组织的香港、韶关、广州、佛山等地旅游推介会，派人员参加 2000 年客家民居国际学术研讨会。在县城举办了以"争创优秀旅游城市，大自然本色尽在始兴，始兴旅游景点特色早知道"为主题的大型图片展览。邀请中央电视台、广东电视台、韶关电视台、香港亚洲电视台等海内外电视台和海内外报社的数十位记者多次到始兴采访和宣传报道。编写了《始兴旅游景点特色文集》《东湖坪民俗文化村》《始兴县博物馆》《始兴县旅游景点分布图》等图片文字宣传资料。

经过不懈努力，始兴旅游业得到较快发展，旅游接待人次逐年攀升，旅游收入占第三产业总值的比重逐年提高。据不完全统计，1990—2000 年，始兴县接待游客 301 万人次，旅游收入累计 1.63 亿元，占全县第三产业收入的 8%。

（二）抓好旅游总体规划

为进一步促进旅游业的发展，县委、县政府积极抓好独具客家风情的"东湖坪客家民俗文化村"景区规划及"车八岭自然保护区""始兴县博物馆"规范管理。同时，按分类规划、分期建设原则，对全县的景点分为自然景观类、人文景观类、观光农业类、科普考察类、休闲环境类，进行科学的规划。2002 年 10 月，由中山大学社会科学研究院科研成果处在广州主持召开的《广东省始兴县生态旅游总体规划（2002—2022）》专家评审论证会上，经评审获得通过。该总体规划的诞生，是始兴县实施"旅游旺县"战略的开始，对全县旅游业的长远发展具有十分重要的指导作用，对加速始兴旅游业进程，实现把旅游业培育成为第三产业龙头的目标具有重要的现实意义。县委、县政府积极推介十大旅游景区进行招商引资，扩大旅游宣传，创建始兴生态、人文景观品牌，提高旅游品位，带旺第三产业，使其成为始兴革命老区新的经济增长点。

由于规划到位，措施得力，2002 年国庆旅游黄金周接待国内外参观旅游人数达 3.5 万人次（其中港澳台地区及日本游客占7%）；怡东酒店、永安大厦接待人数均有上升（其中怡东酒店对比去年上升 18.3%），旅游总公司营业总收入达 1430 万元。

二、创建广东旅游强县

旅游业在带动地方经济的发展方面起着越来越重要的作用，不仅提高了始兴老区人民的经济收入，带动了县域经济的发展，也极大地调动了老区人民支持和发展旅游业的积极性，政府、企业对投资开发始兴旅游业的热情不断高涨。为做大做强旅游业，2008 年 9 月 26 日，始兴县委、县政府启动了创建广东省旅游强县工作，制定出旅游创强县的主要措施：一是坚持政府主导；二是坚持宣传发动，全民参与创建工作；三是坚持优化环境促创建；四是把加强旅游配套设施建设作为创建工作的重要抓手，进一步提升县城品位，完善旅游接待功能，不断优化旅游发展环境，开通县城至主要景区景点的公交线路，进一步优化县内各景区景点的交通环境。2008 年 9 月至 2010 年初，先后举办了始兴县首届客家特色菜烹饪大赛、始兴县福满堂旅游文化节、广东始兴杨梅节之旅游文化活动、广东始兴元旦自驾游活动等大型的旅游活动。

经过全县干群的参与和共同努力，2009 年 12 月 7 日，东湖坪民俗文化村、满堂客家大围、车八岭保护区 3 个旅游景区被评为"广东自驾游十佳线路"。2010 年 5 月 17 日、8 月 12 — 14 日，相继在海南省三亚举办的第六届中国城市（旅游）品牌大会暨第六届中国工业园区招商引资高层论坛颁奖盛典上，始兴县被组委会评为"中国优秀生态旅游县"；同年 12 月，始兴县被确定为中国地名文化遗产"千年古县"。2011 年 10 月 30 日，由始兴县人民政府、韶关市旅游局主办的 2011 广东（始兴）民俗风情旅游文化节隆重开幕。省、市领导、嘉宾和珠三角自驾车队、新华社、中新社等媒体代表共 500 人参加了开幕式，把始兴旅游业的发展推上一个新的高峰。

三、精心打造围楼文化

始兴是围楼之乡，素有"有村必有围、无围不成村"之美誉，且围楼风格博采众长，楼内结构紧致精美，不乏江南庭院的温婉细腻，其选址有如徽派建筑，注重楼与自然的和谐。据不完全统计，始兴县共有 500 多座围楼，第三次全国文物普查共登记有 249 座保存完好的围楼，其中清代围楼 91 座，民国围楼 158 座，星罗棋布地分布在始兴客家人聚居的青山绿水间。其中，国家文物保护单位有满堂客家大围和长围。

坐落于隘子满堂村的满堂客家大围始建于清道光十三年（1833 年），竣工于清咸丰十年（1860 年），历时 27 年，为当时的富豪官乾荣所建，占地面积达 13544.96 平方米。该围由上、中、下 3 座小围楼连接构成，中间围楼高 16.9 米。围楼中有栽花种树的大院 4 个，祠堂 6 个，议事厅 17 个，天井 16 个，水井 4 口，寝室、厨房、储粮间、杂物间、厕所、牲畜栏舍等大、小房间 777 间。满堂客家大围既有古代建筑雄浑朴实的气势，又有近代建筑精致高雅的韵味，是中国民居建筑中方围系列的杰出代表，被誉为"岭南第一围"。该围集古代、近代客家建筑风格于一体，具有较高的科学研究价值和艺术欣赏价值，为研究客家民俗风情及近代建筑的源流和发展变化提供了宝贵的实物资源。满堂客家大围也因此成为始兴旅游景区的一个典型代表。1996 年 12 月 25日，满堂客家大围被国家文物局评定为全国重点文物保护单位；2008 年 9 月 28 日，始兴县旅游文化节在此正式启动。

　　围楼，是始兴的地标性建筑。21 世纪初，对围楼保护和资源开发利用工作日益得到县委、县政府的高度重视，组织人员编写出版了《始兴古堡》《始兴围楼》《始兴围楼大观》等有关始兴围楼文化的专著，争取上级资金对满堂客家大围等围楼进行了抢救性维修。2011 年 6 月 22 — 25 日，在海南省三亚举办的第七届中国城市品牌、中国最佳文化旅游城市公益评选活动暨高层论坛上，始兴县荣获"中国围楼文化之乡"荣誉称号，也是全国唯一获此殊荣的县。2012 年，始兴出台了围楼认养的政策，这是县委、县政府加强对围楼保护，继承始兴人民创造的优秀历史文化遗产，弘扬独特客家文化的一项重要举措。经过数年的努力，全县已有 28 座围楼得到认养，其中罗坝廖屋围成为围楼认养工作中发展成为民宿较成熟的代表。

第六节 社会事业发展成效显著

一、义务教育遍布城乡

（一）普及九年义务教育

1979年，决定太平镇一小为县重点小学，作为改革小学教育的试点，以改革教学，提高教育质量为中心，带动全县小学的教改。1981年以后，教学质量稳步提高，儿童入学率逐年增长。

1980年，中共中央、国务院作出《关于普及小学教育若干问题的决定》，县委、县政府加强对普及小学教育的领导，通过财政拨款和群众集资，修缮和新建了一批小学校舍，同时采取措施抓紧抓好普及小学教育各项制度的落实。1984年底，全县实现了"一无二有"（校校无危房，班班有课室，人人有课桌凳）。同年12月，经省、地教育行政部门验收，全县147所完全小学（包括所属教学点）在校学生29776人，入学率达96.9%，年巩固率99.4%，毕业率96.8%，普及率97%，被省认定为"基本实现普及小学教育县"。

为实现普及小学教育的目标，县委、县政府带头宣传贯彻中央文件，时任中共始兴县委书记凌海洋、县长梁时坚多次在县三级干部大会上强调普教工作的重要性，要求各级党组织和政府切实抓好这一项工作。自1980年起，县委、县政府就普及小学教育先后发了6份文件。还组织了普及小学教育工作队，由主管教育的副县长庞启銮任工作队队长，教育局3个正、副局长任副队长。工作队由县教育局干部和各区主管教育工作的副区长、文教助理、乡村干部、区中心小学校长组成。各区乡也成立了普及小学教育领导小组和工作组。使普教工作层层有人抓，事事有人管，做到人员落实，组织落实，思想发动工作落实，各项措施落实。1980—1982年三年间，县财政在十分困难的情况下，仍拨款84万元支持教育。1984年10月9日，县委常委和县长联席会议作出决定，于年底前拨款30万元用以改善办学条件。

在县委、县政府的带动下，各区（镇、场）党和政府也把普及小学教育工作列入重要议事日程。澄江区委关心学校建设，千方百计为学校解决钢材、水泥、木材等建校必需物资。城郊区白石坪、北山、乌石等乡的支部书记每学期一开学都和教师一起深入群众家里，发动学龄儿童入学。沈所区的沈南、石下两乡的支部书记不但和老师一起下村动员学生入学，而且还把最困难的发动对象包下来。顿岗区宝溪、千家营两乡发现学校桌椅紧缺，立即制作了40余套学生桌椅送到学校。大村乡则每年从柑场收入中拨出300余元作为老师福利补助。司前区积极发动群众办学。1980年起，共集资218719元（其中国家和地方财政拨款46970元，区、乡集资131715元，群众个人捐款34164元，师生勤工俭学5870元），新建校舍面积3760平方米，维修扩建校舍面积5188平方米。该区江草乡把积蓄多年，准备建礼堂的6万元用来兴建学校，建起两座钢筋水泥结构、石米批荡的教学楼、教工宿舍和办公室。杨屋村也把准备用来建办公室的2.8万元拿来兴建杨屋小学，在全县首先实现了"一无二有"。自1981年起，全县共筹集办学资金2938398元，新建、扩建校舍面积44446平方米，维修危房面积92781平方米，添置学校桌椅2000余套，购置体育器材、图书资料一批，开辟和平整运动场地3000多平方米。

　　教师队伍是搞好普及小学教育的主力军，始兴县认真落实知识分子政策，提高老师的社会地位和政治地位。通过几年的努力，教师队伍中平反冤假错案 404 宗，落实政策收回教职工 205 人，在教师中发展党员 28 人，提拔骨干教师担任小学领导 74 人。为尽快提高教师的业务水平，采取在职提高与脱产进修相结合，以在职提高为主的方针。通过函授、短训等多层次、多种形式培训，提高教师的业务水平。几年来，共组织了 800 多名小学教师参加各种函授学习，其中 193 人中师函授毕业，70 人考取了师范学校，14 人考取了各类教育学院大专班。2011 年，中小学专任教师月平均工资 3221 元，其中县镇平均 3227 元，农村平均 3219 元，小学教师平均 3272 元，初中教师平均 3169 元，高中教师平均 3190 元。[①]

　　随着经济体制改革的深入，县城人口增加，学龄人数剧增，小学毕业升学率达不到 1986 年国家颁布的《中华人民共和国义务教育法》的要求。面对这种情况，县城原有两所普通中学远不能满足县城及周边地区适龄青少年读初中的要求。1992 年，县委、县政府根据这一实际，决定在县城开办第三所县立普通中学——风度中学。是年 3 月 1 日成立筹建领导小组，5 月 23 日该校首期工程破土动工，8 月 31 日竣工交付使用，9 月 1 日招收首届初中学生 4 个班 243 人。与此同时，县教育局对普通中学进一步作了调整，停办了城郊中学高中部，加大初中招生力度，使全县在校高中生人数从 1991 年的 1347 人减少到 1187 人，而在校初中生人数从 1991 年的 8536 人增加到 9296 人，初中实际招生人数从 1991 年的 3060 人增加到 3695 人，净增加初中招生数 635 人。为了达

　　[①]　始兴县解决中小学教师工资福利待遇问题工资进展情况统计报表（2011 年第四季度）。

到国家普及九年义务教育的法定要求，1992年8月29日，县人大常委会第十八次会议通过了《始兴县普及九年制义务教育实施办法》。1994年2月21日，县召开普及九年制义务教育动员大会，各乡镇分别与县政府签订了《普及九年制义务教育责任书》。3月20日，县委、县政府颁发《关于依法普及九年义务教育的决定》。1995年5月23—25日，县人大代表、县政协委员对普及九年义务教育实施情况进行了实地视察，推进普及九年义务教育的落实。经过三年的努力，1995年10月，实现了普及九年义务教育。是年，全县普通中学17所，其中完全中学2所；在校学生人数12980人，其中初中在校学生11686人。初中招生4492人，是全县小学毕业生4609人的97.46%。全县普通中学专任教师987人，其中初中专任教师877人（本科学历教师42人，专科学历教师726人，高级教师10人，一级教师143人，二级教师327人，学历达标率为87.57%，比国家规定学历达标初中80%以上多7.57个百分点）。

（二）两次改造薄弱学校

中华人民共和国成立之初，始兴县中小学校校舍多由寺庙、祠堂或厅堂充当。随着教育事业的迅速发展，校舍不足和残旧危房仍然是个突出问题。为解决这些问题，从1981年开始至1987年，由省拨款85万元，地方财政拨款100万元，区乡集资97.1万元，群众集资78.9万元，对全县中小学进行了大规模、大面积的维修、改造和新建。全县新建和修建校舍2.49万平方米，维修2.96万平方米。其中有12所中学新建了钢筋混凝土教学大楼。1984年12月，全县实现了"一无二有"。进入20世纪90年代，始兴校园建设为适应普及九年义务教育的需要，在"一无二有"的基础上进入了一个新的历史时期，其主要特点是实现教学用房钢筋混凝土楼房化，运动场地标准化，校园建设花园化。据

1986—1999 年统计，全县中小学先后新建教学、实验、图书、学生食堂、学生宿舍等用房计 72 座，共计建筑面积 88399 平方米，总造价为 4061 万元。此外，在运动场地和校园建设方面也取得了显著进步。至 2000 年底止，全县已修建 400 米跑道的中学有 5 所，200 米跑道的中小学校有 23 所，200 米以下 100 米以上跑道的中小学校有 40 所，60 米跑道的小学有 60 所。全县中学生人均体育运动场地为 12.73 平方米，小学生人均体育运动场地 9.48 平方米。

中华人民共和国成立之初，全县教学实验仪器和电教设备极为简陋，后经多年努力，各级各类学校添置了一些教学实验仪器，充实图书资料。1982 年，县教育局成立了电化教育仪器站。20 世纪 80 年代中期，由电化教育仪器站配给各校的"双机一幕"（录音机、幻灯机、投影屏幕）开始进入课堂。1985 年，全县第一台用于教学的卫星接收天线安装成功，标志着始兴电化教学步入了一个新的历史阶段。从此各中小学开始探索电化教育，提高教育教学质量的新途径。教育行政部门和学校投入巨资，兴建电化教学大楼，添置电化教学仪器和图书资料。据统计，至 2000 年底，全县有 10 所中学、2 所小学拥有电化教学实验大楼或综合实验大楼。全县中小学合计拥有"双机一幕" 2 套，地面卫星接收站 15 个，语音室 5 间，电脑 573 台，电视机 256 台，摄像机 7 部，刻录机 1 台，编辑机 2 台，双向闭路电视系统 2 套。各种实验仪器和电教设备价值累计 3000 多万元。与此同时，各级各类学校重视添购学生课外读物和图书资料，70% 的学校建有图书室，班里办有图书角。据统计，1999 年全县普通中学共有图书室 19 间，藏书 582125 册，学生人均 35.27 册；小学共有图书室 63 间，藏书 403179 册，学生人均 14.23 册，其中不乏珍本，如《万有文库》（始兴中学珍藏）、《中华百科全书》（隘子中学珍藏）、《二十四史》（县教师进修学校珍藏），为满足教师教学和学生课外阅读，充实知识、开阔视野提供了较好的条件。

2002—2005 年，始兴县第二次改造薄弱学校。四年共改造革命老区薄弱学校 41 所，总投入资金 2302 万元，其中省政府拨款 800 万元，县投入 946 万元，社会捐资 424 万元，群众投工投劳折合 22 万元。新建校舍面积 84223 平方米，还添置了大批现代化教学必需的设备设施。走在始兴这片红土地上，放眼望去，最好的建筑物就是学校。一幢幢崭新的教学大楼、科学楼、宿舍楼耸立在蓝天之下、绿水之间，显得格外亮丽。

在改善学校硬件建设的同时，始兴县教育行政部门十分重视抓好教育内部管理，走内涵发展之路。首先，在全市率先推行了学校领导公开选拔和教职工全员聘任制度，优化了教师队伍，增强了学校领导的凝聚力和创造力。其次，扩大了高中阶段教育规模，普高职高共同发展，使初中毕业升学率大幅度提高，至 2005 年已达 72.1%。再次，大力创办优质学校和示范性高中，让人民群众都能享受更加优质的教育。有 2 所中学晋升为省一级学校，5 所中小学校晋升为市一级学校，14 所中小学校达到了县一级学校的办学标准。学校坚持以德育为首，以教学为中心，狠抓教育教学改革和素质教育，全县中小学教学质量逐年稳步提高。

二、农村实施合作医疗

1968 年，罗坝公社 12 个生产大队率先办起了合作医疗。1969 年，根据县内外经验，发动群众，采用公社办、公社与大队联办、生产队办等多种形式，在各公社推行合作医疗制度。参加合作医疗的群众，需缴纳一定数量的资金，一般为每人每月缴交 3 角，全年 3.6 元。参合群众到本大队卫生站或当地公社卫生院凭证就诊，只交挂号费，医药费给予记账。合作医疗经费由所在公社卫生院设专账代行管理，按月结算，年终如有超支，超支部分由公社、大队、生产队三级负担，结余部分则移转下年度续用。实行合作医疗后，大队卫生站改称为大队合作医疗站，大队卫生员、保健员亦称为赤脚医生。合作医疗在行政上归大队管理，业务上由所在公社卫生院管理，赤脚医生报酬一般为大队党支部书记年薪的90%～95%。至1976年，全县116个生产大队全部实行了合作医疗制度，实现全县合作医疗"一片红"，每个大队都配有赤脚医生。赤脚医生发展到250名，生产队卫生员1079名，农村接生员176名。

到了20世纪80年代，随着农业生产管理体制的改变，不少社队的合作医疗纷纷解体。至1987年，全县只有马市镇都塘村的合作医疗制度坚持了下来。

1996年8月，县政府发出《关于在本县恢复建立农村合作医疗制度的通知》，在全县范围内广泛开展宣传发动工作。在马市镇、城南镇开始试点。1997年，在总结试点乡镇经验的基础上，逐步在全县铺开。资金的筹集以个人投入为主，国家、集体投入为辅。筹资金额：县政府、各乡镇政府按本乡镇参加合作医疗人数，每年每人各补助1元；个人投资每年8元（原则上占上年农民年人均收入的1%～1.5%）。

2010年起，全县农民参合率实现全覆盖。2010年人均筹资150元（其中政府投资120元，个人30元），全县筹资达到2800多万元。

2012年合作医疗人均筹资270元，门诊报销比例为50%，乡镇卫生院住院起付线为100元，县级医院为300元；县级医院住院补偿比例为70%；住院费报销最高封顶线为15万元；增加了儿童白血病、先天性心脏病和"两癌"（宫颈癌、乳腺癌）、重性精神病、终末期肾病、耐药性结核病为重大疾病补偿病种，增加了门诊特定项目按住院报销补偿和健康体检建档补偿。对 5 万元医疗费以上大病实行二次补偿，将参合妇女"两癌"筛查纳入补偿范围。全年补偿支出 4162.4 万元，其中住院支出 2917.9 万元，实际补偿 47.5%，门诊补偿 537.2 万元，人均补偿 213 元，其他补偿 707.3 万元。参合农民得到更大实惠。这一年，始兴县被评为全国农村合作医疗工作先进集体。

2013 年起，新型农村合作医疗与城乡居民医保合并，广大人民群众的医疗保障水平得到更大的提升。

三、农村卫生初保达标

为实现"2000 年人人享有卫生保健"的伟大目标，始兴县于 1989 年开始部署农村初级卫生保健试点工作，制订了规划，加大投入，积极实施。至 1999 年，兴建和改建了全县所有的医疗防保机构，兴建和改建业务用房面积 20310 平方米，培训各类专业技术人员 304 人次，购置医疗设备 430 台（件），甲级卫生站达到 28 间。基本上做到了"村村有医有药，能防能治，小病不出村，常见病不出乡，有病能早治，无病早防"。儿童计划免疫保偿制在全县范围内实施，全县入保率逐年上升达到 86.03%，"四苗"（卡介苗、脊灰疫苗、百白破疫苗、麻疹疫苗）全程接种率为 97.6%。通过抓好疾病预防控制工作，各种传染病得到了有效控制。20 世纪 50 年代初，便消灭了鼠疫、天花、霍乱等烈性传染病。1979 年后，全县再未发生过小儿麻痹症、白喉、乙脑急性传染病。实现了消灭丝虫病，基本消灭麻风病和消灭碘缺乏病的目标。1996 年，始兴县创建爱婴县活动通过省级评审，成为爱婴县。新法接生率达到 100%，儿童系统管理率、孕产妇系统管理率、住院分娩率均超过规划指标要求。1999 年，住院分娩率为 90.38%，其中高危孕产妇住院监护分娩率为 100%，婴儿死亡率为 1.798%，无孕产妇死亡发生。

全县医疗卫生机构发展到 243 间，其中卫生系统 22 间，工矿系统 12 间，学校卫生室 11 间，计生服务站 1 间，农村卫生站 186 间，个体诊所 11 间。总病床数 460 张。卫生技术人员 574 人。此外，还有乡村医生、卫生员、接生员 261 人。全县初步形成了县、乡、村三级医疗预防保健网，广大人民群众医疗健康有了保障。

四、文化事业稳步发展

2005 年，由县文化局、广播电视局、新闻出版行政管理部门合并设立始兴县文化广电新闻出版局，加挂版权局牌子。主管全县文化、广播电视、新闻出版、版权等方面工作。办公地址在文化路 22 号，2009 年搬迁到公教路 1 号原百货公司大楼二楼办公。

改革开放 40 年，始兴县不断加大投入，文化基础设施日臻完善。1981 年，在县城文化路 4 号新建一栋三层文化馆，建筑面积 1881.75 平方米，设展览室、美术室、艺术辅导室、文学创作室、艺术档案室、摄影工作室、办公室和接待室。全馆 7 人。该馆于 1991 年获广东省文化厅授予"文化系统文明单位"，1992 年获韶关市授予"文化系统先进集体"，1993 年获广东省文化厅授予"达标文化馆"，同年获国家文化部授予"标准文化馆"。

1981 年，建立始兴县图书馆，文化馆藏书移交图书馆。1986 年，在太平镇公教路 85 号新建一栋四层图书馆，建筑面积 2000 平方米，采用中西合璧形式设计，是 20 世纪 80 年代县内最具特色的建筑物，1988 年 7 月 1 日建成启用。2010 年，该馆被国家文化部评为三级公共图书馆。

始兴县博物馆于 1984 年 7 月设立，原馆址建在县城中心坝，1985 年 10 月竣工启用。使用面积 1000 平方米，设展览室 3 间 400 平方米；仓库及文物修复、接待、办公室和宿舍等共 600 平方米。展品有出土历史文物、恐龙蛋化石和其他生物化石，还有嫁娶习俗等民俗文物。以后分古生物、历史文物和民俗 3 个馆。2007 年因馆址改造，办公地点迁至太平镇振兴路 6 号。

始兴人民广播电台于 1989 年 7 月成立。广播的传输方式采用有线与无线（调频发射）相结合。县城有线广播线路 12 千米，喇叭 400 多只；乡镇有线广播线路 296.5 千米，喇叭 4000 多只。无线调频广播发射功率为 100 瓦，覆盖县城及周边乡镇约 65% 的人口。1990 年，先后在澄江、司前、隘子、罗坝、顿岗、江口等乡镇建设安装了 10 瓦小调频广播发射设施，全县广播的传输方式主要以无线为主。当年，有线广播还有 9 个乡镇正常播出，4 个乡镇逢当地集市日播出，村一级的通播率在 60% 左右。1998 年 3 月，在县广播电视大楼顶建设了 22 米高的广播天线发射塔，同年 7 月，广播发射机的功率增至 300 瓦，使广播的有效覆盖面进一步扩大。无线广播取代有线广播后，一套广播节目人口覆盖率达到 90% 以上。

始兴县人民广播站于 1960 年 10 月成立。1983 年，随着始兴广播事业的发展，始兴县广播电视站更名为始兴县广播电视局。

1988 年下半年开始，兴建县城有线电视网络，传送 6 套电视节目。1990 年底，为加大多套电视节目覆盖率，先后在司前、隘子、罗坝、深渡水等乡镇安装了有线电视，传送 6～8 套以上电视节目。其他乡镇也陆续安装了有线电视，节目套数都在 8～12 套左右。2005 年 4 月 30 日，始兴县广播电视局更名为始兴县广播电视台，为正科级事业单位。

始兴县广播电视台于 2010 年被评为广东省"广播电视创新发展先进单位"，获一等奖；一篇稿件获 2010 年度全省广电好新闻一等奖，实现了粤北地区县级台获此荣誉的零的突破。沈所广电站被评为市级示范窗口单位。全县光纤线路从原来的 50 多千米，发展到 2010 年的 559 千米，电缆 625 千米，开通光节点 196 个。有线电视网络覆盖了全县 10 个乡镇，实现了村村通广播电视，全县农村自然村广电覆盖率达 73.8%，有线电视用户从原来的 1.5 万户发展到 2010 年的 4.46 万户。

中共十一届三中全会后，业余剧团的组建工作重新开始。1980 年，新村、石下、顿岗率先成立采茶剧团。是年 10 月，石下业余剧团代表县参加韶关地区农村业余文艺汇演。1984 年，千家营、桃村坝业余剧团相继成立。后者曾到翁源县、连平县演出。1986 年，司前、隘子联合成立清化采茶剧团，在县内及翁源、连平演出，节目中有创作和改编的《笑面无私》《妯娌恩怨》。同时，顿岗、澄江也联合成立剧团，演出《阿三戏公爷》《钓拐》等，民间传统舞蹈得到保护和流传，深受老区群众的喜爱。

马市飘色是一种融戏剧、魔术、杂技、音乐、舞蹈于一体的古老民间艺术。所谓"飘色"，即是由若干人推着一座装饰华丽的"色板"，"色板"上安排好固定姿势的人物形象。"飘"是指脱离地面，尽展凌空之美；其神奇之处在于，演员们通过精心伪装的钢枝凌空而立，看不见的色梗支撑，利用巧妙的力学原理，营造出"飘"的效果。1992 年 12 月，始兴举办首届香菇节，马市易屋飘色作为重要的节目在香菇节期间全城巡演。之后，易屋这项几乎失传的民间艺术又回到人们的视野中。此后，每逢举办大型文娱活动都少不了马市易屋飘色表演，使这项独具特色的民间艺术大放异彩。

龟蚌舞是顿岗镇较流行的一种民间艺术，它来源于一个古老的传说。话说明朝中叶，时逢始兴大旱，眼看五谷无收，六畜不旺，鱼、虾、龟、蚌等水中动物纷纷丧命。恰有一远方道人来到始兴，他登上高山远眺，只见始兴貌若船形，再一打听，方知有一渔翁以打渔为生，常施不正当手段滥捕鱼虾，使县城盆地水族生灵屡屡遭殃，水族们便向河神告状，河神为惩罚渔翁，令手下砸漏神船，以致神船将水漏干，旱灾降临。得知缘由，为解除始兴干旱之灾，百姓们纷纷解囊，将水中精灵龟、蚌、鱼、虾等做成舞蹈道具，并备足酒水、香烛、三牲等供品，一路锣鼓喧天，前往河神庙祭拜，并许愿：如此次灵验消除旱灾，将在每年春节期间前往河神庙拜谢。受百姓真情感动，河神大发慈悲，天降甘霖，始兴五谷得以保收，六畜开始兴旺，水中精灵欢呼雀跃。顿岗农民受此启发，根据"龟蚌相争，渔翁得利"这一典故创编了龟蚌舞，每逢春节、元宵期间在圩镇上表演，后来发展成传统的民间表演艺术。

舞亚妹又称亚妹舞，是清化地区（含隘子、司前）广为流传的一种民间舞蹈。关于这种民间艺术的来历有一段美丽的传说。相传很久很久以前，清化时逢九年大旱，当地农田无法耕种，导致食不果腹，民不聊生。财主钟其伟因佃户肖湘交不起租粮，不仅逼肖湘罚做长工，还硬逼肖女玉梅做儿媳，同时命她统管农田耕作，且订下恶毒规矩：倘若农耕事务失败，就杀玉梅之头。无奈之下，玉梅与丈夫商量，根据全年节令制订出耕作计划。时值收割季节，又遇大旱，粮食歉收，玉梅只得回家找在家服侍病妻的肖湘。途中，玉梅巧遇仙翁，得仙人所赠宝葫芦，化钱还债，但财主再三刁难，对其步步紧逼。玉梅一怒之下拿着宝葫芦对着他猛摇三下，之后扬长而去。三年后，心肠歹毒的钟其伟家道中落，沦为乞丐。此时又逢重大水灾，许多民房受毁，农田被淹，百姓流离失所。逃荒途中，玉梅复遇仙翁，又得宝葫芦一枚。玉梅回到村里，采集河边石子，然后用宝葫芦把石子化成稻谷，救济穷人，百姓无不感激涕零，遂创编了民间舞蹈《亚妹舞》，每逢年节期间举行《亚妹舞》表演活动，借以反映农事，祈求风调雨顺。该舞蹈场面活跃、诙谐，生动有趣，富有浓郁的生活气息和清化地方民间义化特色。

五、体育事业蒸蒸日上

1983 年起，在低坝兴建县体育中心，县体委办公地址同时由西郊场迁至低坝。至 1984 年 9 月，体育中心建成面积 2.54 万平方米的标准田径场（内有 400 米八道标准跑道、正规足球场、斜坡跑道和木糠跑道及沙池等）、游泳池 3 个（竞赛池、儿童池、娃娃池）、教练住房 435 平方米、露天篮球场交付使用。1984 年开始兴建占地面积 4830 平方米、有 2000 多个座位的始兴县体育馆，至 1989 年完成大部分工程。1987 年，县体委建成第一个门球场。1988 年 6 月，县林业局建成门球场 1 个。1989 年，县锅炉厂建成门球场 1 个。同年 8 月 1 日，老干部活动中心建成乒乓球室、桌球室、棋类室各 1 个。

20 世纪 80 年代初，全县中小学校掀起了自制体育器材的高潮，全县共自制各种体育器材 2500 多件。始兴中学、墨江中学及太平镇一小、二小得到了石人嶂矿和县属厂矿的支持，利用各种废旧水管制作了单双杠、肋木架、浪桥、旋梯、秋千、足球门等一大批体育器材。从 1980 年 6 月到 1988 年 8 月止，全县中小学新辟篮球场 157 个、排球场 7 个、足球场 11 个，开辟 400 米田径场 4 个、300 米田径场 7 个、200 米田径场 9 个。还有 200 米、100 米、60 米不等的直跑道、田间跑道、环校跑道共 205 条，以及各种规格的沙池 180 多个。至 1989 年止，全县绝大多数中小学的体育场地基本能满足体育教学和学生活动的需要。

1990—1998 年，学校体育用地、学校环境划界得到政府和国土部门的支持，均办好了土地权属证件，学校运动场地得到保障，运动场地的建设逐步完善。全县中学有 200 米以上的跑道运动场 10 个，中心小学有 200 米跑道运动场 11 个，64 所完全小学有 200

米跑道运动场 6 个，还有 3 所初级小学有 200 米跑道运动场。完全小学以上的学校都有篮球场和乒乓球台。全县 100 人以上的单位都有篮球场和体育活动室。

1995 年，全县共有 400 米田径场 5 个，250～300 米田径场 8 个，足球场 27 个，灯光篮球场 9 个。乡镇和村委会有篮球场 137 个。县城机关单位有篮球场 22 个，乒乓球室 25 间。

始兴县体育设施逐步得到完善。2011 年 12 月 27 日晚，在始兴县体育馆举行了新馆建成启用仪式。始兴县新体育馆位于县城东侧，建筑面积 6300 平方米，有 2680 个座位，馆内地面木地板装饰，设有 4 个羽毛球场和 1 个标准比赛篮球场，并配置两块 LED 显示屏和先进智能灯光、音响控制系统，是一个能举办全民健身表演、球类比赛和舞台演唱的多功能集会场馆。

始兴县多次成功承办上级安排的赛事：1990 年承办了韶关市农民篮球、象棋比赛和韶关市林业系统首届农民运动会；1992 年承办了韶关市中学生田径运动会和全国女子篮球精英赛；1996 年始兴体委与教育局联合承办了"1996 韶关市'英东杯'中学生篮球赛"；1997 年 9 月承办了韶关市工商银行系统羽毛球选拔赛；1998 年与县防疫站联合承办了韶关市"卫防杯"篮球赛；1999 年承办了韶关市中学生"英东杯"篮球赛和韶关市农业银行系统篮球赛。

第六章

新时代中国特色社会主义建设
（2012 年 11 月—2018 年 12 月）

　　党的十八大后，面对错综复杂的经济环境和艰巨繁重的改革发展稳定任务，始兴革命老区各级党组织高举中国特色社会主义伟大旗帜，围绕"四个全面"战略布局，贯彻落实习近平新时代中国特色社会主义思想，把上级要求与始兴实际相结合，积极应对新常态，加快城区、园区、景区、乡村建设，城乡变化日新月异，老区人民的幸福指数不断提高。先后荣获"国家义务教育发展基本平衡县""中国始兴石斛之乡""中国轻工业特色区域和产业集群管理与服务先进单位""全国森林旅游示范县""全国群众体育先进单位（2013—2016）"称号。

第一节 城区建设提升始兴形象

中共十八大后，始兴县全力以赴主攻"工业园区、宜居城区、旅游景区"三区建设，围绕"拉大框架、完善功能、提升品位、培育产业、整体推进"的城镇化建设思路，把新型城镇化建设作为推动经济社会发展的重要举措来抓。2011 年起，城区建设共报建项目 158 宗，总报建面积 168.6 万平方米，总造价 127.3 亿元，各项指标均创历史新高，始兴进入城镇大建设、大发展时期。截至 2018 年底，始兴县城区建成面积 9 平方千米，城镇人口 7.88 万人，城市规划、建设、管理水平有了质的提升，2017 年 11 月被广东省精神文明建设委员会评为"省文明县城先进县城"。

县城发展不断加快。围绕打造"山水园林城市"的目标，制定实施了《关于加快宜居城区建设的若干意见》和《始兴县"三旧"改造实施办法》等制度措施，统筹推进以"三旧"改造为引领的新型城镇化工作。城东新区作为产城融合的主阵地，总建设面积约 24.5 万平方米，正在加快建设盛世家园、和居乐、时代星城等"三旧"改造项目。城南新区作为"一河两岸"建设的主战场，正在加快推进金润大桥、金润大酒店、沿江南路旧村改造、山水名城等项目建设。城西新区已建成美景丝绸文化创意园、文化交流中心，并规划筹建投资 80 亿元、占地 3000 亩的生态智慧新城。全县 10 个乡镇都至少实施了一个以上的"三旧"改造项目，以"三旧"改造为牵引的新型城镇化呈现出城区"如火如茶"、乡镇"遍地开花"的良好局面。

规范城镇化建设有序推进。县委、县政府十分注重强化规划在城镇建设中的引领作用，组织开展了新一轮的规划设计修编工作，全面完成了《始兴县城总体规划修编及近期建设规划(2007—2025)》修编，重点完成了《始兴县基础设施完善"十二五"规划》《始兴县城市景观风貌规划》《始兴县城市卫生环境规划》等专项规划编制，完成了墨江河两岸、赣韶高速公路出口、赣韶铁路出口等重点地段的控制性详细规划；明确实施"东进、南延、西联、北优、中调"①和"一河两岸"的城建发展战略，县城规划区面积为 32.44 平方千米，拓展了城区面积 12 平方千米，拉大了城市发展框架，也为将来发展预留了足够空间。

2011—2018 年，完成了 13 个名镇名村及 26 个示范村的规划编制工作，完成了 57 个新农村规划工作，同时还专门编制了《广东省始兴县农村环境综合整治规划》，在城南镇和沈所镇着手实施"广东省农村环境连片整治示范县"试点项目，为全省山区县农村环境连片整治作出示范。

2012 年，始兴县纳入"三旧"改造项目 21 个，已启动 19 个。完成了市民生态文化休闲广场、文化交流中心建设。墨江南路等路网建设加快推进，进一步完善城区排水排污管网建设。完

---

① 东进：依托国道 323 线、东莞石龙（始兴）产业转移工业园建设向东发展。南延：建成天元大桥、兴隆大桥，启动墨江南岸开发，推动城市主心向南延伸。西联：完善江口工业片区、东湖坪旅游文化景区建设，启动文化中心建设，促进城市向西联片发展。北优：确保行政服务中心全面竣工，推进丹凤山公园设施不断完善，启动生态休闲广场建设，实现北面布局全面优化。中调：完善县城管网线路建设，启动县影剧院改造，将县城中心闲置地调整为商业用地，推进现有商住项目开发建设，调优调强县城中心的商业居住集聚功能，建设生态宜居县城。

成了丹凤山公园二期改造及高速路口景观绿化带建设。

　　县委、县政府在城镇化建设过程中，坚持立足生态为先，毫无疑问地将城市绿化作为加快城市建设、提升城市形象的切入点和突破口，抓好"一街一景""一街一树"绿化工程，完成了太平、马市和总甫3个高速公路出口生态景观林建设，完成了黄花园地段、永安大道两侧、狮石下至建滔积层板厂地段、丹凤山公园路段、体育东路等城区重点地段绿化，完成了五里山路口、始兴中学路口和建滔厂路口3个县城出入口转角区绿化改造工程。县城区共兴建城市绿道26千米，新增绿化面积7.66万平方米，绿地覆盖率达44.46%，人均公共绿地面积15.8平方米。

　　完善城区路网建设。先后实施了体育东路、大桥北路、赣韶高速公路出口等市政道路建设，天元大桥、兴隆大桥，丹凤路、沿江南路已建成通车。大力推进省道343线改造、火车站站前路、沿江南路、丹凤路、丹凤东路、丹凤西路等市政道路建设。2010—2013年，共投入2.8亿元，相继新建了12条城区道路，改建了13条道路，总里程23.9千米，硬化路面45.8万平方米，铺装人行道13.3万平方米，城区面积也由2005年的6平方千米拓展至2018年的9平方千米，构筑了城区"三横五纵"（三横即永安大道、城东路、沿江南路，五纵即体育东路、府前路、丹凤路、站前路、兴隆北路）道路网络。

　　推进新城区建设。加快住宅小区建设，建设了天元帝景一期、亿城金海岸、丹枫南苑北苑、一品东城、时代星城、九龄美景一期、和居乐、众信花园等一批住宅区，并推进天元帝景二期、美景园、山水名城、雅和东郊城、幸福里等项目建设，有效改善市民居住条件。加快公共服务项目建设，丹凤山公园、九龄公园、体育馆、九龄广场、全民健身广场和县委党校新楼已经建成使用，文化交流中心的博物馆、档案馆、图书馆、行政服务中心已经投入使用，美景高等幼儿园及影剧院已经完成建设，体育公园、生态湿地公园、石湖公园已经完成规划设计，有序推进征地拆迁工作。稳步实施"五个一"（一个五星级宾馆、一个城市综合体、一个总部经济大厦、一个电子商务平台、一个物流中心）精品工程，金润大酒店、华粤总部经济大厦、万兴农产品物流中心、电子商务平台已在建设之中，城市综合体规划在老汽车站地块建设，着力提高城区集聚和辐射能力。

大力开展旧城镇改造。坚持"政府引导、政策推动、市场运作"的思路，充分利用省"三旧"改造政策改造旧城镇。截至2018年，全县规划的21个"三旧"改造项目已开工19个，建筑面积达70.71万平方米，总投资达17.55亿元。"三旧"改造项目实施以来，已为县财税增收4.1亿元，"三旧"改造工作走在全市前列。

提升配套服务能力。加快酒店建设，煌宫假日酒店建成营业，金润大酒店、超前假日酒店、旭粤太阳能酒店、美景酒店正在建设，天元万华酒店、联丰商务酒店已经完成规划设计，将大大提高始兴旅游接待能力。加强环卫设施建设，按照省卫生城镇的标准，投入近4000万元完成了五里山垃圾填埋场建设，完成了县城垃圾中转站主体建设，完成了9个乡镇垃圾中转站建设，建成垃圾池1384个，完成了每个自然村建成至少一个垃圾池的任务，初步实现了城乡垃圾无害化处理。新建和维修了北门路、永安大道等10多条县城排污管网达6000多米，完成了县城污水处理厂一期改造，二期改造正在进行，完成了产业园区污水处理厂建设。加强专业市场规划建设，在完成墨江农贸市场改造后，正在加快推进汽车维修和建材专业市场、水果市场、土特产一条街、现代农产品物流交易中心、文具装饰材料城和美食街建设，打造一批特色鲜明的专业市场，构筑城乡流通新平台。

　　2017 年，始兴县城区建设步伐进一步加快，大力推进了绿地系统、农贸市场改造、城区道路"白改黑"（水泥路面改成沥青路面）、永安大道排水渠等一批市政建设项目，城市面貌焕然一新。深入实施城区提升三年行动计划（2016—2018 年），扎实推进规划、基础设施、城市形象等六大提升工程，启动了体育公园、碧桂园等一批"三旧"改造项目。以"奋战六个月，让始兴更美"为工作目标，大力推进创文工作，投资 8566 万元，实施创文市政建设项目 33 个，全面完成县城 5 条主干道"白改黑"、2 个农贸市场和人行道省级改造等工程。深入推进城市绿地系统建设，完成了迎宾大道、墨江南岸、九龄公园等重要地段绿化升级改造。实行城市"包联包创"网格化管理，深入开展城区"六乱"（乱摆卖、乱停放、乱搭建、乱拉挂、乱堆挖、乱张贴）、"两违"（违法用地、违法建设）、环境卫生等 20 余项专项整治行动，加强市场经营秩序、交通秩序规范引导，大大提升了城市精细化管理水平，被广东省精神文明建设委员会授予"广东省县级文明城市"。

园区建设提升始兴经济

一、推动产业集聚发展

始兴县立足资源优势，提出了"坚持生态发展、主攻'三区'（城区、园区、景区）建设，实现富民强县"的发展思路，积极调整园区建设规划，逐步实现全部工业企业"退出城区，进入园区"的发展格局。完善园区产业发展定位，建成各具特色的产业集聚区：沙水重点培育家具产业，东湖坪重点培育文具制笔产业，江口重点培育玩具产业，总甫重点建设有色金属产业。至2018 年，全县形成了以东莞石龙（始兴）产业转移工业园为龙头，带动江口、东湖坪、黄花园、马市、总甫等工业片区齐头并进的"一园多片区"工业发展布局，形成了以文具制笔、玩具、合金车模等为支柱产业的产业体系。

（1）东莞石龙（始兴）产业转移工业园：位于太平镇与顿岗镇交界处，于 2005 年 12 月被广东省人民政府认定为广东省首批产业转移工业园，2013 年 6 月被省经信委批复认定为第二批省级产业循环经济园。该园已形成了以"机械电子、新型建材（塑料再生）、家具生产"等产业为主，代表企业有华洲木业、赛洁无纺布、旭粤新能源科技、凤阁铝业、佳山科技。

（2）东湖坪中国制笔研发制造基地：位于国道 323 线旁太平镇东湖坪路段，属市级开发区，设立于 2009 年 6 月，园区规划总面积 1695 亩，已开发建设约 1200 亩。共有规模以上工业企业 7 家。其中，帝宝油墨科研有限公司主要生产制笔系列的油墨，实现了制笔油墨替代进口，填补国内空白，"神十"太空笔由盛怡文具公司制造。截至 2018 年底，东湖坪工业片区已发展成以盛怡实业有限公司为龙头，集研发、生产、销售为一体的文具产业基地，全国首个具有研发功能的制笔研发制造基地初具规模。

（3）黄花园工业片区：位于国道 323 线旁太平镇山塘头地段，原始兴开发区东区，属省级开发区，设立于 1993 年 6 月，园区规划总面积 800 亩，已开发建设 800 亩。园区发展以玩具、微型马达、服装等产业为主，代表企业有标准微型马达、德宝玩具、星光捷特、天山制衣等大型涉外企业，劳务用工近万人。

（4）江口工业片区：位于国道 323 线旁太平镇江口地段，原始兴开发区西区，属省级开发区，设立于 1993 年 6 月，园区规划总面积 2000 亩，已开发建设 900 亩。至 2018 年，拥有两个全球著名合金车模品牌的香港美昌集团，永光实业、天河制衣、永捷电路板等企业入园发展，园区已形成了以万达工业、比美高、永捷电路板为龙头的合金车模生产基地、电路板生产基地。

（5）马市工业片区：位于马市镇高水地段，属县级开发区，设立于 2007 年 1 月，园区规划总面积 5000 亩，已开发建设 1200 亩。园区发展以铝型材、林产化工、矿产化工、汽车蓄电池等为主导产业。已落户园区的规模以上工业企业有汇峰矿产、深广兴混凝土、博泰纸业等。

二、园区建设升档提质

始兴县工业园区坚持走新型工业化发展路子，大力发展特色工业，促进工业园区扩能增效，改造提升传统优势产业，加快发展工业经济。

促进园区扩能增效。加强工业园区基础设施建设，加大工业园区招商引资力度，增强工业园区的产业集聚能力和产业承载能力，提高始兴工业园区的发展水平。

加强园区基础建设。拓宽融资渠道，借助金融机构和社会资本的力量完善园区道路、供水、排水、供电、污水垃圾处理等基础设施及配套服务建设，积极推进投资服务、技术就业培训、信息网络等服务平台建设，打造工业园区良好发展环境，促进工业园区发展。

创新园区建设模式。转变园区管理方式，转变园区服务职能，加快工业园区建设发展，依托塘兴公司创新招商模式，选择投资业主合资合作建设经营园区，推进"民营经济孵化园"建设，推进保税仓建设，以市场方式实现"政府建园"向"业主建园""以企引园"的根本性转变。

三、工业园区优势明显

始兴工业园区经过 20 多年的发展，园区各方面建设日趋完善，园区优势进一步凸显。

基础设施日趋完善。经过多年的开发建设，始兴工业园区路网、水网、电网贯通，绿化亮化、污水处理厂、行政办公楼、商业综合配套区等基础设施及配套建设完善，项目承接能力、配套能力和服务水平大为提高，入园企业不断增多。

产业集聚初步形成。始兴工业园区总体规划面积 10.46 平方千米，已形成了玩具、制笔、新材料、新能源、机械电子、纺织、铝型材、竹木精深加工、茧丝绸、食品等产业体系，兴建了中国（始兴）制笔研发制造基地、万达合金车模生产基地等省内外知名的生产基地。

合作空间逐渐扩大。随着武广快线、韶赣高速、韶赣铁路的开通，始兴已成为南来北往的交通枢纽，依托区位优势的提升，可以更多地承接来自珠三角及其他发达地区的市场流、信息流、资金流、技术流和人才流，加快促进产业承接和产业转型升级。

优质服务贴心周到。努力做到"厂内的事客商解决，厂外的事我们办妥"，始兴坚持实行"一站式审批，一个口子收费，一条龙服务"的"三个一"服务，对所有招商项目实行"一个项目、一名县级领导、一套方案、一班人马、一抓到底"的工作机制。对新引进的企业实行"只收税不收费"，对规模以上企业实行"以奖代返"的办法奖励，对特殊行业以及经济社会效益好的项目实行"一事一议"的优惠办法。进一步精简审批项目、压缩审批时限和评审环节，加快推进"一门式一网式"政府服务模式改革，深化"多证合一"商事制度改革，降低企业制度性交易成本。建立企业服务中心，为企业代办证照、报批报建、协调解决问题等服务，切实落实国家和省、市税收优惠政策，降低企业税费负担，营造亲商、安商、富商、稳商的良好环境。

四、招商引资效果明显

2012—2018年，园区共引进项目26个，其中已投产18个，计划投资9.82亿元，用工629人，在建项目6个，计划投资3.85亿元；签订合同准备动工6个，计划投资22.48亿元。

2012年以来，进驻的重点民营企业广东江茂源粮油有限公司，于2012年登记注册，注册资金为8121.6万元，位于马市片区，占地46855平方米，总投资1.1亿元，主要生产、加工、销售大米和农副产品，提供仓储服务。2018年，该公司建立完善了以粮食仓储为核心的现代粮食仓储加工物流产业链，仓储规模达到6.5万吨，年加工稻谷能力4万吨，拥有粤北最大的久旺水稻种植专业合作社，被评为国家重点支持粮油产业龙头企业、省级农业龙头企业。重点增资扩产的企业有 3 家：广东博泰职业有限公司，位于马市片区，占地面积 6.6 公顷，成立于 2011 年 6 月 3 日，主要生产牛皮卡纸、瓦楞纸、纸板、纸箱等产品；2011 年投资 1.9 亿元建成年产 10 万吨的生产线和配套设施，2015 年 5 月增资 1.6 亿元建设第二条生产线，2016 年底建成投产，目前两条生产线生产正常。日本电产（韶关）有限公司，属中外合资企业，成立于 2010 年 9 月，投资 1250 万美元，主要生产开发大容量光磁盘驱动器及其部件（超精密马达）、新型电子元器件（新型机电元件、小型超精密无刷马达）、高性能风机马达及零部件；2015 年增资 2000 万元进行技术升级改造，实施机器代人工程，实现了生产设备的自动化、智能化，大幅度提高了生产效益；2016 年生产总值 8.1 亿元，比 2015 年增长 22.7%，纳税增加 3091 万元，增长 64%；2017 年生产总值突破 10 亿元，比 2016 年增长 23%，纳税增额 4698 万元，2017 年有职工 1600 人。万达工业（始兴）有限公司，成立于 2001 年，隶属香港美昌集团，2017 年有员工 3300 人，投资 3500 万美元，主要按照真车内外观设计和体积大小，缩小比例生产合金模型车，拥有比美高、美驰图等知名品牌，是中国第一辆月球车"玉兔号"模型制造商；2013 年获得全国第一家国家质检总局颁发的商品出口免检资格证书，2014 年获得中华人民共和国海关授予 AEO 高级认证企业称号；2015 年起，增资 1500 万元提升改造注塑机、增加机器人设备、购买新式螺杆空压机等节约能源提高生产效率；公司先后荣获中银香港企业环保领先奖及"出入境检验检疫信用管理 AA 级企业""中国出口质量安全示范企业""中国质量诚信企业"等荣誉称号。

截至 2018 年底，始兴工业园区内共落户企业 100 多家，其中规模以上工业企业达 50 多家，园区内就业人口约 3 万人，被评为

"广东省循环经济工业园""广东省循环化改造试点园区"。始兴工业园区的快速发展，不仅增加了全县财税收入，提升了县域经济，也为解决革命老区人民的就业作出了巨大的贡献，使始兴革命老区的人民充分享受到改革带来的红利。但是，2014 年把引进废旧塑料再生加工作为重点项目，严重污染县城及周围农村的环境，遭到全县人民的强烈反对，已投产的 3 家企业于 2017 年根据国家政策停产关闭。

第
三
节

景区建设提升始兴旅游

始兴是千年古县，具有丰富的森林资源、温泉资源、客家围楼资源和人文资源，进入新时代，县委、县政府立足资源，大力发展生态休闲、森林游憩、温泉养生、文化体验等旅游项目，振兴第三产业。

2014年，始兴县被国际文化旅游促进会等4家专业机构评为"中国最具魅力自驾游目的地"。其主要自驾游线路一：从韶关出发，经曲江区小坑水库景区，进入始兴林海，享受森林氧吧，观看龙斗峯陨石坑；游览张九龄故里，欣赏有九厅、十二院、二十八天井、七百七十七间房的国家级重点文物保护单位隘子满堂客家大围；至风度红色村庄，参观抗日名将张发奎的故居。驶入温泉小镇——司前镇，领略古村落的壮观，欣赏客家仿生围楼李屋村笔子薮古韵；途经车八岭国家级自然保护区，沿途看看原始森林的美妙，观看上千种植物的外形，进动物标本展览馆看车八岭内各种动物和昆虫标本的造型，入原始森林探险；到了都亨石笋，有一下联等你去对，上联是"铁笔插深潭倒写文章天作纸"，旁边的一家石笋农庄有居住区、饮食区、健身观光区、烧烤区，还可以体验划竹排、钓鱼、捉河蟹、爬山、摘水果和蔬菜等特色活动，品尝都亨豆腐、"推香斋"、野菜、农家猪红、竹筒饭、河鱼等当地的特色美食。

经过数十千米的竹林，来到国家级文物保护单位——罗坝长

253

围，欣赏这座围楼的特色。其由一座横向长方形围楼和前立三排民居组成，坐北向南，因为采用的是长方形结构，所以称为"长围"，是第三次全国文物普查的重要新发现。更为重要的是，它的整组建筑保存完好，是典型的客家围屋，对研究清代客家民居建筑有重要价值。2013年，长围围屋围楼被国务院正式批准为全国重点文物保护单位，成为继隘子满堂客家围屋之后始兴县第二个国家级重点文物保护单位。据记载，长围始建于清咸丰五年（1855年），耗时八年，到1863年竣工。围楼呈长方形，东西长52.5米，南北宽16.9米，占地总面积887.25平方米；底层用河石构筑，底层的外墙厚度达1米，非常坚固；围楼高约13米，总共有四层，四层的建筑面积有2892.7平方米。天井宽2.68米，长38.3米，铺的是河卵小石，围屋内气流畅通，光线充足，夏凉冬暖。参观了长围，顺路去滴水寨生态旅游景区，景区内有天然瀑布8处，其中较大型瀑布5处，小型瀑布3处，瀑布高度和水量非常壮观。

跑了一天，累了，在刘张家山温泉泡泡澡，尝尝农家菜。

线路二：在县城参观博物馆后，前往马市镇红梨村大安坪。大安坪有一棵几百年树龄的大榕树，树干之大，要六七个成年人手拉手才能围合，树枝伸长有30米，树高50米，整棵树占地面积达几百平方米。榕树底下历来是村民避暑休闲的好地方，因树年关久、长势好，经有关专家鉴定，定为国家保护古榕树。

古榕树旁边有一座赖氏祠堂，共设计为6栋（分祖堂、二厅、中厅、垄米厅、脚厅、大门厅）、5个天井，它的建筑风格、工艺、材料等归纳起来有三大特点：第一，雄伟壮丽，从大门至祖堂共6栋，又名"六进祠堂"，如同古代的皇帝宫殿，一栋高过一栋，晚上大门口看祖堂的神灯火，如看天上的星星，为全县罕见；第二，厅内楹柱多，共有22根，居全县第一，且经历了几百年的历史见证，到现在无一缺少更换；第三，建筑方面，精心设计，如雕龙画凤，油红漆珠，古色古香，超群之艺，可称古典民俗之建筑，有一定的历史价值。祠堂内的墙壁上还挂着"赖氏祖训"，告诫勉励后人做人做事的道理，体现了中华传统美德源远流长。民居二厅四房组合，栋与栋之间有檐街相隔，檐街整齐划一。民居按地形逐级向上，后栋高于前栋，檐街左、右两边有小门通向祖堂和外面。祖堂前的左、右两边各有一口水井，用红砂岩石、青砖砌圆形井圈，井水清纯、甘甜。

在大安坪还有一座围楼，围楼脚下，只见"竹苞松茂"四个大字映入眼帘，寓意着子孙后代连绵不断、万古长青。这座正方形大围，占地面积约240.25平方米，边长15.5米，高五层12.5米，底层墙厚1米往上逐层递减，只开一个石砌的拱形大门供出入，建造于清咸丰十年（1860年）。据说，大围的建造主要是用来防兵防贼的避难所，日军侵犯始兴时，附近几个村的老百姓都来大围避难。大围内设有一台特制的台枪和粉枪，台枪的射程可达几百米，有很大的杀伤力，据说日军和小偷看到或听到大安坪的大围结构用炮都难以攻破，便绕道而走，这样使村民安居乐业。大围的建筑水平属全县罕见，原型未损，很有观赏和研究价值。新建成的大安坪文化广场，集休闲、娱乐于一体，配套设施逐步完善，停车位达60余个。

周所古圩：隶属城南镇周前行政村，东南方向，南北走向，距离始兴县城10千米，距离城南镇8千米。

古塘秋月山庄：韶关市四星级旅游名宿——古塘秋月山庄，建于2015年9月，占地面积220亩，其中鱼塘面积23亩。已放养甲鱼种龟6000多只，总放养幼苗10万只；山庄内种植苗木7万多株，其中桂花树5万多株、罗汉松2万多株、香樟树5千多株；种有枇杷800多株、杨梅1200多株。还有一片茶树，使得山庄做到"春有花，夏有阴，秋有果，冬有青"的良性循环，既美化了环境，又产生经济效益。山庄集种植、养殖、餐饮、住宿、会务、亲子乐园、拓展训练、标准游泳训练场于一体，环境优美，漫步林荫道上，果树苗木，相得益彰，是近年来最吸引游客的景点之一。山庄目前提供的游乐设施主要有大小游泳池、越野山地车、真人 CS，凌空漫步，湖里划船，还有烧烤场地、军训场地和寻宝活动等。进入山庄大门，过拱桥，来到小型停车场，可以看到 4 个可爱造型的生肖，代表山庄走过了四个年头。进入该山庄张九龄纪念园，内供唐朝宰相张九龄石像，以纪念这位唐朝贤相。穿园而过后是大型停车场和露天舞台，舞台可供千人观赏，不定时上演客家风情表演。舞台背后是采摘园，有枇杷、杨梅、百香果等供游客采摘。过采摘园经过一片荷园，可以欣赏到"接天莲叶无穷碧，映日荷花别样红"的美丽景色。过荷园后就是标准游泳池，泳池旁边是农事体验区，提供不同蔬菜、瓜果给游客采摘体验，出来后便是山庄的主体建筑餐厅区。整个山庄有大型宴会厅 2 个、吊脚楼包房 30 多间，可同时接待游客 5000 人用餐，楼上有 37 间房 150 个床位。有大小会议室 3 个，满足不同会务的需求。

石下古村落：据资料记载，明嘉靖年间必胜公迁来此地居住，清乾隆四十五年（1780 年）大兴土木建村。该村落主要由李氏宗祠及左右两侧的细井、满房、新富公、老富公等十八头大门组成，坐北向南，占地面积 3.6 万平方米。整座村庄由青砖、瓦、木构成，是典型的粤北客家民居村落。石下李氏十八头大门分别为"荣、华、富、贵"四公之后一分家分房所见。门户之间巷道相连，关闭小门又能独立封锁，防匪防盗，连防连保。李氏宗祠始建于 1780 年，坐北朝南，面向绵绵不绝的青山。宗祠占地面积 2000 多平方米，由大门、前后天心厅、中堂厅、后院组成。宗祠供奉始祖火德公及历代公之神位。于石下村南面，与石内村交界处有 81 棵古树成林，总面积约 6000 平方米，呈长条形块状分布，树龄都在 200 年以上，古樟有些枝繁叶茂，有些枝杆相互交错，形成了一幅幅天然的画卷。

前往沈所镇花山自然风景区阿公岩，花山平湖大坝对面西北方向并排矗立着三座奇特的神山奇石，就是花山阿公岩风景区。三座大石山坐西北朝东南方向，中间的是阿公岩，左边的是阳伞石，右边的是将军栋，当地人统称为阿公岩。

游览花山水库和南山省级自然保护区。从县城到花山水库县道 344 线公路两旁，种满了落羽杉，延绵 22 千米。落羽杉种植于 1990 年，其树主干粗壮笔直，树枝冠幅不大，至 2018 年已有 28 年的时间。每个季节绽放不同的魅力，不少游客慕名而来拍照留念。

铜钟寨：位于始兴县城西 9 千米，面积约 45 万平方米，乃始兴县西的第一高峰。1855 年，当地义士为响应太平天国起义，曾在此山寨聚义反清。铜钟寨山石"色如渥丹，灿若明霞"，形若挂在天地间的一口铜钟，故称"铜钟寨"。山路花香飘，上有藏军洞。穿过藏军洞，峡谷清幽，内有状貌独特的阴元洞群、九凤飞瀑等具有七仙女为民造福的美丽民间传说的奇特自然景观。铜钟寨景区奇峰峭拔，祥云常绕，风光绝美，是始兴名胜十景之一。相传在南朝天监年间，曾有九只凤凰翔降于此山，居住生活，长相厮守，最后涅槃于此，故有"九凤山"之说。铜钟寨景区内最神奇的景观是因丹霞地貌结构而自然形成的生命之门——阴元洞群，目前发现的有大大小小 7 个之多，它们或含苞欲放、或玉唇微张、或丹唇紧闭，大的有 30 多米高，小的仅数米高，姿态各异、外形逼真，同时还有一处 80 米高的形似女性解剖面的山岩，据说这些都是七仙女依恋凡间时留下的痕迹，此景区也因此被旅

始兴县革命老区发展史

游界人士誉为天然"性趣"博物馆。另外，铜钟寨景区还有藏军洞、龟兔赛跑、九凤飞瀑和牛尾寨悬棺古墓等景观，令游人流连忘返。

东湖坪客家民俗文化村：位于始兴县城以西3千米，往西55千米是韶关。东湖坪客家民俗文化村集明清古建筑与民俗风情于一体，有古围屋、古围楼、古山寨、古堡垒、古寺庙、古代烽火台、古民俗风情等，可以了解古代民间生活、生产、婚嫁、封官赐爵等方面的文化，还有保存完整的当代史"三面红旗"史迹。曾氏宗祠建于清道光三年（1823年）秋，至2018年已有195年，由孔子的学生曾参的后裔集资兴建。宗祠布局为一口池塘、一个大门坪地和前、中、后三进及左右各带跨院的四合院式建筑，为砖石木结构。旁边是一座高15米五层、面积386平方米的石围楼——永成保障围楼，建于清光绪二十一年（1895年），由曾氏家庭的镜川兄弟叔侄建造。该围楼不仅有当时时任两广总督兼两江总督的清朝重臣张之洞题写的石匾额，还有各府、州、县等衙门官员为围楼题写的对联。这是始兴县众多围楼中唯一一座在古代有名望的人物为之题写匾额、对联和文化内涵最丰富的围楼，是电视剧《围屋里的女人》的拍摄主场地。

离永成保障围楼不远便是上奉寺。上奉寺，始建于唐贞观四年（630年）。唐朝皇帝李世民登基第四年，即贞观四年，始兴信徒捐资建寺在县城墨江河畔南1里处（今山水名城），因得皇恩，皇上特赦赐封兴建的，故取名"上奉寺"，至2018年已有1388年的历史。由于唐末战火不断，上奉寺毁于战火之中。明万历十九年（1591年），纯正僧人行善积德，化缘千金，在上奉寺的东边新建佛殿三栋，上奉寺成了一座规模较大的寺院。至民国时期，国家不兴，内战不止，上奉寺再次毁于战火之中，只剩遗址，从此荒废。现由释法星大师募捐在东湖坪上窑背村东面红珠岭上重

258

建，故改名"上奉禅寺"。上奉禅寺是历史悠久、佛声远播的岭南名胜古刹之一。正在重建的"上奉禅寺"占地面积 20 多万平方米，东、南、西、北四面依山而建，山上竹林苍翠、瀑布流泉、生机盎然；南向平川、田畴阡陌，炊烟袅袅，景象万千，实为风水宝地。该寺由山门、停车场、放生池、天王殿、大雄宝殿、钟楼、鼓楼、斋堂、客堂、厢房、藏经阁、观音寺、地藏阁、万佛塔、弥陀殿、八十八佛殿、围墙等部分组成。主体建筑大雄宝殿面阔和进深均为八开间，面积 900 平方米，通高 18 米，重檐翘角、龙柱灰瓦、画栋雕梁、金碧辉煌、雄伟壮观、气度不凡，悬雕柱子和壁画展现盛唐名刹雄风。

线路三：从县城出发前往深渡水民族乡黄土山樟树林公园。黄土山也叫黄龙山。黄土山房前屋后都种植了大量的樟树等树木，经年累月已经成长为繁茂的树林，名为樟树林公园。樟树林公园是由山林、绿水、沃田、乡村组成的自然风光。这里自有村落开始就有树林，樟树林公园占地 532 亩，拥有成群的古樟树、古枫树和古荷树。它们是当地的风水树，也是始兴标志性的风景之一。古树多为樟树，约占该区域的三分之二，最大的樟树胸径有 1 米多。此处风景古树参天，高空"握手"，形成一条绿色通道。每年 11 月，红枫树与樟树、荷树、至灵树相互映衬，与田间金黄色的稻谷，炊烟袅袅的乡村，组成一道靓丽的风景线。

南石岩森林公园：位于澄江镇以东 4 千米的暖田村南石。一山拔地而起，被《始兴县志》誉为"小武当山"，常年云雾缭绕，又被称为"南石岩仙境"。石岩位于南石片，故称"南石岩"。南石岩悬崖峭壁，崖中有洞，当地人又称南石岩为"岩中岩"。南石岩山海拔 780 米，从圩镇往东眺望，正面耸立的石岩直入刀切，落差近百米的悬崖，北高南低，红色耀眼，与蜿蜒而伸的赤色石山相依，犹如盛世飘扬的猎猎彩旗。南石岩位于落差 100 多米高的悬崖之上，是石崖之中的岩洞，是南石岩山最大的岩洞。洞内高5米，面积约100多平方米。一条由山涧拾级而上的石阶小路，过两座石拱桥，是通往石岩的唯一道路。小路迂回曲折，拱桥下潺潺泉水流动的声音在绿树荫下尽显清静和幽雅。石阶凌空悬崎，栈道陡峭险岖，在云雾中如行天梯。悬崖之下便是点将台，近100多平方米的平地，在凌空悬崖的覆盖下，"雨天不雨"，犹如高楼檐下的雨棚。是当年草寇邓跳山屯兵点将的大本营。南石岩东半山腰有个鼓楼岩，距南石岩500多米。岩内面积约60平方米，石台、石凳自然生成。在村村斗锣鼓的年代，石岩曾为斗鼓场，故称"鼓楼岩"。鼓楼岩坐东望西，开敞无障，是一座天然生成饱览自然风光的观景台。距南石岩2.5千米有个天然温泉——花山温泉，温泉清色、高温、无味，红腊石堆积交错，泉水喷涌而出，地表水温高达82℃，主泉口实测流量为432立方米/天。泡完温泉后，前往江西省全南县雅溪古村景区。

近年来，始兴县结合"乡村振兴""文化振兴""精准扶贫"等国家战略，整合围楼、古村落、生态环境、民俗文化、土特产等资源，调整旅游招商策略，严把项目进入关，引进"有诚意、有实力、有经验"的集团公司投资开发旅游项目。同时，大力协调解决项目用地指标、用地涉农等问题，大力发展乡村旅游综合体、休闲农业、旅游驿站、特色民俗、星级农家乐等乡村旅游业，于2018年底落实了旅游项目建设用地指标731.52亩（心泉谷项目323.88亩，中古坑项目333.39亩，司前温泉小镇74.25亩），为2019年的旅游项目建设年奠定了基础。

2019年正在推进的旅游项目主要是心泉谷温泉旅游度假小镇、中古坑健康小镇、昌松始兴客家民宿度假村和司前温泉小镇4个项目。其中，心泉谷温泉旅游度假小镇项目位于太平镇总甫村，于2017年4月7日签约，由佛山市恒富房地产投资有限公司投资开发，计划投资30亿元。项目于2018年12月28日正式开工建设，启动了景区道路等工程建设，至今累计投资1亿多元，预计2022年完成一期项目建设。中古坑健康小镇项目位于太平镇水南村中古坑生态园，于2017年5月8日签约，由深圳市盛世立业投资发展集团公司投资开发，计划投资22.5亿元。2019年6月正式启动项目建设，预计2021年完成一期项目建设。昌松始兴客家民宿度假村项目位于罗坝镇田心村，于2017年12月18日签约，由广州昌松爱心养老服务有限公司投资开发，计划投资1.8亿元。2019年6月正式启动项目建设，预计2020年建成并对外开放。司前温泉小镇项目位于司前镇圩镇及周边，于2016年6月21日签约，由韶关市鸿正投资有限公司投资开发，计划投资18亿元。项目拟于2020年动工建设，预计2023年完成一期项目建设。

始兴县因地制宜，在高起点新技术的指引带动下，大力发展农、林业产业品牌，注重开发优质绿色特色产品，如竹笋、笋干、葛粉、香菇、木耳、灵芝、石斛、茶叶、蜂蜜、生姜、马蹄、杨梅、枇杷、李子、橘子等各种特色产品。同时，对现有的农、林产品进行改良或者加工，打"科技牌"，创"绿色牌"，以健康食品、环保产品、绿色产品为突破点，将科技优势和资源优势有机结合，推进"绿色＋特色＋优质"产业发展，逐步实现"人无我有，人有我优"。闻名的有"澄江黄酒""清化粉""老朋友辣酱"等，其中，"清化粉"被列入省级以上非遗产品。始兴县先后荣获"中国粮食生产基地县""中国杨梅之乡""中国枇杷之乡""中国石斛之乡""全国无公害蔬菜生产示范基地县"等称号，一年四季瓜果飘香。

近年来，始兴县先后被评为"中国最美的小城""中国优秀生态旅游县""中国魅力文化生态旅游目的地""广东省农村环境连片整治示范县""中国最具魅力自驾游目的地"等多项荣誉，

2017 年更是被评为"全国森林旅游示范县""广东省全域旅游示范区"。至 2018 年，开展森林旅游的从业人员有 2 万多人。据统计，2018 年，全县共接待各类游客 428.16 万人次，同比增长 14.71%，其中过夜游客 218.14 万人次，同比增长 14.56%；实现旅游综合收入 27.05 亿元，同比增长 17.43%。各项增长比均达到韶关市平均水平以上。

乡村振兴提升老区面貌

一、精准扶贫振兴老区

2012年，县委、县政府在政策支持、项目安排、资金投入、科技人才等方面，向相对贫困的革命老区倾斜，改变过去在省定贫困村"以点布点"的插花式重点扶贫，不断促进扶贫工作在各村（居）的全面开展与平衡开展，实施扶贫小额贷款贴息制度，优先在相对贫困革命老区村落实公益事业"一事一议"政策，继续开展"广东扶贫济困日"活动募集扶贫资金，鼓励社会各界积极参与扶贫开发事业，科学统筹帮扶资金，实现扶贫资金社会效益的最大化。通过产业带动、能人带动、党员带动的方式，不断扶持相对贫困老区群体整体脱贫。继续推进标准农田建设和农田水利建设，加强道路硬化、饮水工程和通信工程等基础设施建设，不断改善革命老区的生产、生活条件。

为确保始兴县城数万居民的优质水源，2014年，再次投资300多万元，在沈所镇太阳坝规划了2.33公顷土地，用于花山新屋、黄下屋两个村小组33户搬迁建设新村。每套建筑面积约120平方米，搬迁户不仅可以享受水库移民和"两不具备"贫困村庄搬迁两项惠民政策，一户一宅基地，同时还获得财政补助资金。

2014年，全县1033户"两不具备"搬迁户、320户低收入困难户住房改造已全部竣工。与此同时，还大力实施乡村道路、农田水利、饮水工程等公共基础设施建设，13 个省重点帮扶村共完成道路硬化 16.71 千米、水圳硬化 133.92 千米，新建垃圾池 33 个，文体设施项目 17 个，新农村建设 12 个，村庄整治 8 个，安全饮水工程 7 个，便民桥 2 座。

县委、县政府根据各乡镇、村的自然条件、资源优势和区位特点，通过产业扶贫，调整优化农业产业结构和区域布局，形成"一乡一品、一村一业"的生产格局，不断壮大老区贫困村集体经济，促进老区贫困户增产增收。如在罗坝镇建立 800 公顷蚕桑生产基地；在深渡水乡建立天然养蜂基地；在太平镇江口村种植13.33 公顷的有机蔬菜和沈所镇群丰村 6.66 公顷绿化育苗；在顿岗镇宝溪村发展了红线李产业和沈所镇石内村修建集群烤烟房以发展黄烟产业等。此外，围绕主导产业，大力发展农民专业合作社。通过依靠专业合作社（龙头企业），农产品市场风险减少了，农户收入得到保障，增加了脱贫致富的信心。2014 年，全县 13个省定贫困村中均建立或挂靠了一个专业合作社。如坪田村建立养蜂专业合作社，江口村有蔬菜专业合作社，宝溪村成立墨江水果专业合作社。对发展主导产业积极性高的革命老区贫困村，县委、县政府还在财政资金上给予重点扶持。如罗坝镇蚕桑扩种补助金额为每亩 500 元；顿岗镇宝溪村红线李基地建设补助 5 万元，对种植红线李的贫困户每株种苗补助 4.5 元；养鸡的贫困户免费发放鸡苗和前期饲料；蔬菜种植、蜜蜂养殖和竹笋种植的贫困户免费发放种苗等。

宝溪村是始兴县 7 个"二战时期"[①] 革命老区之一，全村有13 个村民小组，共有 531 户，总人口 2132 人，劳动力 887 人；贫

---

① 这里指 1927—1937 年国内第二次革命战争，是中国共产党领导人民反对蒋介石统治的革命战争。

困户 75 户，共 258 人，其中有劳动能力贫困户 68 户，有劳动能力人数 248 人。2013 年 5 月，在县委、县政府及帮扶单位韶关移动公司的帮扶下，成立了宝溪村鲜味水果专业合作社，社员 164 人，其中贫困户 68 户。水果专业合作社着力发展宝溪村优势特色产品，由村集体、种植大户、贫困户共同建立名优水果"红线李"基地，韶关移动公司通过发放肥料、种苗等生产物资补贴 50 多万元，有效促进村集体和贫困户增产增收。同时注重抓好集体经济发展，投入资金 40 万元入股扶贫电站，使村委会每年能增收 3.2 万元；还通过村户外广告牌对外租赁，为村集体创收 1 万元。通过帮扶，至 2014 年，宝溪村集体经济收入 6.73 万元，同比增长 83%；贫困户年人均纯收入 8487 元，同比增长 57%。

"抗战时期"[①] 革命老区顿岗镇贤丰村龙凤村小组位于村委会东北面，离村委会 6.2 千米，耕地面积 10 公顷，全组 29 户 77 人，居住点边远分散，出行难，给村民生产、生活带来极大不便，且村民的住房都是 20 世纪五六十年代的危破泥砖瓦房。根据省、市、县的统一部署，贤丰村龙凤小组采取搬迁来建成一个"经济繁荣、社会文明、环境优良"的社会主义新农村，资金筹集以农户自筹为主，镇、村两级补助与申请省级财政补助相结合，采取集中安置的形式。搬迁安置点（上苗甫村）充分利用原搬迁安置点的基础，结合小城镇建设，实行统一规划、村民自治、节约用地、完善设施，把搬迁安置点建设成道路宽敞、设施配套、新房林立、民风淳朴、治安良好的新农村。2014 年 12 月就已基本完成项目工程建设。

2013—2015 年，全县形成"大扶贫"格局和发展阶段，扶贫

---

① 这里指 20 世纪中期第二次世界大战期间（1931 年 9 月 18 日至 1945 年 8 月 15 日），中国抵抗日本侵略的一场民族性全面战争。

户有 4473 户，共 13469 人，落实扶贫资金 13153.69 万元，其中顿岗镇总村、寨头村、宝溪村，罗坝镇上营村、燎原村、上岗村，深渡水民族乡横岭村、坪田村，沈所镇石内村、群丰村，太平镇浈江村、斜潭村、江口村等 13 个省定贫困村落实资金 8079.36 万元。仅 2014 年，村集体经济收入平均每村 6.32 万元，同比增长 92%；贫困村农民年人均纯收入 8604 元，同比增长 17%。仅 2015 年，全县 13 个省定贫困村，年均村集体收入 10.07 万元，有劳动能力贫困户年人均纯收入 10464.55 元。

2015 年 11 月 27 日，习近平总书记在中央扶贫开发工作会议上指出："要坚持精准扶贫、精准脱贫，重在提高脱贫攻坚成效。关键是要找准路子、构建好的体制机制，在精准施策上出实招、在精准推进上下实功、在精准落地上见实效。"

2016 年，省定贫困村 29 个（隘子镇满堂村、风度村，城南镇皇沙村、东一村、东南村，澄江镇善亨村、暖田村、澄江村，顿岗镇周所村、千净村、高留村、大村村，罗坝镇田心村、角田村、河渡村、东二村，马市镇联俄村、红梨村，深渡水乡深渡水村，沈所镇兴仁村、沈南村、黄所村、花山村，司前镇黄沙村、河口村，太平镇新屋场村、武冈村、乌石村、水南村），省直单位帮扶 3 个，韶关市直单位帮扶 3 个，东莞市直单位帮扶 3 个，东莞沙田镇帮扶 8 个，塘厦镇帮扶 12 个。在册贫困户 2848 户 7329 人（有劳动能力贫困户 1749 户 5746 人，无劳动能力贫困户 1099 户 1583 人）。县委、县政府打好政策保障组合拳，出台了精准扶贫 "1 + N"（指贯彻新时期精准扶贫、精准脱贫、三年攻坚的一系列配套政策文件）政策体系，不断填补相应的政策措施空白，进一步完善和落实好革命老区的产业扶贫、就业扶贫、教育扶贫、兜底扶贫、安居扶贫等精准扶贫政策。成立 10 个驻镇工作组和乡镇帮扶工作组，派出 97 个驻村工作队，并层层签订责任书，形成了县有扶贫开发领导小组统领、镇有帮扶工作组统筹、户有干部联系帮扶的工作机制。创新开展以"党员认领、包帮扶、包脱贫"为主题的"一认双包"党建扶贫活动，将精准扶贫与"两学一做"（学党章党规、学系列讲话，做合格党员）学习教育紧密结合起来，全县贫困户实现 100% 认领。为切实发挥县四套班子成员示范带头作用，还在四套班子成员中开展以"比拼美村整治、比拼精准扶贫、比拼创文攻坚、比拼项目推进"为主要内容的"四比拼"活动，实行"一季一通报、半年一小评、年终一考核"的"三个一"机制，考核结果与县级领导的评优评先挂钩，并记入领导干部政绩档案。将驻镇、驻村干部的个人年度考核指标单列，按比例安排考核优秀指标，根据扶贫干部的总体表现结合当年扶贫工作年度考核成绩评定其个人年度考核的等次，进一步调动扶贫干部队伍工作的积极性。

2016 年，全县投入帮扶资金 1968.77 万元，落实产业帮扶项目 72 个，带动贫困户约 440 户 1400 人，实现增产增收。加大就业扶贫力度，开展订单式技能培训 103 场，培训贫困户劳动力 2092 人次，举办贫困户专场招聘会，实施公益性岗位安置计划，2016 年实现贫困户劳动力转移就业 109 人，公益性务工岗位安置 14 人。全县落实项目资金 7542.458 万元，其中落实资产收益项目 5000 万元，已拨付到帮扶村帮扶户资金 2542.458 万元，其中落实产业帮扶项目 1968.77 万元，资助贫困学生 355.4 万元，帮扶贫困户购买城乡居民医疗保险 32.208 万元，帮扶贫困户一次性补缴城乡居民养老保险 1.08 万元，投入农村人居环境改善和公共服务建设 185 万元。2016—2017 年，落实教育补助贫困学生 1066人，其中就读省内的有 1050 人，就读省外的有 16 人；已落实生活费 313.27 万元，免学费 37.5 万元，资金共计 350.77 万元。2017—2018 年第一学期统计小学到大专贫困学生共 999 人，

2017—2018年第一学期发放生活费补助188.7万元。在医疗保障和兜底保障上，已落实全县贫困户100%参加2018年城乡居民基本医疗保险，对贫困户的医疗个人自负费用报销比例提高至90%。全县符合条件部分或者全部丧失劳动能力贫困户100%纳入低保或者"五保"〔保吃、保穿、保住、保医、保葬（孤儿为保教）〕。为解决老区贫困户危房改造启动资金困难的问题，出台了危房改造贷款政策，2017年共为13户贫困户发放了52万元的危房改造贷款，有力地支持了最急需改造但无资金建房的老区贫困户实现安居梦。是年，全县危房改造480户。

2017年，统筹5000万元建立资产收益扶持机制，审核通过31个资产收益项目，如集中种养的黄花菜、黄烟、百香果、特色瓜果、九节茶、葛根、土元及养牛等项目，县财政投入资金1635.98万元，带动1119户贫困户增收。是年，还通过县统筹资产收益项目为贫困户提供资产收益分红466.67万元，有劳动能力贫困户人均增收789.09元。扎实推进农业供给侧结构性改革，新培育各级农业龙头企业8家、家庭农场97家、农民专业合作社31家，新增省名牌产品6个、"三品"（无公害农产品、绿色食品、有机食品）认证农产品17个，农村土地承包经营权确权登记颁证率达97%。始兴县被授予"中国石斛之乡"，隘子镇被评为"广东省技术创新专业镇（香菇）"。大力发展农村电子商务，推动优质农产品上行，上行交易额突破5500万元。

2017年8月30日，韶关市"央扶贷"工作在始兴县试点启动。县农村信用联社、大众村镇银行等，共发放支农贷款5笔，金额550万元，给150户贫困户带来年35.4万元的固定收益。共组织产业扶贫"以奖代补"验收2次，就业扶贫"以奖代补"验收1次，为900户贫困户发放了产业扶贫"以奖代补"资金310.31万元，为812个就业的劳动力发放了就业扶贫"以奖代补"资金112.49万元，全县共安置贫困人口23人在公益性岗位就业，通过两项"奖补"共促进贫困户增收约3600万元。

按照省规范建设标准，完成36间村卫生站主体工程、标牌标识制作、38种基本医疗设备采购，完成投资720万元。新建7座乡镇级污水处理厂，10个乡镇新增配套污水收集主次干管总长约98千米，污水处理总规模约3.5万吨/日；新建10个乡镇113个行政村生活污水处理站627座，配套管网总长约366.92千米，污水处理总规模约9880吨/日。

截至2018年底，全县到账扶贫专项资金20354.112万元，实际支出19829.27万元，支出率97.42%，人均2万元资金到账11177.112万元，实际支出11085.2万元，支出率99.18%。通过三年的帮扶，共有2890户7201人达到"八有"（有安全住房、有安全饮用水、有电用、有电视及电视信号、有网络信号、有教育保障、有医疗保障、有最低生活保障），实现了脱贫。

2018年，成立了现代农业产业工业园管委会，启动6项产业园规划编制，新培育各级农业龙头企业8家、新型农业经营主体117家，新增省名牌产品5个、"三品"认证农产品3个，马市镇被认定为"全国农业产业强镇示范建设基地"。成功举办始兴县首届"中国农民丰收节"暨生态农业博览会，现场签约农旅项目3个。建设高标准农田1.6万亩，治理中小河流48.5千米。基本完成农村土地确权登记和集体资产清产核资。完成农村电网改造升级、村村通自来水年度建设任务。全县完成地区生产总值80.5亿元，比上年增长3.8%；全社会固定资产投资47.3亿元；规模以上工业增加值15.4亿元，比上年增长6.7%；社会消费品零售总额22.6亿元，比上年增长9.4%；城乡居民可支配收入达20665元，比上年增长9%；一般公共预算收入4.38亿元，比上年增长9.5%。

二、整治农村人居环境

始兴县共有 10 个乡镇，127 个行政村（居），省定贫困村 29 个，全县 20 户以上自然村共计 1117 个，其中省定贫困村所辖村小组 312 个。2017 年，县委、县政府统筹推进农村人居环境综合整治创建社会主义新农村示范村工作。

2015 年底，始兴县在全市首开先河将农村生活垃圾处理实行市场化运作，全县农村生活垃圾收运处置形成了"市场化运作，制度化管理，常态化考核"的良性机制。2015 年、2016 年连续两年在全市年度农村生活垃圾管理工作检查考核中名列第一，分别获得市政府奖励"以奖代补"资金 60 万元、40 万元。

2017 年，始兴县紧紧围绕省、市关于特色小镇工作部署，扎实推进全县特色小镇创建工作。其中，东湖坪文笔小镇完成了规划设计，并列入市级特色小镇试点示范。司前温泉小镇、罗坝丝绸文化小镇正有序开展前期工作。全面开展农村人居环境综合治理，农村生活垃圾处理覆盖率达到 100%，农村"脏乱差"现象得到有效遏制。城镇生活垃圾无害化处理率达到 100%。完成农村电网改造升级、村村通自来水年度建设任务，群众生产、生活条件不断完善。扎实推进农村人居环境综合整治，共完成 61 个村庄规划、31 个村庄整治规划编制工作，29 个省定贫困村基本完成"三清""三拆"任务，启动"三建"（建路、建绿、建园）项目2631 个。"画里清化"入选为省级新农村连片示范场建设工程，争取专项资金 1 亿元。按照"试点先行，整体推进"的原则，选取了太平镇水南村、马市镇红梨村、顿岗镇周所村选陂小组和罗坝镇河渡村 4 个村核心区域作为始兴县省定贫困村创建社会主义新农村示范村先行点。

2017 年，制定了《始兴县农村生活垃圾分类和资源化利用工作方案》，大力开展农村生活垃圾分类减量和资源化利用工作，从源头治理农村生活垃圾。3 月，开始在水南村、红梨村两个试点村启动阳光堆肥房建设。12 月底，全县已完成 29 个省定贫困村环境整治规划编制，并获县人民政府批复，顺利通过省、市验收。2018 年 3 月，已正式启动全域推进农村人居环境综合整治工作，按照省、市关于做好非省定贫困村村庄整治规划编制要求，制定了始兴县 82 个面上村村庄整治规划编制采购方案。

2017 年，始兴县全面推进农业供给侧结构性改革，现代农业发展步伐加快，农业基础设施建设日臻完善，完成高标准基本农田 2.19 万亩，中小河流治理 44.9 千米。加快推进农田水利基础设施建设，切实抓好永久基本农田划定、高标准基本农田、中小河流治理、村村通自来水工程等项目建设，全面落实"河长制"，治水工作实现常态化、长效化。

截至 2018 年 6 月底，全县共有 773 个村小组启动了"三清""三拆"工作，566 个自然村已完成"三清""三拆"。其中 376 个村小组已通过县级验收，启动"三建"项目 3317 个，完成"三清"6.8 万处，清理面积 75 万平方米；拆除"三旧"1.6 万处，拆除面积 29.2 万平方米，累计投入资金约 8175 万元。其中，省定贫困村 312 个村小组已全面完成"四个 100%"（100% 编制整治规划，100% 开展"三清、三拆、三整治"，100% 完成垃圾清运处理和保洁体系建设全覆盖，100% 成立村民理事会）工作任务，完成"三清"3.5624 万处，共清理垃圾 7.1 万吨；完成"三拆"9404 处，共拆除面积 15.7 万平方米，投入资金约 3655万元。

"画里清化"省级新农村示范片建设：截至 2018 年 2 月，全县省级新农村示范村范围内 5 个主体村（司前镇黄沙村、河口村、李屋村，深渡水乡深渡水村及坪田村）已完成"三清"2239 处，清理面积 2010 平方米；完成"三拆"773 处，拆除面积 15433 平方米，投入资金 90.3 万元。

三、落实安全饮水工程

为确保农民喝上放心水，加快推进农村安全饮用水工程建设。截至 2016 年 6 月，全县已有 1 座中型水库和 1 座小型水库作为稳定的城镇供水水源，总库容 1496 万立方米，有效库容 996 万立方米。通过实施自来水集中供水，解决了 3.5 万户 15.62 万农村人口的饮水安全问题，农村自来水普及率达到 77.3%。

加快推进后备饮用水源建设，始兴县积极向广东省水利厅申请建设沈所镇合水水库、马市镇田寮窝水库，计划投入 2078 万元，用三年时间完成两座水库建设，新增库容 1075 万立方米，形成以花山水库、合水水库为主，河角水库、田寮窝水库为辅的"双源供水"体系。出台实施了《始兴县村村通自来水工程建设实施方案》，采取包干完成和面上推进相结合的方式实施，由县完成行政村以上管网建设任务，由镇、村组织完成行政村以下的自然村和供水到户管网建设任务。统筹推进花山水厂、河角水厂等 7 个水厂扩网建设，新建小型集中式供水工程 20 宗，到 2018 年新解决了 1 万户 4.58 万人的饮水问题，改善了 2.02 万户 9.06 万人的饮水质量，实现农村自来水普及率达到 90% 以上。投入 6700 万元，实施花山水库水源地环境保护、花山水库饮用水源保护、马市河角水库饮用水源保护三大工程，推进集中式饮用水源保护区规范化建设，切实提高饮用水源水质。

实行居民阶梯水价制度，分三级阶梯式计量居民生活用水水价，执行超定额累进加价制，一级水量基数为每户每月 25 吨（含 25 吨），价格为 1.56 元/吨；二级水量基数为每户每月 26～35 吨（含 35 吨），价格为 2.34 元/吨；三级水量基数为每户每月 35 吨以上，价格为 4.68 元/吨；对尚未实施"一户一表"的居民生活用水合表用水户，按 1.73 元/吨的标准计价，通过价格杠杆有效引导居民节约用水。

四、加速农网升级改造

2017 年，全县农网升级改造工作圆满完成，农村供电可靠率达到 99.85%，较新一轮电网改造前的 2016 年同比提高 0.35%，装备技术水平方面，智能电表覆盖率 100%。农网升级改造工作有力支持了老区农村经济社会的发展和人民日益增长的美好生活需求。

2017 年，电网固定资产投资为 4469 万元，全县开展了 54 宗供电设施迁改，涉及迁改金额 6606.6 万元，有效优化和改善了全县城区输电网和变电箱，积极推进电网与城区建设的深度融合。

"十三五"电网规划项目进展顺利。110 千伏和平输变电工程项目已按期投产运行，110 千伏马市西输变电工程项目已报建，35 千伏澄江输变电工程已取得选址书面意见及线路路径批复，太平供电所技术业务用房的主体工程投入使用，马市供电所技术业务用房已开工建设。

五、高速发展交通网络

"要想富，先修路"。为加快始兴革命老区经济社会建设的步伐，党的十八大后，县委、县政府积极抓好交通网络进一步优化工作，使革命老区的交通运输业得到长足的发展。

（一）抓好乡村道路建设

2012 年，完成农村公路建设 32.55 千米。2013 年，完成沈江公路、司前至甘太等 30 多条农村公路新建任务；全面完成马市、澄江两个乡镇 62 千米的示范路创建工作；此外还完成通 300 人自然村指路牌 196 块。2014 年，实施乡道 318 线大井头至杨公岭段公路改建工程，完成通自然村公路硬底化工程 32.358 千米。2015年，完成乡道 318 线大井头至杨公岭段公路改建工程和省道 244线至长里埂开心农场路基拓宽工程；实施武深高速始兴段、县道793 线大丘麻至大庙段改建工程建设；完成通自然村公路硬底化工程 40.48 千米。2016 年，实施始兴县旅游公路建设项目工程建设，完成县道 793 线大丘麻至大庙段（4.28 千米）主体工程建设；开工建设隘子至张九龄故居段（14.13 千米）及隘子至张发奎故居段（3.85 千米）；完成通自然村公路硬底化工程 34 千米。2017 年，完成隘子至张发奎故居段全线路基工程 0.8 千米路面工程，完成隘子至张九龄故居段全线路基工程 0.5 千米路面工程，以及通自然村公路硬底化工程 100.415 千米。2018 年，新农村公路路面硬化工程完成 74.941 千米。隘子至张九龄故居旅游公路路面硬化 10 千米。张发奎故居旅游公路全面完工。完成窄路基路面拓宽改造 14 千米、安防工程治理隐患里程共 154 千米。

（二）抓好省际交通路网建设

2014 年 9 月 30 日，赣韶铁路正式开通运营。该铁路全长 179千米，其中经过始兴段境内 36 千米，途经始兴县的沈所、马市、太平 3 个乡镇，结束了始兴县"无轨"的历史。2018 年 12 月 28日，武深高速公路实现全线贯通（始兴段建设项目全长 47 千米），进一步拉近了始兴县与珠三角东岸主要城市及海上丝绸之路的距离，成为继韶赣高速公路之后又一条骨干通道。

（三）抓好桥梁建设

2013 年，完成 7 座桥梁竣工验收检测工作。2016 年，全面完成县道 346 线罗坝大桥工程建设。2017 年，全面完成始兴县乡道417 线红梨桥维修加固工程、始兴县乡道 336 线陆源至岭头段汤屋桥改建工程。2018 年，完成危桥改造工程 6 个。

（四）完善客运基础设施

2012年，建成客运站9个，实现100%乡镇有客运站，完成候车亭建设86个。2016年，启动电动公交运营项目，共4条路线，配套公交停车位约30个、公交站牌等建设工作同步进行。2018年，完成5个农村客运候车亭建设、9个候车亭（站牌）的施工建设。认真落实好县政府承诺为民办好的实事，2月，实行年满60周岁的老年人、残疾人凭证免费乘坐城市电动公交车的惠民政策。

六、振兴教育、卫生、文化、体育事业

（一）教育"创强""创现"

2012年后，始兴县积极争创"广东省推进教育现代化先进县"。2013年，被授予"广东省教育强县"荣誉称号，如期实现教育强县目标。2015年3月，被国务院教育督导委员会认定为"全国义务教育发展基本均衡县"，成为韶关市首个通过国家认定的县（市、区）。2015年6月，实现教育强镇100%覆盖；2015年12月，实现义务教育标准化学校100%覆盖，至此"两个全覆盖"顺利完成。2018年6月12日，始兴县被授予"广东省推进教育现代化先进县"荣誉称号。

2017年，全县有各级各类学校61所，其中独立普通高中1所，完全中学1所，中等职业学校1所，初中学校10所（含九年一贯制学校2所），完全小学15所，小学教学点33个；幼儿园47所（其中公办幼儿园15所）。在校学生28039人，其中普通高中4003人，中职1496人，义务教育阶段22540人；在园幼儿9771人。全县专任教师2619人，其中中职专任教师109人，普高专任教师405人，初中专任教师660人，小学专任教师965人，幼儿专任教师480人。始兴县不断加大对教育的投入，切实提高公共

预算教育支出比例。2014—2016年，预算内教育财政支出分别是26623万元、27937万元、33042万元，年增长率分别为22.92%、28.59%、18.27%。经过三年创建"广东省推进教育现代化先进县"，全县"创现"投入约3.5亿元，社会各界捐资助学742.7万元，完成了全县中小学校（园）的校舍及运动场升级改造、校园周边环境美化等配套设施改造，以及全县学校教学常规仪器、图书、体育器材等设备添置更新，完善了教师办公设备、更换学校课桌椅、加强校园维修与整治，新建校园面积133092多平方米等，大大改善了学校办学条件。

教育信息化是实现教育现代化的基础，始兴县不断提升教育信息化基础设施设备水平。一是加强网络建设，促进资源共享。全县所有中小学校、幼儿园、教学点，接入带宽为1000兆，同时建成了始兴县教育技术及网络中心，统一了各学校的网络访问规则，使全县互联网出口总带宽达到2G以上，实现了宽带网络"校校通"。二是升级硬件设备，推动资源应用。2016—2018年间，投入2000多万元，新装和改造多媒体电教平台累计805套，为全县所有中小学、幼儿园、教学点的普通教室配备了网络教学终端，实现了优质教育资源"班班通"；投入350万元，新建和改造了计算机教室累计12间，为师生网络互动教学创造了环境；投入395万元，新建高清录播教室10间，使"同步课堂""专递课堂"成为可能。三是优化教育软件，提升资源质量。为全县各中小学校、幼儿园、青少年宫建设门户网站，为初中以上学校配备考试阅卷评价系统，为全县师生开通实名制管理账号和学习账号，实现网络学习空间"人人通"。四是整合平台功能，提高管理效率。2017年，建成了始兴县教育公共服务平台，在整合了各级各类教育管理平台和教育资源平台功能的基础上，将始兴县的教育视频资源平台、监控视频管理平台、教育OA系统、政务OA

系统、廉政监督管理系统等功能进行集中管理，简化了操作，提高了效率。

在办学条件不断改善的同时，全县教师队伍整体素质显著提高，2018 年全县中小学、幼儿园教师学历 100% 达标。其中幼儿教师大专以上学历占 75%；小学专任教师本科以上学历占 51.5%；初中专任教师本科以上学历占 77.1%；普通高中专任教师本科以上学历占 98%，其中研究生以上学历占 8.2%；中等职业学校教师本科以上学历占 79.8%，"双师型"教师 69 人，占 63.3%。2018 年，始兴县有省特级教师 4 名，省名师工作室 1 间；韶关市名师工作室 1 间，市名班主任工作室 1 间，市名校长 1 名，市名师 5 名，市级学科带头人 18 名；县级名师工作室 13 间，县名校长 2 名，县名师 8 名，县级学科带头人 47 名；50 多名教师被评为省、市优秀教师。教师工资也显著提高，2018 年，城镇中学教师月平均工资 8080 元，小学教师月平均工资 8183 元；农村中学教师月平均工资 9080 元，小学教师月平均工资 9183 元。[①] 与 2011 年比，七年间教师工资增长 2.5 倍。

（二）深化医改，卫生事业快速发展

始兴县从 2009 年启动深化医药卫生体制改革工作。成立了由县委、县政府主要领导任组长，分管卫生的副县长任副组长，各相关部门的一把手为成员的县医改领导小组。宣传、教育、编办、发改、财政、人社、卫计、民政、经信、食药监、总工会、法制局、残联等成员负责指导、协调、推进全县医改工作。

经过多年的努力，在优化区域卫生资源配置、推进公立医院改革、加快信息化建设、破除"以药养医"、推动医药流通体制

---

① 始兴县解决中小学教师工资福利待遇问题工资进展情况统计报表（2011 年第 4 季度）。

改革、完善政府对卫生财政保障投入机制、探索建立分级诊疗、提升县级公立医院服务能力、巩固基层综改成果、加大人才队伍建设、推进社会办医、控制医药费用不合理增长等方面有了明显突破。

县人民医院抓住上级医院对口支援的时机，在支援单位的帮助下，几年来利用各种资金投资 1000 多万元加强了 ICU（重症加强护理病房）、EICU（急诊重症监护病房）、血液透析、康复科等重点专科建设，配备了用于医学影像、检验、手术、病理、重症监护等 76 种设备；县中医院也投入资金、设备加强了骨伤科、针灸科两个市级特色专科建设；县妇幼保健院加强县级妇幼健康服务能力建设，已建成妇幼健康优质服务示范工程，出生缺陷干预中心；同时在县级医疗机构全面推行优质护理工程，提升患者满意度。

通过数年提升县级医院服务能力建设，至 2018 年，全县已取得一定成效：县级医疗机构门诊和住院人次、二级以上手术占比逐年上升，县级医院可收治病种数 2127 种（目标值：2000），开展手术和操作种类 398 种（目标值：400），药占比 21%（目标值：小于 30%），人员经费支出达 44%（标准为 40%），危急重症患者救治和抢救成功率也有了一定的提升，进一步降低了婴儿死亡率和孕产妇死亡率，提高了优生优育率。

积极发挥县级龙头中医药作用。县中医院通过选址重建，就医条件得到根本性改变，升级为二级甲等医院。已建立骨伤科、针灸科等市级重点（特色）专科；建立了中医药适宜技术网络平台和远程医疗信息系统，承担着始兴县基层医疗机构中医药适宜技术的培训推广工作；中医"治未病"预防保健科科室建设进一步完善。

投资 3245 万元，新建、改（扩）建 9 所乡镇卫生院业务用房，完成了10个乡镇卫生院标准化建设和中医馆建设，加快建设4个中心卫生院，新增建筑面积16795.15平方米。投入450多万元配备了DR（直接数字化X射线摄影系统）、彩色B超、电子胃镜、黑白B超、X光机、生化检验设备、输液椅、病床等29种186件医疗设备，增设了急救室、电子显示屏、呼叫系统等配套设施，提供了良好的基本医疗保障和基本公共卫生服务条件。积极推进村卫生站公建规范化建设项目工作。全县村卫生站公建规范化建设项目拟建86间，规划2017年建设33间，2018年建设36间，2019年建设17间。现已建成69间。

根据县人民医院整体服务能力不强，发展用地受限和急救通道经常受堵的情况，县委、县政府筹资3亿元决定在城西片异地新建县人民医院。建成后业务用房达5.5万平方米，床位规模达500张；县中医院二期项目选址在现县中医院用地范围内东侧，主要建设一栋十层住院综合楼，规划用地1500平方米，建筑面积1.2万平方米，增加床位160张，投资1亿元；县妇幼保健计划生育服务中心新建项目选址在始兴县红福花园东侧，城东路南侧，始兴中学斜对面，净用地13663平方米，建筑面积达1.32万平方米，设置100张病床，达二级妇幼保健院标准，投资7450万元。县域消毒供应中心已建成，正在谋划建设120急救中心、影像检验中心。这些项目建成后，始兴的医疗卫生服务能力将得到极大的提升。

（三）文化基础设施建设日新月异

县图书馆新馆坐落于丹凤山麓下永安大道中79号，2013年8月正式启用，大楼建筑为五层客家围屋式方形结构，建筑面积3700平方米，总投资850万元。内设主要机构有外借室、地方文献室、省流动分馆、报刊阅览室、自带书库室、全国文化信息资源共享工程县级分中心、少儿外借室、盲人阅览室等；馆内业务范围主要包括收集整理地方文献资料、图书文献借阅、信息文化传播、精神文明建设展示等；馆外活动主要有世界读书日宣传、送书下乡、流动点图书漂流以及农村图书室辅导和建设。馆内藏书10万余册，数字资源约2太字节。

县文化馆新馆于2013年8月投入使用，大楼建筑面积3500平方米，总投资750万元。客家围屋式方形结构共三层，其中，一层设有音乐合唱排练厅、老年活动室、舞蹈排练室、值班室、器械室、男女服装室；二层设有办公室、群众文化辅导室、书法培训室、美术辅导室；三层设有影视厅、放映室、钢琴培训室、摄影辅导室、休息区等。

县博物馆新馆于2015年3月正式启用，大楼建筑面积2500平方米，位于国道323线永安大道旁。从设馆至今，出土文物、古生物化石有所增加，馆藏文物5367件，其中二级23件，三级193件。2018年，始兴县有各级文物保护单位共47处，其中，国家级2处、省级9处、县级36处。

全县10个乡镇文化站有7个已升级为二级站，3个已升级为三级站，实现了全部达标升级。全县行政村（居）文化室电子阅览室建设工作已全面完成，实现了行政村文化室电子阅览室全覆盖，其配备包括有电脑、电视、便携式音响和电子桌面等设施设备。全县127个村（居）文化室按照"五个有"（有阅览室、有多功能室、有活动室、有标准篮球场、有乒乓球桌）标准正在逐步完善，为群众文化生活提供更多元化的文化服务。

2013年后，县文化馆积极辅导开展群众文化活动。对乡镇、社区、学校、部队、广场、企业等范围进行辅导，辅导范围逐渐扩大，涉及各方面不同阶层的人员。

2016年，共举办舞蹈、书法培训班24期，培训人数5000多人次。以"文化进基层，服务进万家"开展"三送"（送戏、送书、送电影）活动。为了让老百姓在自己的家门口就能看到戏、看到书、看到电影。一是协助县司法局、卫计局、学校、部队等单位，以小品、小戏、歌舞、曲艺等形式，为各社区、企业、乡镇送戏下乡20多场次，观众达1.2万多人次。同时，文化馆还排演了一台民间喜闻乐见的文艺节目，下乡到各乡镇专门为低保户、特困群众、留守儿童进行文艺表演，深受农村百姓喜爱。二是充分利用流动书香车和图书漂流活动。送书下乡5000册，图书漂流2000册，接纳读书者1000多人次。三是认真落实"2131"农村电影放映工程，积极开展送电影下乡活动，按照每月每个行政村放映一场电影的工作要求，组织放映队深入全县广大农村，完成1356场电影放映任务，受益观众达10万多人次。"三送"下乡活动极大地丰富了农民群众的文化生活。

始兴县认真做好非物质文化遗产保护工作，民间艺术成绩斐然。2011年完成了隘子国家级文物保护单位——满堂客家大围中心围的维修工作，对县级文物保护单位——沈所宝塔首层和机关幼儿园内学宫进行抢修。省级文物保护单位"红围"及日新小学的维修顺利竣工，成为始兴县进行革命传统教育的阵地。2015年申报的民间舞蹈《舞火龙》，被列入韶关市第五批非物质文化遗产保护项目；以传统技艺申报的《宰相粉》项目，被列入广东省第六批省级非物质文化遗产保护项目，实现了省级非物质文化遗产项目零的突破。完成了满堂围、贵庐、崇益堂和罗围城堡建筑遗址等省、市文物保护单位的文物保护规划公布工作，同时还对全县各乡镇10处围楼进行维修。

（四）体育运动蓬勃发展

在"十二五"计划期间，随着经济的发展和人民群众生活水平的进一步提高，全社会体育意识普遍增强，特别是《全民健身计划纲要》颁布后，形成了政府主导、社会支持、群众参与的全民健身框架，全民健身活动日趋红火，逐步成为全县人民生活的组成部分。经常参加体育锻炼人数占到全县总人口的45.2%。基层体育组织基本形成网络，体育的社会影响日益扩大，学校体育、农民体育、社区体育更加广泛开展，老年体育十分活跃。全民健身工程建设力度不断加大，群众身边健身设施不断增加。"十二五"以来，共投入经费1500多万元落实全民健身工程和农民健身工程，建设和改造了10个乡镇文体活动中心，建设健身路径（点）11条，全县80%的社区和村拥有1个以上篮球场，20个村有2张乒乓球台。

投资3000多万元的新体育馆于2011年12月投入使用，投资180多万元的全民健身广场于2013年9月建成使用。全县增加公共体育场地面积16万多平方米。全县体育场地面积达51.5万平方米，人均达2.06平方米，远高于2014年全国人均1.46平方米的水平。

随着全县体育设施的不断完善，体育社团、协会不断发展，发挥作用明显。至"十二五"计划期间，已建有县级体育社团11个，每年举办的各类群众性赛事和活动60余场，每两年一次的"墨江杯"篮球赛是全县乡镇、机关的热门比赛项目。近年来全县性的万人跑、健步走、快乐骑行、广场舞、健身气功、太极拳等活动，赋予了更高层次的切入点，有力地推动了群众体育活动和其他工作的开展。社会体育指导员队伍不断壮大，全县已拥有一支700余人的社会体育指导员队伍，在各个健身项目中发挥着积极作用。各级各类学校施行《学生体质健康标准》《国家体育锻炼标准》施行面达到99.9%，达标合格率达到97.74%，其中优秀率达到24.6%。国民体质监测工作不断加强，国民体质合格率达到80%。"十二五"期间，县体育局获"广东体育节先进单位"称号，始兴县获"全国群众体育先进单位"称号。

"十二五"期间，始兴县恢复了始兴体校的业余训练，停止了20多年的业余体校又重新焕发了生机活力。已有260名运动员进行业余训练。开办了田径、摔跤、举重、羽毛球、篮球等项目，其中田径、跆拳道、摔跤、举重、射击5个项目被定为韶关市业余训练重点班。在训练场馆不足的情况下，与教育部门、墨江中学及有关学校一起解决各类训练场馆和学生就读等问题。2013年全县已建立了体校8个项目和6所县级体育传统项目学校。全县基本形成以优秀运动队（县体校）为龙头，6个传统项目学校为主体，市、县级训练点和体育传统项目学校为补充的二级县级训练新格局，扩大了业余训练和走训运动员两支队伍人数。加强了教练员的引进、培养和管理。县体育局引进3名优秀教练员，社会办合作教练员3人，学校教练员4人，传统项目学校教练员7人，调整了结构，扩大了队伍，引进优秀运动苗子8名，增强了竞技体育基础。

"十二五"期间，始兴县有260名运动员获得全国、全省大赛和市运动会较好成绩，大大提升了竞技体育水平。

"十三五"期间，始兴县各项体育事业快速发展。一是群众体育蓬勃开展。始兴县体育局于2013年8月被国家体育总局授予"全国群众体育先进单位（2009—2012年）"称号，2017年8月再次荣获"全国群众体育先进单位（2013—2016年）"称号。二是竞技体育稳步推进。县青少年业余体校和体育组织青少年体育俱乐部的各教练员精心组织各专项训练，借助墨江中学这一"教体结合"基地，利用学生课余时间的训练模式，不断加强和提高运动员的素质、爆发力、心肺功能、身体协调等一系列的练习，强化了学生的运动水平。三是体育场馆免费（低收费）开放。完善管理制度。先后出台并执行《体育场地器材安全检查制度》《体育场地活动人员须知》《体育场馆开放工作突发事件应急预案》等相关的管理措施。规范开放时间，主要集中在双休日、节假日、寒暑假及每天的晚上时段，其中低收费开放平时每天开放2小时。

继续抓好体育运动场地建设。2018年底，已完成田径运动场（体育场）、游泳池、全民健身中心3个场馆的选址、规划、立项、环评等的前期工作。县文体中心一期工程施工招投标于12月21日顺利开标，12月24日中标单位已正式入场施工。

老区建设促进会助力老区发展

　　始兴县老区建设促进会（简称"老促会"）成立于 1989 年 9 月，老促会正、副理事长（会长）由县委组织部从退休干部中提名，经县委批准，理事（会员）大会选举产生。成员单位由县直机关涉农单位和各乡镇分管农业农村工作的领导组成。在国家、省、市老促会的指导和县委、县政府的领导下开展工作。成立初期主要配合民政部门申报补划抗日战争时期的革命老区村庄和申报评划解放战争时期的革命老区村庄。随后建立章程规范运作，重点是大力宣传老区精神，弘扬红色文化；开展调查研究，反映老区实情，向党委、政府提出建议；牵线搭桥，争取各级政府和社会各界支持老区建设。

　　建立爱国主义教育基地。1998—2001 年，集中精力与民政部门一起建设好丹凤山革命烈士纪念碑、刘家山柑子园革命烈士纪念碑、八一村革命烈士纪念碑。建立抗战时期中共广东省委机关旧址——沈北红围、风度抗日自卫大队成立旧址——北山新屋场纪念碑、中共始兴县委机关在隘子风度学校旧址纪念碑、桃村坝风度大队战斗遗址纪念碑、沈所外营村"八一惨案"纪念碑、全赓靖烈士纪念碑（纪念碑立于司前庚靖小学）、郑衍屏烈士纪念碑（纪念碑立于新村衍屏小学）、北山奇心洞事件纪念碑、珠江纵队挺进粤北部队车八岭坳背村突围战纪念碑、八约人民革命斗争纪念碑（纪念碑立于花山平湖区）、顿岗人民革命斗争纪念碑

（纪念碑立于顿岗中学）、澄江人民革命斗争纪念碑（纪念碑立于澄江中学）、张光第革命烈士纪念碑（纪念碑立于始兴中学）、始兴县人民政府在罗坝宣布成立纪念碑（纪念碑立于罗坝镇政府）14个革命传统、爱国主义教育基地。2009年，编写和出版了《始兴革命老区斗争史汇编》。2017年8月至2019年4月，组织编纂《始兴县革命老区发展史》。爱国主义基地的建立和《始兴革命老区斗争史汇编》《始兴县革命老区发展史》的出版，为后人铭记始兴人民革命历史，发扬光荣传统，进行爱国主义教育打下了基础。

改造老区破危学校。2002—2005年，重点抓好革命老区破危小学改造。2002—2004年，向省老促会争取780万元，改造老区破危小学26所，每所补助30万元；2004—2005年，向韶关市政府争取110万元，改造老区破危小学11所，每所补助10万元，较好地改善了老区小学的教学条件。此后，积极建议上级政府解决老区县教育部门历史欠债问题，上级党委、政府加大了投入，教育部门的历史欠债问题得到了妥善解决。

发放烈士后裔助学金。1997—2018年，为帮助烈士后裔学好文化知识，1997年起，每个学年度由省老促会老区建设基金会、韶关市政府拨给烈士后裔助学金，县政府按省、市拨款之和一比一配套。由学生本人或家长填写烈士后裔助学金申请审批表，交由村委会张榜公布7天加署意见后，将录取通知书、注册缴费单据、助学金申请审批表送乡镇的县老促会会员审核，会同民政办盖章，报县老促会审查汇总上报市老促会；尚未毕业的在校生凭缴费单据报县老促会统计上报。2004—2018年，共为烈士后裔就读中专28人、大专及本科54人、研究生2人发放助学金740550元。2015年12月，始兴县老促会副会长林海养被评为"广东省老区建设促进会系统烈士后裔助学金发放先进个人"。革命烈士后裔助学金补助标准随着经济发展逐步提高，2000年在读中专生年度补助500元，大专及以上补助1000元，2017年提高到中专生补助4000元，大专及以上补助6000元。

引资助学、奖学、奖教。2007—2018年，县老促会会长阳日成、副会长段吉榜联系香港爱心人士捐款1300万元，本县爱心人士捐款200万元，援建3所老区中心小学、2所老区乡镇中心幼儿园教学楼，资助贫困学生1520人次，奖励教师246人次，奖励学生489人次，为改善教学条件，帮助贫困学生圆好读书梦，提高教学质量添砖加瓦。

开展老区实地调研。根据国家、省、市老促会部署对老区人民行路难、饮水难、读书难、看病难、用电难等民生项目展开调研，2007年来，共写出调研报告13篇，如实反映老区人民急需解决的问题，积极向党委、政府提出建议，供省、市、县党委、政府决策时参考。在配合国家老促会和省老促会的调研中，县老促会提出的加大老区基础设施投入，改善老区人民的生产、生活条件，加大省财政转移支付力度，确保党的基层干部队伍稳定等建议，都得到了上级党委、政府的高度重视。

培训老区农村致富带头人。2004—2009年，联合扶贫办和关心下一代工作委员会每年举办一期农村创业青年培训，举办了养鸡、养鱼、养猪以及种食用菌、种果等种养技术培训班，学习《农业专业合作社法》《经济合同法》《商标法》《农产品质量法》等有关法规，组织开展经验交流活动。共有478人参加培训，使创业青年掌握了农村种养实用技术，增强了依法组织生产和依法经营的意识，起到了在农村依靠科技进行规模化、专业化生产致富的带头作用。

助力改善老区医疗条件。2008—2012年，全县乡镇卫生院进行改造升级，老促会积极配合卫生部门争取上级资金，现场查看工程质量，督促工程进展，顺利通过验收。2018年，省老促会、省医学教育协会为解决基层卫生人才奇缺的问题，积极推进"健康扶贫"，采用网络方式开展对老区在岗基层医技人员开展培训，这是对老区扶贫的新举措、新尝试。县老促会牵线搭桥，加强与省医学教育协会的联络、沟通、协调，协同县卫生和计划生育局认真组织抓好落实。于8月10日上午在县卫生和计划生育局会议室举行始兴县"健康扶贫"基层医疗卫生技术人员培训项目启动仪式，9月1日正式全面启动，全县14家各级医疗卫生机构参加培训考核，总参与人数591人。截至11月底，合计发布任务6617人次，参与5631人次，占85.7%；达标5410人次，占95.3%；全县平均参与达标率97.29%。培训采取自选专业，一个科目考试合格再进入下一个科目学习的方法进行，学习内容丰富适用，得到了参训者的好评。

助力老区基础设施建设。县老促会成立以来，始终关心老区的基础设施建设，深入老区专题调研，积极向党委、政府提出加强老区基础设施建设的建议，争取社会各界人士支持老区建设。2006年前，向上级财政争取100万元，帮助13个老区村维修公路和水圳。2007—2018年，争取省、市老促会老区建设专项资金328万元，本县爱心人士捐款230万元，帮助51个老区村修建和硬化村道、4个老区村重建4座桥梁、6个老区村修建陂头和水圳、1个老区镇和12个老区村安装自来水、1个老区村建设文化广场、3个老区村建设图书室。为了把民生工程办好办实，县老促会领导深入申请项目的村委会和现场，了解情况，督促检查，发现问题，及时协调相关单位给予支持解决。如顿岗镇七北村饮用水重建项目，以前进行过两次饮水工程，村民还没有水喝。时任始兴县老促会会长阳日成，副会长林海养、段吉榜，先后三次深入现场，从取水点的选址、蓄水池的位置、建设质量标准，到饮用水管护措施都提出了具体要求。并根据管理方面需要解决的问题，先后两次邀请镇委书记、镇人大主席、县帮扶单位领导与村干部座谈，出谋献策，通过制定管护公约，落实管护责任，保障了村民的正常饮用水。

由于县老促会认真履行职责，全心全意为老区人民服务，2016 年 12 月县老促会被广东省老促会评为"全省老区建设促进会系统先进集体"，会长阳日成被评为"全省老区建设促进会系统先进个人"和 2018 年 9 月被国家老促会授予"革命老区建设特别贡献奖"。

附　录

附录一 **大事记**（1922—1949）

1922 年

1—3 月　张光第（贵宽）在广州参加中共广东支部主办的宣讲员讲习所学习班，接受马克思主义基础知识教育。

4 月　在宣传员讲习所结业后，张光第回到始兴，先后在修仁小学、德华小学任教，对青年学生进行革命宣传，在进步知识分子中传播马列主义思想。

1925 年

8 月　张光第、钟远徽、黄耘非、李大光、陈竹君等 70 多人在始兴县城组织"新兴社"，出版《始兴青年》，宣传民主革命思想，号召人民起来打倒贪官污吏、土豪劣绅。

1926 年

1 月　始兴农民协会筹备处以《犁头周报》为指导，以南七约千家营为试点组织农民协会，推举陈竹君为会长。此后，杨公岭、涝洲水等地相继组织了农民协会。

7 月　陈竹君率领顿岗千家营数百农民到县衙请愿，要求方新（新任国民党始兴县县长）撤去鱼肉乡民的陈继芬县团防总局顿岗分局局长职务，并赔偿吞骗公款 3100 余银圆。陈继芬顽抗，被农民斗垮。

11 月　始兴青年吴新民、聂佐唐、刘照松、李劻、曾庆禄、李永庭、刘东、刘荣石参加北江农军学校学习。

1927 年

11 月 26—28 日　中共始兴党组织负责人梁明哲参加由朱德、陈毅在湖南汝城召开的联席会议。

1928 年

3 月 21 日　陈竹君在太平镇轿行街被地主之子陈国平买通的凶手杀害；张光第、何贞忠、李大光以及各农会骨干分子等遭搜捕而被迫，千家营村陈庚文、陈木森等农会会员投奔工农红军。

10 月　中共北江特委在乐昌召开会议，中共始兴党组织负责人梁明哲出席会议。会议计划派党员从曲（江）、仁（化）、南（雄）与始（兴）边界接壤处集镇打入始兴。

1929 年

春　梁明哲被江西吉安豪绅地主告发，在始兴被捕，不久在南雄英勇就义，始兴党组织遭到破坏。

11 月　中共北江特委派党员到始兴，恢复成立中共始兴支部。

1930 年

1 月　始兴党支部改为特支。

8 月　始兴北山武岗村成立犁头会，会址设在欧屋村书屋，全村 400 多人大部分加入了犁头会。

1933 年

冬　曾谊勋、吴新民、陈培兴等秘密扩大农会组织，开展农运、军运、学运工作。

1934 年

11 月　红军长征冲破第二道封锁线时，营指挥员刘梦兰因伤流落江口，被陈如康发现，将其安排在顿岗小学做事务工。在此期间，刘梦兰向农会小组成员介绍中央苏区情况，宣传工农革命思想。

1935 年

6 月　湘粤赣红军游击队开辟了方圆 900 里的游击区。包括湖南的桂东、汝城、资兴、酃县，江西的崇义、大余、上犹、遂川，广东的始兴、仁化、南雄等县边沿地区，游击支队壮大到 1000 多人。

1936 年

4 月　在张光第和红军营指挥员刘梦兰的指导下，"始兴青年歃血团"成立。

4 月　张光第受国民党高级将领张发奎的委托，在其家乡清化矮岭创办风度学校，将风度学校开辟为始兴革命的重地。

1937 年

6 月间　"三南"［江西龙南、虔南（今全南）、定南］游击支队在广东始兴澄江山区活动了一段时间后，张日清率领一个小分队返回龙虔边境山区活动。

7月　始兴进步人士成立抗敌后援会，张光第任会长。

秋　由曾谊勋、吴新民、陈培兴、赖廷枢等提议，成立"始兴青年抗敌同志会"，开展抗日救亡宣传活动。

1938 年

1月　八路军广州办事处成立。掩蔽在顿岗的红军干部刘梦兰，由曾谊勋护送到办事处。

2月　陈培兴、邓文礼、邓文畴得到张光第的支持帮助，奔赴延安抗日军政大学。随后去延安抗日军政大学的有张柏坚、曾海容。

1939 年

冬　风度学校地下党组织通过全赓靖以"保家护校"的名义从国民革命军第四战区弄到数百支枪支、几万发子弹和其他军需物品。

12月　组织成立以护校为名的"风度抗日自卫中队"，刘世周为队长，邓文礼任指导员，郑屏任副队长，对进步教师及部分风度村民进行政治、军事训练。

1940 年

2月　成立中共始兴县委，书记温盛湘，组织部部长廖琼、宣传部部长刘彦邦、统战部部长陈培兴。先后在始兴中学、风度小学和罗坝、马市建立了支部。

6月　中共广东省委派张华到始兴，接替温盛湘的县委书记职务，组织部部长祝克勤、宣传部部长袁鸿飞，始兴县委直属省委领导。

6月　中共广东省委从南雄迁来始兴。先在县城东门街，半个月后搬迁至城东多俸堂村。

7月　中共广东省委机关由多俸堂村搬迁至沈所红围。

7月　中共广东省委在沈所洗屋围举办一期党员干部自学班，学生有冯燊、谢创、陈能兴、陈恩、唐健和余铭艳6人。

夏　中共广东省委在江口举办了一期干部学习班，学员是各地县以上负责干部，由李殷丹、林锵云主讲。

12月　中共广东省委在红围召开执委会议，决定撤销广东省委，正式成立粤北省委和粤南省委。粤北省委书记李大林，秘书长严重，组织部部长饶卫华，宣传部部长黄康，统战部部长饶彰凤，青年部部长陈能兴，妇女部部长朱瑞瑶。

1941 年

1月　袁鸿飞接任中共始兴县委书记，组织部部长祝克勤，宣传部部长邓文畴。

春　中共粤北省委复迁韶关，省委电台由南雄迁到始兴红围。

1942 年

5月27日　中共粤北省委遭到严重破坏，省委书记李大林、组织部部长饶卫华等被捕。省委电台负责人黎百松得悉，即从韶关步行回始兴，发电报报告中央。

7月9日　根据后北特委副书记魏南金的指示，中共始兴县委召开会议，宣布停止组织活动，但要做好"三勤"（勤学习、勤交友、勤工作），并转移一批党员。

1943 年

上半年　始兴中学发起反对所谓拥护江锦兴再任国民党始兴县县长的"万人签名"运动。

1944 年

6 月 13 日　陈培兴、吴新民、刘世周、郭招贤、邓文畴在信义小学农场秘密集会，自行组织中共始兴临时县委，推举陈培兴为书记，其余 4 人为委员，决定分工划片恢复组织活动。

10 月　始兴县政府抗日自卫队风度卫校独立分队（简称风度队）成立。

1945 年

2 月 1 日　日军第一四〇师团从韶关北上入侵始兴直奔南雄。

2 月 13 日　日军在始兴县城附近纵火烧屋，位于沈北的红围及东湖坪上窑背大围被大火焚烧。

2 月　中共北江特委组织部部长林华康到始兴，传达特委恢复组织活动和开展抗日武装斗争的指示，宣布中共始兴县临时工委成立，书记周健夫，委员吴新民、吴伯仲、陈培兴、邓文畴。为加强对抗日武装斗争的领导，成立前线工委，书记陈培兴，委员刘世周、吴伯仲。

2—3 月　风度队、郑屏独立分队在南韶公路、浈江河畔抗击下乡掠夺的日军。

3 月 29 日　外营成立抗日自卫队（简称营队），陈大梅任队长，陈大湖任副队长。

3 月 30 日　邓良汉、唐胜标、朱光荣领导的北山抗日自卫队，围歼驻北山上台的国民党反动自卫队。

3 月　成立始兴县江北（北山）联防办事处，吴新民兼主任，邓良汉任副主任，各村成立联防组。

5 月 4 日　县国民兵团分队长郑屏（中共地下党员）奉命率队起义，将队伍开到外营村与风度队会合。

5月7日　反动县长江锦兴以鼓动郑屏队"叛变"的罪名，拘留张光第及田章等4名抗日民主同盟成员。

5月9日上午　由县国民兵团副团长吴应基率军警100多人"围剿"抗日根据地外营村，风度队、郑屏队、营队奋起自卫，把他们击退。

5月9日下午　日军数十人在汉奸吴显元带领下进犯沈所马头岭，被风度队、郑屏队、营队击退。

5月13日　始兴人民风度抗日自卫大队（简称风度大队）在北山新屋场成立，大队长吴新民，政委周健夫（耿光），副大队长郑屏，政治处主任陈培兴，副主任张泉林，参谋长邓文礼。下辖2个主力中队和6个乡村抗日中队共500多人。

5月中旬　汉奸吴显元带领日伪军100多人、民夫40多人进攻沈所围溪村。围溪抗日自卫分队在分队长谢义摩率领下，英勇抗击来犯之敌。经过10个小时艰苦战斗，围溪抗日自卫分队的战士们终于打败了日伪军。

6月29日　风度大队600多人攻打县国民政府临时驻地桃村坝，取得重大胜利。

7月23日　风度大队收复始兴县城，吴新民任始兴县抗日民主政府县长。

8月1日　国民党六十五军一八七师五五九、五六〇团，连同始兴地方团警2000多人，兵分六路包围外营村。3日，围楼被敌军炸开一角，郭招信等壮烈牺牲。被害军民112人，被毁民房120多间，牛、猪被抢去100多头，财物被抢光。

8月2日　国民党六十五军一六〇师（温淑海部）派一个团的兵力进犯花山罗屋，风度学校校长全赉靖及部分伤病人员被捕。

8月22日　国民党军"围剿"柑梓园村，因坏人告密，风度大队副大队长郑屏，以及刘怀汉等4人被捕。24日，郑屏、刘怀汉等 4 人壮烈牺牲。

8 月底　由珠纵司令员林锵云、东纵副司令员王作尧、政治部主任杨康华等组成粤北军政委员会，粤北指挥部抵达始兴，在风度学校与风度大队胜利会师。

9 月 19 日凌晨　东纵留在奇心洞的伤病员，遭国民党军一八七师袭击，38 名伤病员惨遭杀害。

9 月 20 日　北挺临时联合支队率珠纵二支队南三大队转战车八岭坳背村被敌人包围，在突围战斗中 36 人牺牲。

9 月　中共北山工委成立，书记何维，委员吴伯仲、刘志明。粤北指挥部下属在北山的部队有马安大队。叶镜、曾春联、何维先后任大队长，政委洪韵。

10 月 14 日　回家治病而被国民党监禁的张光第，在始兴县城西郊国民党刑场就义。

11 月　粤北指挥部负责人王作尧、杨康华在澄江铁寨村召开军事会议，决定分区坚持人民自卫斗争。何俊才、杜国栋、叶镜率 60 多人到翁源开辟新区；以浈江为线，南山部队（风度大队、何俊才大队、何通大队）由林锵云、李东明统一指挥。

11 月下旬　珠纵渡过浈江到南雄同先期到达的东纵五支队会师，李东明抵指挥部后，又奉命率何通大队回师始兴统率何俊才大队及风度大队，在粤赣湘边境的南雄、始兴、翁源等地坚持斗争。

1946 年

春　全赛靖在江西寻乌英勇就义。

5 月下旬　粤北指挥部负责人林锵云、杨康华在澄江大小油草村开会，向部队传达广东国共两党达成的东纵北撤协议，粤北部队准备北撤山东解放区。

6月30日　东纵北撤山东烟台，风度大队的吴新民、陈培兴、郭招贤、林先运、华杏英等人参加北撤。邓文礼、吴伯仲等近60人留在南山、北山坚持斗争。

6月　王华任中共始兴特派员。

7月5日　县"清剿工作团"成立，团长官家骥。"清剿工作团"查封吴新民、邓文礼家产，从该款项目中拨支300万元作该团经费。

7月　黄业在帽子峰召开隐蔽于南雄、始兴的负责人的会议。陈中夫、邓文礼、吴伯仲参加了这次会议。

8月　黄友涯任中共南雄、始兴两县特派员。

9月　粤赣湘边临时工委在帽子峰召开会议，会议决定马上结束隐蔽生活，开展活动，并派员到始兴联系掩蔽点武装人员，开展武装斗争活动。

12月　始兴人民反征大队（反征团）成立，大队长邓文礼、政委黄友涯，活动于南山一带。北山人民反征自救大队成立，大队长吴伯仲、教导员陆一清，活动于北山一带。

1947 年

1月18日　北山人民反征自救大队20余人围攻曲江县新庄水乡公所，俘获反动乡长和自卫班10多人，缴长、短枪11支。

1月19日晚，邓文礼带领始兴人民反征大队兵分三路，分别袭击周所、顿岗和骚扰县城，俘敌10多人，缴获步枪30多支。

1月21日　始兴人民反征大队和北山人民反征自救大队分别到曲江县新庄水乡公所和始兴县城骚扰。事后，始兴县县长林为栋向张发奎引咎辞职，县政府一下子逃跑了20多人。

2月　吴伯仲带领北山人民反征自救大队在甲下山伏击国民党南雄县1个自卫中队60多人。打死打伤敌5人，生俘敌中队长

1 人、排长 1 人、士兵 14 人，缴获手枪 2 支、步枪 19 支、子弹 2000 多发，我方无一伤亡。

3 月 12 日　始兴人民反征大队和北山人民反征自救大队在始兴至曲江公路麻洋段设伏，袭击国民党军车 11 辆，俘获护车的曲江县警察 12 人，缴获长、短枪 12 支；没收国民党浙江省衢州绥靖公署上校总务科长携带的雷管 1000 个、现金 9000 万元（国币）。

4 月　陈中夫到始兴传达中共五岭地委会议精神，同时宣布在始兴成立中共粤北工委，书记陈中夫，委员邓文礼、黄友涯、吴伯仲、谭颂华、陆一清，领导始兴人民武装和地下党斗争活动。

5 月　粤赣湘边人民解放总队第三、第五两支队联合攻打曲江、始兴、南雄、仁化四县边界战略据点苦竹圩，歼敌联防队 20 余人，缴获步枪 20 多支、子弹 1000 余发。

6 月　第五支队智歼深渡水联防队，缴获步枪 16 支，俘 10 多人经教育后释放。

6 月　梁奋率武工队（河北队）20 多人，挺进江西省全（南）始（兴）边青山、上窖等地开辟新区。

7 月 13 日　第五支队在塞石迳伏击罗坝自卫队，击毙罗坝乡乡长刘从新，俘 13 人，缴获机枪 1 挺、步枪 13 支。

7 月　在始兴成立粤赣湘边区人民解放总队第三、第五支队。第三支队主要活动在始兴北山地区；第五支队主要活动在始兴南山地区的澄江、罗坝、顿岗、八约和虔南县的上窖、下窖、上青山、下青山等地。

7 月　澄江区人民政权成立，区长谭金伦。

9 月　北山沿江区人民政权成立，区长朱光荣，副区长田章；武岗区人民政权成立，区长何祥。

1948 年

1 月 16 日　国民党整编六十九师在五巴其遭遇邓文礼领导的人民军队第五支队反击。激战一天，毙、伤敌营长 1 人，连以下官兵 40 多人。第五支队牺牲 1 人，伤 6 人。

1 月 19 日　第五支队澄江大队撤到坑尾村遭敌 300 余人包围，突围中牺牲 2 人，政委邓文畴右眼受重伤。

1 月 21 日　粤赣湘边区人民解放总队集中第三、第五支队 400 余人夜袭始兴县城，炸毁车站哨所（丰陂洞龙母宫宝塔）1 座，毙敌 5 人，伤敌 10 余人。

2 月 7 日　第五支队在大源遭敌 1 个团追击，反击战中牺牲 1 人、伤 3 人，其中政委黄友涯腿部受伤。毙、伤敌 10 余人。

6 月 26 日　第五支队夜袭司前自卫队，毙敌 3 人，伤敌 7 人，缴获机枪 2 挺、冲锋枪 2 支、步枪 10 余支。第五支队牺牲 2 人，伤 2 人。

8 月 17 日　第五支队策动始兴县自卫总队澄江大队大队长邓华荣、中队长钟履韬，率该大队 130 名官兵携带轻机枪 2 挺，手提机 2 挺，手枪、步枪 120 多支和子弹 3000 多发，举行武装起义。

1949 年

1 月 19 日　主力大队在深渡水五板桥伏击，全歼周所自卫分队，毙敌 7 人，击伤敌人 2 人，俘其分队长聂其顺以下官兵 30 余人，缴获机枪 1 挺、手枪 3 支、步枪 20 多支及弹药一批。

1 月 31 日　县自卫队独立分队邓国雄率部 30 多人举行起义，带轻机枪 2 挺、冲锋枪 1 支、驳壳枪 3 支、长枪 20 多支；起义时击毙了反动分子刘照炳。

1月　新民主主义青年团粤北临时工委成立，书记陈因，在第五支队直属单位发展团员。

春　中共五岭地委在始兴创办第二份报纸《粤北报》，报社社长莫明，编辑先后有陆素、何湘、莫巩。

3月6日　第三、第五支队联合行动在司前竹子排伏击，全歼饶光睦伪自卫中队。

3月26日　主力大队在竹子排设伏，全歼始兴县自卫总队饶昌柏中队，俘敌中队长以下官兵30多人，缴获机枪2挺、手枪1支、步枪30多支。

3月　中共曲江工委派邓济舟、陈耀星回始兴，与在始兴县城坚持地下斗争的曾宪瑚、邹统鑫组成中共始兴县城支部委员会，邓济舟任支部书记。

5月24日　国民党沈所乡石下联席保长兼自卫分队分队长李大然，在北二支八大队干部策动下，携带冲锋枪4支、步枪20支等起义，投奔北江第二支队。

5月　罗坝乡自卫队机枪手刘照旺在游击队干部策动下，携带机枪1挺、步枪1支、手枪1支、子弹500发起义，参加游击队。

5月　第三、第五支队主力扩充整编为北二支主力二团。原第三、第五支队整编为北二支五团，团长邓文礼，政委黄友涯，政治处主任陆一清。

6月10日　北二支派代表邓文礼同国民党始兴县县长饶纪绵谈判。饶决定武装起义，并接受邓文礼提出的待令起义的四个条件。

6月16日　清化区人民区署成立，下辖湖湾、司前、黄沙、月武、小坑等乡公所；澄江区人民区署随后成立，下辖大水、暖田、善享等乡公所。同时，清化区开展生产救荒运动。

6月　始兴成立军事管制委员会，吴新民任主任，邓文礼为副主任，陈遐瓒为文教部部长，刘汉兴为军事部部长，朱光荣为民政部部长，莫世延为社会部部长。

9月2日　始兴县人民政府在罗坝成立。中共五岭地委决定，任命邓文礼为始兴县人民政府县长。3日，分别任命各区、乡长。

9月初　中共五岭地委在始兴罗坝大塘头村举办干部培训班，参加受训的县区干部100多人，为接管始兴县而培训干部、骨干，由邓文礼、陆一清负责讲课。

9月22日　国民党始兴县县长饶纪绵奉命率1300余人武装起义，歼灭驻始兴的国民党三十九军二七一团团长周治成以下官兵80多人，俘200余人，缴获大炮2门、迫击炮4门，机枪、步枪200多支。

9月24日凌晨　解放军第二野战军第四兵团十五军四十五师在北二支配合下解放南雄县城，兵分两路向始兴挺进。四十五师先头部队一三四团于25日拂晓到达始兴，夺取马尾坳制高点和鱼珠潭大桥，阻截敌人向韶关败退。

9月25日　天亮前驻防始兴的国民党三十九军一四七师四四〇团撤出县城，在马尾坳、鱼珠潭遭解放军攻击，解放军一三四团进驻县城，始兴宣告解放。

9月26日　始兴县人民政府县长邓文礼率领100多名人民政府工作人员进驻县城，驻城解放军以及居民、群众敲锣打鼓，列队欢迎。

10月1日　始兴县人民政府和解放军以及广大群众，在西郊场隆重举行庆祝中华人民共和国成立暨欢庆始兴解放誓师大会。解放军四十五师师长崔建功，北二支司令员张华、副政委袁鉴文以及县人民政府县长邓文礼在大会上讲话。

10 月 15 日　县人民政府接管原国民党始兴县政府 11 个旧机关，随后开展基层建政工作，建立 6 个区、23 个乡政府，组建农会 100 个。

11 月 31 日　全县 300 多人下乡参加秋征工作。

附录二 革命遗址、纪念场馆

一、革命遗址

经中共始兴县委党史研究室普查统计，始兴县有革命遗址（史迹）100 多处，2018 年尚存的革命遗址有 62 处，其中重要的有 20 多处。中华人民共和国成立以来，在县委、县政府的重视下，始兴县开展了一系列革命遗址保护和红色资源开发利用工作，基本建立了革命遗址数据库，将 20 多处重要革命遗址列为爱国主义教育基地，并将树立标识标牌。

（一）中共广东省委机关旧址——红围

中共广东省委（粤北省委）机关旧址——红围，位于沈所镇沈北村孔屋，其所处的具体位置为东经 114°1′3.6″，北纬 24°56′58.88″。

红围原名奠安，因外墙是用石灰、糯米、蜂蜜和红色砂浆砌成的鹅卵石墙，外墙看上去呈红色，故又名"红围"。红围占地面积约 995.4 平方米，共有五层，96 间房间。1940 年 6 月，中共广东省委从南雄迁到始兴，7 月迁到红围。省委书记张文彬和机关人员住在红围内楼房四楼，省委电台设在五楼。常住红围的有省委书记张文彬、组织部部长李大林、妇女部部长张越霞、青年部部长吴华等。12 月，省委在红围召开执委会议。张文彬在会上宣布了中共中央南方局的决定：中共广东省委撤销，正式成立中共粤北省委和中共粤南省委，均隶属中共南方工委领导；粤北省委下辖西江、前北江、后北江、前东江、东江和赣南等特委。1941 年 1 月，粤北省委迁往韶关，省委电台仍留在红围执行任务。省委机关设在始兴的大半年时间里，省委的同志们在这个红色的指挥所里运筹帷幄，在领导全省人民抗击日、伪、顽三股敌对势力方面卓有成效。省委电台在始兴一年多的日日夜夜里，发送电报 100 多次，密切了粤北省委与各级党组织的联系，对开展敌后武装斗争起到至关重要的作用。粤北事件发生后，黎柏松连夜从韶关步行到始兴红围，即刻通过电波将粤北省委遭受破坏的消息向党中央汇报，周恩来收到电报后，及时作出党员干部紧急疏散的决定，使其他党组织未遭到破坏，为党有效地保存了骨干力量。

1945 年 2 月，日军攻陷始兴，对红围进行焚烧，仅存半截遗址。由于年久失修，围内的房子已坍塌，剩下四边的围墙，围内仅剩一楼的几堵残墙。2010 年 5 月，省政府拨出专款对旧址墙体进行维修。之后，红围先后被列入省级文物保护单位和广东省爱国主义教育基地、广东省党员教育基地。2016 年起，开展了红围升级打造工作。2018 年，作出了红围片区革命遗址修复和利用工作的概念性规划。

（二）始兴抗日指挥中心旧址——风度学校

始兴抗日指挥中心旧址——风度学校，位于隘子镇彩岭村，其所处的具体位置为东经 114°0′，北纬 24°40′。风度学校于 1936 年由始兴革命先驱张光第在隘子彩岭村创建。该校坐西朝东、依山而建、精致典雅，是一座庄园式的校园。风度学校旧址留存的遗址有学校大门、二层洋楼、教工餐厅、礼堂和教师宿舍，原教学楼和学生宿舍已被拆除新建了两栋教学楼。抗日战争时期，中共始兴县委曾在此办公。风度学校又被誉为始兴革命的摇篮。

1939年，该校就有邓文礼等地下党员在此活动。同年冬，第一次粤北会战打响，韶关形势岌岌可危，风度学校便以"保家护校"的名义从张发奎处争取到300多支枪、1万多发子弹及其他军用物资一批，同时成立风度抗日自卫中队，并举办军事培训班，培养了大批武装斗争骨干。1940年2月，中共始兴县委成立，吴新民等风度学校进步教师加入了中国共产党，风度学校随之成立党支部，邓文礼任支部书记。1941年1月，在风度学校任教的地下党员袁鸿飞接任县委书记，中共始兴县委机关便迁至风度学校。1944年秋，始兴县政府抗日自卫队风度卫校独立分队（以下简称"风度队"）在风度学校成立。1945年2月，始兴沦陷，中共始兴临时工委和前线工委组织部分风度队员奔赴抗日前线，组织乡村抗日武装，与日、伪、顽展开了正面交锋，并相继取得了多场胜仗，狠狠地打击了日伪势力的嚣张气焰，大长了始兴人民抗日的决心和信心，抗日力量不断壮大。同年5月13日，以风度队为主力的始兴人民风度抗日自卫大队（以下简称"风度大队"）正式成立。8月底，东江纵队和珠江纵队北上部队抵达始兴，与风度大队在风度学校胜利会师。

风度学校先后有100多名党员、盟员和进步师生参加了革命，他们在抗日战争和解放战争中英勇善战，为始兴乃至全民族的解放大业作出了重大贡献。1990年7月，风度学校被公布为县级文物保护单位。2017年，风度学校的风度村被列为省级红色村党建示范工程，由省委组织部拨款500万元对风度学校内的东江纵队与风度大队会师旧址——风度学校礼堂、中共始兴县委旧址——风度学校内小洋楼进行抢救性修复，并布展了始兴风度革命历史展览馆。

（三）"外营惨案"遗址——外营围楼

"外营惨案"遗址——外营围楼，位于沈所镇八一村（原名

外营村），其所处的具体位置为东经 113°59′55.93″，北纬 24°56′
35.51″。该围楼为该村村民集资于 1919 年建成，通高四层，高约
12 米，面宽约 15.8 米，进深 19.9 米，总面积约 400 平方米。围
楼坐北朝南，平面为长方形，四面墙用鹅卵石垒砌石灰糯米浆黏
合而成。每层楼都设有方孔枪眼，四个角设有炮台，可以有效地
防御敌人。围内有一水井。1945 年 8 月 1 日，国民党六十五军一
八七师五五九团、五六〇团与始兴县地方武装共 2000 多人，联合
进攻八约乡抗日根据地，包围沈所外营村。驻村的始兴人民抗日
武装风度大队主力一中队与当地民众奋起反击，并转入围楼，利
用围楼坚实的围墙与敌激战二昼夜。敌军多次增加兵力向围楼进
行攻击，久攻不下，乃至在围楼以西的外面挖掘一条通向围楼墙
基的地道，在围基埋下大量黄色炸药，将围楼炸开一个缺口。经
过三天三夜的战斗，风度大队 24 名战士牺牲，88 名群众惨遭杀
害。攻下围楼后，国民党顽固派还对外营村实施"三光"（烧光、
杀光、抢光）政策，烧毁民房 120 多间，抢杀猪、牛 100 多头，
制造了震惊寰宇的"外营惨案"。1950 年 12 月，中共始兴县委、
县人民政府组织人力清理被国民党军炸毁的外营村围楼，收殓烈
士和死难群众忠骨，拜祭后安葬在村旁新建的烈士墓。1951 年 4
月 4 日，县人民政府将外营村命名为"八一村"。现围楼残存四
壁，弹痕累累就是当年国民党反动派残害风度大队战士及外营村
民留下的历史见证。

1990 年 7 月，外营围楼被列为县级文物保护单位，同时被列
为始兴县爱国主义教育基地。2018 年，该革命遗址被纳入红围片
区革命遗址提升打造范畴，其所在的村庄沈所镇八一村同时被列
为韶关市红色村党建示范点。

（四）中共广东省委地下交通站旧址——日新小学

中共广东省委地下交通站旧址——日新小学，位于沈所镇八

一村，距县城约 7.5 千米，其所处的具体位置为东经 114°0′5.8″，北纬 24°56′35.36″。日新小学面阔 9.4 米，进深 19 米，面积约 200 平方米，为三栋二天井格局。日新小学原为一座庙宇，庙内供观音菩萨，至今仍存有原寺庙的石雕香炉，因其建于清道光年间，相对老庙而言，建设年代不长，故村民称其为"新庙"。1936 年冬，始兴革命青年陈培兴在家乡外营村的新庙创办日新小学，并出任校长。1940 年 2 月，中共始兴县委成立，陈培兴负责统战、武装。同年 7 月，中共广东省委机关迁到红围后，陈培兴在距红围 2 千米的日新小学建立交通站，兼任省委政治交通员。日新小学交通站建立后，省委交通员朱明负责传递情报、信件、宣传品，以及接送过往人员，是中共广东省委在始兴最重要的地下交通站。省委机关部分工作人员在学校以教书的身份作掩护，开展革命工作。其中朱明的公开身份是学校教师，他住在学校里秘密地工作，保护了大量机密文件和重要人员。1941 年春，中共粤北省委复迁回韶关。之后，日新小学又成为中共始兴县委的地下交通站。李循作、华英、黄德昌等人在日新小学以教书的身份作掩护，从事党的工作。1944 年冬，陈培兴、郭招贤率领风度队挺进八约地区，发动群众宣传抗日，华英随风度队驻外营村。她白天在日新小学任教，晚上组织妇女识字，宣传抗日，发动组织妇女群众支持抗日部队。1945 年 8 月 1 日，国民党六十五军一八七师五五九团、五六〇团，连同地方团警 2000 多人兵分六路包围外营村，日新小学遭到严重破坏。之后，日新小学交通站被迫关闭。中华人民共和国成立后，日新小学又成为外营村的一所小学，随着外营村更名为八一村，日新小学也更名为八一小学。

日新小学交通站旧址属县级文物保护单位，由于年久失修，瓦面梁柱坍塌。2010 年 5 月，始兴县人民政府按原样重新修缮一新。2018 年，该革命遗址被纳入红围片区革命遗址提升打造范畴，其所在的村庄沈所镇八一村同时被列为韶关市红色村党建示范工程。

（五）南七约乡农民协会旧址——千家营陈氏宗祠

南七约乡农民协会旧址——千家营陈氏宗祠，位于顿岗镇千净村，其所处的具体位置为东经114°9′16″，北纬24°54′09″。陈氏宗祠系砖瓦木结构，面阔17米，进深26米，总面积约500平方米；整体布局为二进一天井，两边有厢房。

南七约乡农民协会成立于1926年1月，陈竹君被推举为会长。1926年4月，南七约乡农民在陈竹君的率领下到县城示威游行，声讨包庇烟赌的国民党始兴县县长陈诚威，还把县城的烟馆、赌场一扫而光。7月，陈竹君在千家营村陈氏宗祠召开农民大会，出席大会的会员和群众有700多人。会后，陈竹君又率领南七约乡会员、民兵、农民数百人进城到县衙请愿，要求国民党始兴县新任县长方新撤去陈继芬县团防总局顿岗分局局长职务，并对其进行坚决的斗争，要他吐出侵吞的公款3100余银圆。因陈继芬顽抗到底，分文不交，愤怒的农民把这个恶贯满盈的大恶霸斗争至死，掀起了声势浩大的农民运动，大大激励着顿岗其他村庄的农民。

1927年四一二、七一五事变发生后，全国各地的土豪劣绅卷土重来，迫害革命，始兴反动势力猖狂地对革命进行反扑。1928年3月21日，陈竹君被反动当局杀害。第二天，反动当局又派兵数十人到千家营围捕陈竹君家属，家中财物被抢劫一空。陈竹君的胞侄陈生文被捕，在监狱里受刑至死。张光第迅速带陈竹君的遗孤陈定宏到军队中去，才得以安身。其他农会干部陈庚文、陈定元、陈柏根、陈颂尧、陈贯一、陈茂祥、陈木森等均被通缉，只能四散奔逃，其中陈庚文、陈木森等骨干会员经党组织介绍加入了中国工农红军，后在红军长征途中光荣牺牲。至此，南七约乡农民协会自然解体。

1951 年，中央人民政府访问团访问南方老区时，认为始兴千家营在 1927—1928 年就组织了农民协会而且经过了斗争考验，为此赠送了一面"发扬革命传统，争取更大光荣"的锦旗。陈氏宗祠属县级文物保护单位，但因年久失修，房子墙体开始风化脱落，梁柱瓦角也有些腐朽。2018 年，千净村被列为县级红色村党建示范工程后，政府出资对陈氏宗祠进行了抢救性修缮，并在宗祠内设立了千净村党史陈列室。

（六）中共广东省委干部自学班遗址——冼屋围

中共广东省委干部自学班遗址——冼屋围，位于沈所镇沈北村，其所处的具体位置为东经 114°1′21.57″，北纬 24°57′8.24″。冼屋围系鹅卵石砌成的三层围楼，建筑面积为 400 平方米，建筑年代不详。1940 年 6 月，中共广东省委为保存力量，把粤中地区和其他地区已暴露的党员干部调到韶关，另外分配工作。省委机关搬迁到红围后，为了干部的安全，在始兴地方党组织的安排下，在冼屋围举办了干部自学班。自学班全靠自己自觉学习，没有辅导员和讲师。学生有冯燊、谢创、陈能兴、陈恩、唐健和余铭艳 6 人。自学时间共一个多月，在始兴党组织的帮助下，学员生活没有困难，而且安全完成了学习任务。

1945 年 2 月，日军侵略沈所沈北村时，冼屋围被日军烧毁，再经过长年雨淋风化，仅剩下东西两边的部分墙体。2018 年，该遗址已纳入红围片区革命遗址提升打造范畴。

（七）中共始兴县委地下交通站旧址——文昌阁

中共始兴县委地下交通站旧址——文昌阁，位于县城红旗路机关幼儿园内，其所处的具体位置为东经 114°3′58.8″，北纬 24°56′57.16″。文昌阁始建于明代，历经多次重修，现存为清嘉庆十四年（1809 年）重修建筑。文昌阁占地面积 2000 平方米，民国时期是县立一小所在地。1938 年，始兴进步青年教师在此秘密开展革命活动。始兴进步人士邓文槐担任校长后，先后聘请了共产党员陈培松、邓文畴、陈培兴、郭招贤、何梓婷为教师，县立一小成为始兴党组织的地下交通站。1940 年夏，中共始兴县委书记张华被聘为该校庶务员，县立一小也就成为当时中共始兴县委所在地。在中国共产党领导下，县立一小在保证教学质量的同时，还在学生中广泛进行抗日救亡的爱国主义教育。

中华人民共和国成立后，文昌阁被列为县级文物保护单位和爱国主义教育基地。2009 年，县人民政府对文昌阁进行了维修，保存状况良好。

（八）志锐中学党支部旧址——大成殿

志锐中学党支部旧址——大成殿，位于县城东部的始兴中学大院内，其所处的具体位置为东经 114°45′51.1″，北纬 24°56′49.93″。大成殿原为孔庙大殿，占地面积 1000 平方米，保护面积 5000 平方米。该建筑始建于北宋嘉定年间，后经历次重修，现为清乾隆四十六年（1781 年）重新修建。殿阔 20.192 米，进深 13.88 米，通高 13.8 米。殿台麻石砌边，高出地面 0.8 米。殿四周为走廊，宽 3 米，置石柱及檐。殿前下三级为祭台，中心利用级差斜面镶雕龙丹墀石一方，前院宽敞，后院古木参天。殿两侧各列厢房五间，连接中门后殿成合抱之势。前有金水桥，后有明伦堂。大殿屋脊两端为黄色琉璃龙戏中心绿珠，屋顶为卷棚重檐，瓦面琉璃滴水，殿设明间 5.25 米，次间各 3.12 米，稍间各 1.71 米。四根朱红色圆木檐柱，置于上为鼓形凹边，下为方面束腰之石柱基础之上，柱高 6 米，直径为 0.33 米。殿内空间宽畅，八角藻井彩绘与透雕相辉映，四根圆形柱直指藻井，四边各柱顶端均设三层抹角斗拱负重，整个建筑古朴、雅典、庄严，是县内古代最具规模之殿堂。

抗日战争期间，国民党第四战区长官司令部内有一个受周恩来直接领导的中共党组织，即特别支部。1939年冬，第一次粤北会战前夕，由张发奎创办的志锐中学搬迁到始兴，校址设在始兴县城东郊白石岗学宫。特别支部成员孙慎、吉联抗等地下党员作为学校教员也随学校迁址而来到始兴。为了充分利用国民党高级将领所办学校的政治优势为党开展革命活动提供便利，中共广东省委派省委青年部部长、广东青年抗日先锋队总队长吴华到该校当教员，并组织学校所有地下党员成立了志锐中学党支部，吴华为负责人。志锐中学党支部在吴华的领导下，一方面团结进步教师和学生，积极开展抗日救亡活动；另一方面利用志锐中学作掩护，为省委在始兴开展活动提供方便。

中华人民共和国成立后，大成殿被列为始兴县文物保护单位和爱国主义教育基地，保存状况良好。

（九）第十二集团军政工总队东湖坪训练班中共总支旧址——曾氏宗祠

第十二集团军政工总队东湖坪训练班中共总支旧址——曾氏宗祠，位于太平镇东湖坪村。曾氏宗祠建筑格局是砖瓦木结构，始建于清朝乾隆年间，宗祠南北面阔26米，东西进深79米，占地面积2000多平方米。整体布局为前、中、后三进二天井及左右各带跨院的四合院式建筑。1940年夏至1941年夏，国民党第十二集团军在东湖坪曾家祠举办3期培训班。东湖坪训练班内有1个大队、2个中队，有中共党员几十人，成立了党总支，陈中夫任书记，隶属关系受中共广东省委青年部直接领导。因此，东湖坪训练班领导权基本上掌握在共产党手里。在中国共产党领导下，东湖坪训练班办成了类似于延安抗日军政大学的学校，有抗战内容的标语、口号，可以大唱《太行山上》《延安颂》等抗战歌曲。

在该队中共党支部推动下，训练班经常派出宣传队到各圩镇进行抗日宣传。1941 年 6 月，国民党顽固派开始在部队中"清党"，政工总队中共工委书记廖锦涛遇害。廖锦涛事件后，东湖坪训练班第三期培训班仅办了 10 天便宣告结束。其所在的中共党员也分赴各地，另谋职业，东湖坪党总支自行解散。

曾氏宗祠保存状况完好，并被列入了东湖坪民俗文化旅游规划。

（十）东湖坪中心小学地下交通站旧址——元盛书院

东湖坪中心小学地下交通站旧址——元盛书院，位于太平镇东湖坪村。元盛书院坐北朝南，是砖瓦木结构平房，面积约 800 平方米；外部砖墙用青砖砌成，里面的间墙则用泥砖而砌，有"金包银"的寓意。内设课室、厨房、教师住房，师生学习、生活都很方便。

民国时期，元盛书院改为东湖坪小学。1945 年 2 月日军侵占始兴后，始兴党组织即在该校设立地下交通站。该校共有教师 5 人，校长曾昭杰是该村人，1947 年加入中国共产党，是县城党组织的负责人之一，也是地下交通员，负责两条交通线，一是从县城邹裕记面店到东湖坪、走马连村转北山部队；二是从县城邹裕记面店经新村到顿岗。东湖坪小学交通站的 4 位交通员，在国民党血雨腥风的统治下，各自坚守工作岗位，出生入死，完成党交给的任务，为始兴人民的解放事业作出了重要贡献，特别是陈尚兰同志圆满地完成了争取国民党始兴县县长饶纪绵起义前的联络工作。

元盛书院保存状况较好，被列为广东省文物保护单位。

二、纪念设施和场馆

为缅怀革命先烈，发扬革命传统，中华人民共和国成立后，县委、县政府分别在县城和外营村修建了革命烈士墓；命名了一批"光荣之村"，将外营村更名为八一村；并将司前小学和城南小学分别命名为赓靖小学和衍屏小学，以此纪念为始兴革命事业作出重大贡献的革命烈士全赓靖和郑衍屏。20世纪90年代后，又修建了始兴革命烈士纪念碑、柑梓园革命烈士纪念碑、奇心洞事件纪念碑、坳背战斗纪念碑、八一村革命历史展览馆等纪念设施和场馆。

（一）始兴革命烈士墓

为纪念为人民民主革命而光荣牺牲的革命烈士，1951年3月，始兴县人民政府在县城西郊（县人民医院西南角）兴建了一座"始兴县革命烈士墓"。墓地占地面积1072平方米，收殓安葬了本籍革命烈士遗骸286余具。始兴县人民政府第一任县长邓文礼为"始兴县革命烈士墓"撰写了墓志。

（二）八一村革命烈士墓

八一村革命烈士墓位于始兴县城西7千米处，属沈所镇八一村辖地。包括烈士墓、六角纪念亭、纪念广场和烈士纪念坊，总面积约3000平方米。烈士墓建于1950年，坐西向东，呈圆拱形，梯级砖墙，石阶台墓道。墓高约3米，宽约8米。墓的正面中央镶有一块大理石的石碑，书有"浩气长存"四个字，里面刻写着100多名八一村革命烈士和死难同胞的芳名。墓石碑的两旁写着"生的伟大，死的光荣"八个大字。烈士墓前面有个1000多平方米的纪念广场，广场旁边种有两棵柏树，郁郁葱葱，寓意革命烈士和死难同胞万古长青。墓的东北方建有一座六角纪念亭，亭内镶有始兴县原县长邓文礼于1950年12月1日撰写的八一村纪念亭记和叙述该村革命斗争事迹、惨案始末，以及县人民政府关于外营村易名为八一村的决定。

（三）始兴革命烈士纪念碑

为了安葬东江纵队、珠江纵队革命烈士遗骨以及把本籍在解放初期剿匪战斗、抗美援朝、对越自卫反击战及平时在执行任务中牺牲的革命烈士一并安葬，中共始兴县委和始兴县人民政府决定把位于县城市区中心的原革命烈士墓迁出市区，新建一座烈士墓。

1990 年，新建烈士纪念碑开始筹备，选址在县城西北边丹凤山西面的一个山巅上。新建烈士墓工程从 1990 年 11 月 6 日奠基，12 月开始动工兴建，于 1994 年 3 月中旬竣工，共投入资金 80 万元。新建的始兴革命烈士纪念碑为碑墓合一的建筑体，占地面积 5500 平方米。其中广场、烈士纪念碑平台共占 3000 平方米。广场北面竖立红旗形状花岗石嵌边墓碑，坐北朝南，纪念碑高 19.3 米，气势磅礴，肃穆雄伟。碑座为四方形，建筑面积 500 平方米，碑下安放着革命烈士筋骨 420 具。纪念碑正面是广东省原副省长杨康华题词：“始兴县革命烈士纪念碑”。碑座东西两面上部分镶有汉白玉革命斗争历史浮雕，东面下部分刻有《革命烈士英名录》，西面下部分刻有《始兴县人民革命烈士公墓志》，正面刻有《始兴革命烈士纪念碑志》，为中共始兴县委、县人民政府撰写。纪念碑平台用水泥预制块砖铺面，四周边缘筑有水泥栏杆。平台前面建有花池，四周为广场，用水泥预制块砖铺面。行人道在广场的南面，依山而建，斜坡面积 2500 平方米，把烈士陵园与丹凤山环山公路连接起来。行人道宽 10 米，分为 8 段，每段一块平台，共 249 级台阶。

1994 年 3 月 23 日上午 9 时，原县城解放路革命烈士墓的烈士筋骨搬迁安放在此。始兴县革命烈士陵园已被列为始兴县爱国主义教育基地和国防教育基地。

(四) 柑梓园革命烈士纪念碑

柑梓园是抗日战争和解放战争时期中共始兴县委领导下的重要根据地，有 42 位优秀儿女在柑梓园战地上英勇献身。为了让在柑梓园土地上牺牲的烈士有个安息之地，也让他们的英雄形象永远铭记在始兴人民和柑梓园人民心中，柑梓园人民在县人民政府的关心支持下，于 1990 年在柑梓园的山顶上建立了一座"柑梓园革命烈士纪念碑"。纪念碑由基座和碑身两部分组成。碑身正面镌刻有"柑梓园革命烈士纪念碑"十个大字。原八约工委书记、独立第八大队政委兼大队长张艺撰写了碑文。

(五) 八一村革命历史展览馆

八一村革命历史展览馆由该村村民自发筹资兴建。该展览馆以原八一小学教学楼为展馆，总面积约 200 平方米。展览的内容介绍由五部分组成。第一部分：跟着党走，拿着枪杆打敌人；第二部分：同仇敌忾，军民亲如一家人；第三部分：'八一'激战，军民殉难百余人；第四部分：前仆后继，革命自有后来人；第五部分：继往开来，八一村今朝更喜人。同时，展览馆还展出许多珍贵史料以及革命先烈、抗战勇士和革命群众曾经使用过的物品。

2009 年 6 月 26 日，中央政治局委员、广东省委书记汪洋在省委组织部部长胡泽君、市委书记徐建华等陪同下参观了八一村革命历史展览馆，对该展览馆创办人和展览馆展出的内容予以充分的肯定。

作为韶关市首个村级革命历史展览馆，八一村革命历史展览馆被列为始兴县革命传统教育和爱国主义教育基地及沈所镇青少年法制教育基地、沈所镇社区文化教育基地。

红色歌曲、歌谣

一、红色歌曲

（1）《风度大队队歌》是由仝赓靖作词、孙慎作曲，原创于1939年冬。当时为了争取原国民党第四战区司令长官张发奎的支持，全赓靖作此歌时，写了"实现向华将军的希望"一句，并将歌曲命名为《风度学校校歌》。1945年5月，始兴人民风度抗日自卫大队成立后，就把"实现向华将军的希望"一句改为"实现广大人民的希望"，并将歌曲更名为《风度大队队歌》。这首歌雄壮、有力，时代感强，有效地激发了风度学校广大师生和风度大队战士英勇抗击日军的决心。

（2）《帽子峰颂》创作于1947年，是由黄业（笔名：肖峰）作词，劳火作曲。这首歌的创作背景是，为狠狠打击国民党军挑起内战的反动行径，中共五岭地委于1947年4月成立了粤赣湘边区人民解放总队，下辖4个支队和1个独立大队及2个地方大队。为了鼓舞士气，时任中共五岭地委副书记、粤赣湘边区人民解放

总队总队长黄业便创作了这首歌。始兴辖区内的第三支队和第五支队战士正是高唱着这支歌曲奔向战场，英勇杀敌，取得数不胜数的辉煌战果。

（3）粤赣湘边区人民解放总队成立后，中共五岭地委不仅领导人民武装在武力上狠狠打击敌人的疯狂"清剿"，还积极发动广大人民群众反对国民党反动当局发起的"三征"计划，《粤赣湘边区人民解放总队反"三征"宣传歌》由此诞生。活跃于始兴南山的第五支队和第三支队在邓文礼和吴伯仲的领导下，在发动群众反"三征"的活动中经常唱这些宣传歌。

反"三征歌"

阿哥阿嫂听我讲，抽了壮丁又征粮。
刮民政府打内仗，好比雪上又加霜。
昨天才来抽壮丁，呼天喊地有人应？
今日又话来征粮，难道只好饿断肠？
抽了壮丁田丢荒，骂声反动刮民党。
娘老仔细谁人养？祸国殃民丧天良。
情义夫妻被拆散，横下一心求出路。
剩下妇娘真凄凉，拿起枪杆打老蒋。

二、红色歌谣

在革命战争年代，鼓舞士气的不光有革命歌曲，在民间还流传着一些红色歌谣。全民族抗日战争时期，为了加强抗日救亡宣传，县内的进步知识分子便编了一些抗日童谣在民间广泛传播，这些童谣念起来朗朗上口，人们憎恨侵略者的斗志瞬间被激发起来；解放战争时期，为了发动群众，积极参与反对国民党反动当局挑起的"三征"斗争，人民军队又编写了反"三征"歌谣。

（一）抗日童谣

日本仔，东洋鬼，心肝又大人又矮。小国想将大国霸，哽住喉咙吞不下。甲午年，割台湾，无端占我好江山。东三省，又照样，人心不足蛇吞象。七月七，卢沟桥，中日战祸起根苗。可怜同胞老百姓，拖男带女到处跑。到处跑，兽兵经过地无毛。

日本仔，东洋鬼，心肝又大人又矮。军火厉害不须怕，我有雄心盖天下。机关枪，卜！卜！卜！把你当炒荷包禄。大炮响，堂！堂！堂！当你六月打禾房。武力岂能成大事，请看当年楚霸王。楚霸王，汉兵困死在乌江。

日本仔，野猴哥，着双木屐拖地拖。心肠最坏无人格，常充浪人做水贼。无公理，灭人道，想环球一掌扫。君不见，拿破仑，眼中藐无列国君。到滑铁卢败一仗，血流成河洋水浑。洋水浑，捉到魔王解伦敦。

日本仔，无良心，不念同种同文亲。勾结西方和民贼，墨索里尼希特勒。侵南欧，占东亚，南洋群岛一齐攻。原子弹，一声"嘣"，三十万人扫荡光。昭和小子魂惊散，上天无路心慌忙。心慌忙，不提条件大投降。

（二）反"三征"歌谣

样般好，样般好？政府征兵苛粮草，
苛了粮草没得食，征了壮丁家无靠。
外战打完打内战，贫民百姓苦难当。
样般好，样般好？贫民百姓苦难当。

蒋介石，死日到来你唔知，
独裁专制反民主，想把百姓当牛猪。
如今官逼人民反，人民起来你就死！
有办法，有办法，大家团结有办法。
你拿刀来我拿枪，反对征兵和征粮，
反对老蒋把国卖，反对美国黑心肠。
有办法，有办法，大家团结有办法！

附录四 中华人民共和国成立后始兴县行政区划变革

1949 年 9 月 25 日建立始兴县人民政府后，全县行政区域划分为 6 个区域：太平镇（辖城南）、一区（辖马市和北山的一部分）、二区（辖沈所、江口、花山）、三区（辖顿岗、深渡水）、四区（辖罗坝、澄江、都亨）、五区（辖司前、隘子），建立区（镇）人民政府；1949 年 12 月太平镇改为城关区。1950 年，对行政区划进行整编，将三区、四区合并为三区，整编后县人民政府下辖 5 个区。1953 年 1 月，将顿岗从三区分出划入城关区，将城关区改名为三区。此后，县人民政府下辖 5 个区公所 81 个乡，一区管辖 13 个乡，二区管辖 16 个乡，三区管辖 25 个乡，四区管辖 13 个乡，五区管辖 14 个乡。

1956 年 3 月，为适应农村合作化运动的需要，加强对合作化运动的领导，全县进行了撤区并乡，撤销了原 5 个区公所，把 81 个乡合并建立为太平镇、马市、都塘、陆源、俄井、沈所、黄所、江口、长江、罗所、新村、白石坪、周所、良源、千家营、总村、顿岗、司前、月武、隘子、湖湾、黄沙、都亨、马岗、澄江、罗坝 26 个乡（镇）。同年又增设了中拔、长梅、何屋水 3 个瑶族乡；同年 10 月，全县进行第二次并乡，将 29 个乡（镇）合并建成太平镇、马市、黄田、沈所、黄所、江口、新村、顿岗、良源、澄江、罗坝、都亨、司前、月武、隘子 15 个乡（镇），中拔、长梅、何屋水、仙人洞 4 个瑶族乡共 19 个乡（镇）；同年 12 月，又恢复马市、罗坝、清化 3 个区公所。

1957 年 6 月，南雄县的侯陂和武岗乡划归始兴县管辖，建立侯陂乡政府，武岗乡政府划给江口乡管辖。

1958 年 1 月，撤销马市、罗坝、清化 3 个区公所。同年 2 月，将中拔、长梅、何屋水、仙人洞 4 个瑶族乡合并建为深渡水民族乡。同年 6 月，全县进行第三次并乡，又将 17 个乡（镇）合并为太平镇、马市、江口、沈所、新村、顿岗、罗坝、澄江、司前、隘子、深渡水民族乡共 10 个乡 1 个镇。9 月，始兴县实行人民公社化，撤销 11 个乡（镇）建制，成立了 4 个人民公社，即卫星人民公社辖太平镇、新村、沈所、江口地区；红旗人民公社辖顿岗、罗坝、澄江、都亨、深渡水地区；上游人民公社辖马市、北山地区；跃进人民公社辖司前、隘子地区。人民公社建立了管理委员会，设正、副社长，代替乡镇行使职权。

1958 年 12 月，经国务院批准，撤销始兴县建制，并入南雄县。1959 年 3 月，始兴县范围设始兴、顿岗、马市、清化 4 个人民公社；同年 12 月，合并为始兴、马市 2 个人民公社。

1960 年 1—4 月，设始兴、马市、澄江 3 个人民公社；5—10 月，又调整为始兴、马市、顿岗、罗坝、清化、澄江、沈所 7 个人民公社；10 月，国务院批准恢复始兴县建制，县政府建立了 8 个人民公社。

1961 年 5 月，将清化公社分建为司前、隘子 2 个公社；城郊公社分建为城郊、城南 2 个公社；沈所公社分建为沈所、江口 2 个公社。此后，基层政权机构为城镇、城郊、城南、沈所、江口、马市、澄江、罗坝、顿岗、司前、隘子 11 个人民公社管理委员会。

1968 年 2 月 21 日，县革命委员会成立。

1977 年 8 月，县革命委员会增设陆源、深渡水、都亨 3 个人民公社和北山林场。1980 年，撤销各公社革命委员会，恢复公社管理委员会。

1981 年 3 月，将北山林场改建为北山公社；8 月，县政府辖 15 个人民公社、1 个镇、1 个林场。

1983 年 11 月，根据新《中华人民共和国宪法》规定，改革农村管理体制，撤销人民公社和生产大队建制，恢复区、乡建制，15 个人民公社 1 个林场改建为 16 个区，设立区公所，太平镇保持区级人民政府建制。至此，全县 17 个区（镇），下属乡政府 103 个。

1986 年 12 月，随着农村体制改革的深化，撤销了区、乡建制，实行了乡（镇）、村民委员会建制，将 17 个乡（镇）改建为 8 乡（城南、沈所、花山、江口、北山、深渡水、刘张家山、都亨）、7 镇（城郊并入太平镇、陆源并入马市镇、澄江、罗坝、顿岗、司前、隘子），下辖 138 个村民委员会和 2 个居民委员会。

2001 年，撤销北山乡并入太平镇，撤销花山乡并入沈所镇，撤销刘张家山乡并入罗坝镇。

2004 年冬，撤销江口镇并入太平镇，撤销都亨乡并入罗坝镇。

2005 年撤并了 19 个行政村：太平镇水口并入水南，棠加并入河北；马市镇群立、猪洞迳并入陆原，民丰并入高水；沈所镇围溪、群星并入石下，独丰、群胜合并改名为群丰；顿岗镇斗塘、团群、坪石、佛坳合并改名为七北，东流并入石坪，千家营、净花合并改名为千净，宝二并入宝溪；罗坝镇上下嵩并入上营，柑梓园人口迁入太平镇；司前镇河二并入河口，河洞并入黄沙。全县镇、村撤并后，设 9 镇 1 乡，113 个行政村，14 个居民委员会。

始兴县革命老区村庄名册

说明：始兴县革命老区村庄名册摘自广东省民政厅编《广东省革命老区村庄名册》（上册）第113—139页。

始兴县老区村庄名册

所在乡镇	所在管理区	老区村庄名称	人口（人）	耕地（公顷）	山地（公顷）	类型	备　注
澄江	澄江	杉　排	78	5.63	120	抗战	原小陂村
		瑶　前	136	8.2	93.53	抗战	
		上厅下	104	3.33	42.22	抗战	
		腊树下	105	3.33	44.44	抗战	
		老　屋	117	9.16	80	抗战	
		墟　内	174	6.91	86.66	抗战	
		墟　外	127	7.89	73.33	抗战	
		河　背	83	4.42	26.66	抗战	
		谢　屋	157	7.26	66.66	抗战	
		张　屋	22	1.2	26.66	抗战	
		钟　屋	67	3.45	53.33	抗战	
		上　围	160	7.6	60	抗战	
		曾　屋	115	7.66	66.66	抗战	
		祠堂下	283	16.93	96.66	抗战	

（续表）

所在乡镇	所在管理区	老区村庄名称	人口（人）	耕地（公顷）	山地（公顷）	类型	备注
澄江	澄江	新庄雷屋	143	7.4	66.66	抗战	原小陂村
		黄坑	435	37.5	299.33	解放	
	四村	塘坑	101	7	293.33	抗战	原下南石村
		谭屋	106	7	266.66	抗战	
		郭屋	114	7.72	296.6	抗战	
		小油草	129	9	340	抗战	
		樟坑水	111	6.3	293.3	抗战	
		大塘肚	252	15	345	抗战	
		下洞	126	8.33	333.3	抗战	
		唐屋	112	7.66	326.6	抗战	
	铁寨	碗厂	313	16.4	380	抗战	原孔山村
		下村	160	6.6	200	抗战	
		刘屋	132	9.5	160	抗战	
		邓屋	152	18.6	200	抗战	
		老屋	111	8.73	193.3	抗战	
		上坪	98	6.66	193.3	抗战	
		新屋	185	8.06	213.3	抗战	
		大围	185	7.4	213.3	抗战	
		下坪	183	7.5	213.3	抗战	
		廖屋	310	18.6	333.3	抗战	
	善亨	陂田岗	90	4.7	133	抗战	原黄屋村
		梅坑张屋	96	5.33	333.3	抗战	
		梅坑谭屋	176	11.06	433.3	抗战	
		黄屋	311	20	366.6	抗战	

（续表）

所在乡镇	所在管理区	老区村庄名称	人口（人）	耕地（公顷）	山地（公顷）	类型	备注
澄江	善亨	江下	308	25	400	抗战	原黄屋村
		上庄	80	5	533.3	抗战	
		坰下	146	7.8	366.6	抗战	
		上洋洞	180	9.6	466.6	抗战	
		下洋洞	28	3	466.6	抗战	
		碓头洞	195	14	433.3	抗战	
		鹅公陂	64	2.9	533.3	抗战	
		高浑头村	215	15.5	533.3	解放	
	暖田	朱屋	109	7.6	92	抗战	原下南石村
		中南石	260	39.4	303	抗战	
		下南石	306			抗战	
		丰熟岗	73	20.7	56.6	抗战	
		鹅子坵	202			抗战	
		桥头围	78	8.1	62.66	抗战	
		江下	62			抗战	
		窝俚	156	12.3	31.3	抗战	
		田心	401	34.9	203	抗战	
		龙陂	200	16.9	92.6	抗战	
		谢屋	109	6.5	83.3	抗战	
		李屋	93	5.93	80.6	抗战	
		晓村	310	26	166.6	抗战	
		香木	300	20	716.8	抗战	
		甘堂	131	43.8	382.4	抗战	
		暖水	500			抗战	

（续表）

所在乡镇	所在管理区	老区村庄名称	人口（人）	耕地（公顷）	山地（公顷）	类型	备注
澄江	暖田	水塘	184	18	150	抗战	原下南石村
		花山	70			抗战	
	谭坑	朱屋	353	28.3	473.3	抗战	原高坑村
		下黄	115			抗战	
		河背	71	7.5	100	抗战	
		元坝	95	10.73	116.6	抗战	
		老屋	24	3.3	33.3	抗战	
		上段	86	5.5	104	抗战	
		围上	273	23.9	320	抗战	
		包屋场	278	8.9	140	抗战	
		月形	111	7.66	135.3	抗战	
		田心	85	6.8	106.6	抗战	
		塘头	59			抗战	
		河贤围	337	31.7	140	抗战	
		河苟围	261	17.4	290.6	抗战	
		苏屋	320	31.9	506	抗战	
		石门楼	185			抗战	
		高坑	717	66.5	24.66	抗战	
		鹅干下	55	11.8	230	抗战	
		祠堂下	95			抗战	
	下窑	龟湖	96	17.8	256	抗战	原下南石村
		天宝围	87	6.3	232	抗战	
		小王洞	137	8.1	397.3	抗战	
		大王洞	100			抗战	

（续表）

所在乡镇	所在管理区	老区村庄名称	人口（人）	耕地（公顷）	山地（公顷）	类型	备注
澄江	下窑	上村	190	7	826.6	抗战	原下南石村
		下村	109			抗战	
	方洞	方洞	688	43.3	4676.2	解放	
都亨	桃源	上屋	120	8.2	403.3	解放	原桃子坑村
		下屋	162	11.8	580.3	解放	
		墨坑	113	6.7	329.5	解放	
北山	奇心	新屋场	169	9.2	1.7	抗战	原属新屋场村
		武冈岭	48	3.1	0.3	抗战	
		石街头	79	5	0.8	抗战	
		泥拼	90	4.3	1.1	抗战	
		门前岭	60	4	0.6	抗战	
		里什地	161	10.4	2	抗战	
	武岗	上武岗	175	8	3.2	解放	
		杨屋	91	5.5	2.3	解放	
		石围村	87	5	1	解放	
		欧屋村	98	5.3	0.4	解放	
		安境村	37	2.5	0.5	解放	
		川龙夫村	51	2.3	1.2	解放	
		上九坪村	170	7.7	1.3	解放	
		大坑村	114	7	0.8	解放	
		卷坳村	50	3	0.5	解放	
		杨梅冲	69	3	1.5	解放	
		中洞村	40	2.4	0.8	解放	
		楠木洞	89	7.3	1.2	解放	

（续表）

所在乡镇	所在管理区	老 区村庄名称	人口（人）	耕地（公顷）	山地（公顷）	类型	备 注
北山	观茶	黄 沙	188	20	3	解放	
		何 屋	71	5.2	2	解放	
		牛屋冲	39	3.9	1	解放	
		上 村	21	3.2	1.1	解放	
		旱 冲	59	3.7	0.6	解放	
		下 村	30	3.3	0.7	解放	
		莫 屋	66	8.7	1.2	解放	
		邓 屋	136	11.8	1.5	解放	
		花 盘	157	14.7	1.4	解放	
江口	棠加	上江口	103	14.3	133.3	抗战	原棠加村
		下江口	8	8.1	120	抗战	
		饶 屋	75	9.6	233	抗战	
		赖 屋	122	14	166.7	抗战	
		林 屋	101	6.9	206.7	抗战	
		朱饶屋	133	13.3	146.7	抗战	
		上澄地	45	3.7	200	抗战	
		下澄地	48	4.3	213	抗战	
	水口	大吴家	57	62	720	抗战	原水口村
		对 门	148			抗战	
		新屋家	111			抗战	
		塘 背	103			抗战	
		过 坪	41			抗战	
		苦竹湾	108			抗战	

（续表）

所在乡镇	所在管理区	老区村庄名称	人口（人）	耕地（公顷）	山地（公顷）	类型	备　注
江口	河北	窑　厂	75	5.3	12.9	抗战	原马眼村
		下　门	126	14	22.2	抗战	
		冯　屋	120	14.3	20.7	抗战	
		新　屋	121	10.7	18.7	抗战	
		老　围	128	12	22	抗战	
		撑　渡	111	10	20	抗战	
		上半坡	72	8	12.7	抗战	
		下半坡	51	5.3	8.9	抗战	
		大水坝	45	6	7.9	抗战	
		火烧园	28	3	4.8	抗战	
		小　地	62	3.9	10.8	抗战	
		石　嘴	31	2.3	5.3	抗战	
	总甫	长江墟	112	15	27	抗战	
		长江岭	211	21	30	抗战	
		大　坪	82	5	10	抗战	
		岩　下	113	15	7.4	抗战	
		营　下	140	14.5	6.5	抗战	
		新　屋	43	7	11.6	抗战	
		张　屋	206	16.5	6.8	抗战	
		塘头下	174	21.7	17.8	抗战	
		大屋家	80	8.2	13.9	抗战	
		花园垅	56	10	6	抗战	
		垅　占	43	10	5.3	抗战	

（续表）

所在乡镇	所在管理区	老区村庄名称	人口（人）	耕地（公顷）	山地（公顷）	类型	备注
江口	总甫	流洞	32	10	694.8	抗战	
		龙营	39	4.9		抗战	
		新村	61	5.3		抗战	
	上台	上台	247	24	1067	解放	
		上村	69	9	200	解放	
		朱古岭	43	2.9	193	解放	
		高太村	25	1.7	213	解放	
	水南	古坑村	37	3.3	300	解放	
花山	黄所	九莲塘	78	12.8	77	抗战	
		月光湾	27	4.3	25	抗战	
		矮光头	169	27.5	120	抗战	
		刘屋岭	251	37.5	150	抗战	
		中间岭	135	15.8	110	抗战	
		李屋坝	107	12.4	100	抗战	
		刘屋坝	208	20.7	150	抗战	
		大岭下	145	15.6	70	抗战	
		黄屋	104	10.5	23	抗战	
		里坑	164	16.1	120	抗战	
	花山	花山	487	52.9	80	抗战	
		企岭下	153	4.5	100	抗战	
		黄坑	174	3.8	200	抗战	
		大坪	441	58.2	300	抗战	
	南方	侧凤	121	11.5	145	抗战	
		茶坪	67	6.6	70	抗战	

（续表）

所在乡镇	所在管理区	老区村庄名称	人口（人）	耕地（公顷）	山地（公顷）	类型	备　注
花山	南方	河　坑	48	5.7	65	抗战	
		下南坑	152	13	200	抗战	
		杰　井	85	7.8	140	抗战	
		增　坑	82	7.6	110	抗战	
		含　秀	164	9	320	抗战	
		上南坑	227	12.8	290	抗战	
		澄　坑	265	20	310	抗战	
	合水	田圫段	172	0	3200	抗战	
		左　拔	192	32	2933	抗战	
		田　新	160	0	2666	抗战	
		塘　斗	201	15	2980	抗战	
	兴仁	兴仁里	435	57.2	96	解放	
		上增光	22	1.8	11	解放	
		下增光	71	7.7	7	解放	
		冯屋垅	18	2.6	7	解放	
		贵子岭	97	9.2	42	解放	
		老泥墩	139	8.6	6	解放	
		樟　坪	121	8.9	42	解放	
		寨子下	115	8.5	24	解放	
	黄所	罗　陂	227	29	101	解放	
司前	河口	河　口	169	10.93	149.1	抗战	
		蓝屋廊	100	4.66	88.6	解放	
		中　村	253	11.37	223.14	解放	
		下家增	44	2.33	38.8	解放	

（续表）

所在乡镇	所在管理区	老区村庄名称	人口（人）	耕地（公顷）	山地（公顷）	类型	备注
司前	河口	榜坑	116	5.26	102.3	解放	
	月武	田一	289	14.53	300	抗战	原田屋村
		田二	312	13.73	306.66	抗战	
		下田	355	20.13	346.66	抗战	
		吴屋	63	5.2	80	抗战	
		上峯	97	5.86	166.66	抗战	
		上围	206	14.4	253.33	抗战	原桃村坝村
		老影	248	14.2	246.66	抗战	
		消湖	178	12.2	180	抗战	
		中心	172	11.33	133.33	抗战	
		许屋	218	9.83	313.33	抗战	
		枫下	141	9.2	353.33	抗战	原属许屋村
		杨屋	150	6.23	320	抗战	
		贵洞	230	11.83	253.33	抗战	
	砒砂	船肚村	129	8.6	133.33	解放	
		合水口	200	11.2	420	解放	
		麻地坑	285	13.53	326.66	解放	
		大黄屋	211	11.6	200	解放	
		竹山下	203	9.66	333.33	解放	
		田心	146	8.6	200	解放	
		上下排	249	15.53	506.66	解放	
		石槽下	283	13.93	293.3	解放	

（续表）

所在乡镇	所在管理区	老区村庄名称	人口（人）	耕地（公顷）	山地（公顷）	类型	备注
司前	河二	学堂前	136	9	119.5	解放	
		江屋	97	7.13	85.55	解放	
		谢屋	79	2.07	69.67	解放	原鸬鹚颈村
		大枧水	95	7.93	83.79	解放	
		樟树湾	119	12.53	104.95	解放	
		盘坑	76	8.8	67	解放	
	江草	游屋	122	12	2044.33	解放	
		黄屋	85			解放	
		湾塘角	238	15.93	604.52	解放	
		聂屋	198	10.03	501.6	解放	
		泥角里	100	8.7	253.33	解放	
		坑口	74	5.53	187.460	解放	
	车八岭	坑尾	76	6.2	192.53	解放	
		企岭下	353	21.86		解放	
		坪岗坳	68	2.06		解放	
		车八岭	163	11.93	346.66	解放	原下江草村
		细坝村	244	13.69	563.33	解放	
		仙人洞	148	8.33	1000	解放	
		松树坑	50	5	153.33	解放	
	河洞	内石山	50	5	333.3	解放	
		外石山	128	6.33	400	解放	
		山下	136	6.73	133.3	解放	

（续表）

所在乡镇	所在管理区	老区村庄名称	人口（人）	耕地（公顷）	山地（公顷）	类型	备注
司前	河洞	石背	175	8.13	133.3	解放	
		排子	216	9.26	200	解放	
	温下	内洞	165	15.86	186.67	解放	
		下窝	208	13.73	206.66	解放	
		贝下	178	9.86	106.66	解放	
		老围	309	21.66	226.66	解放	原属下窝村
		沙河	323	20.43	233.33	解放	
		上屋	323	20.33	233.33	解放	原廖屋村
		梅子坪	20		606.66	解放	
	黄沙	黄沙街	356	12.4	167	解放	从大水坑迁来
		细温屋	195	8.33	167	解放	
		硼石	144	9.13	233	解放	
		乌石岗	243	5	233	解放	
		岭下	163	7.93	100	解放	原大水坑村
		河唇	89	4.73	67	解放	
		河背	250	12.53	233	解放	
		茅舍	132	8.2	233	解放	
深度水民族乡	坪田	东西坑	80		3	抗战	原梧桐窝村
		老屋场	85			抗战	
		坪田	482	25.3	300	抗战	
		簕竹坝	125	12.1	166.67	抗战	
		黄泥田	92	8.2	80	抗战	
	横岭	邱屋	100	共有耕地 20.62	共有山地 662.5	抗战	原天曲村
		谭屋	80			抗战	

（续表）

所在乡镇	所在管理区	老区村庄名称	人口（人）	耕地（公顷）	山地（公顷）	类型	备　注
深度水民族乡	横岭	吴　屋	28			抗战	原天曲村
		松树坝	62			抗战	
		黄土岭	268	8.67	351.27	抗战	
		上横岭	100	5.04	193.3	抗战	原横岭村
		锅　口	90	6.24	42.5	抗战	
		锅洞下村	327	10.83	533.33	抗战	原锅洞村
		良　塘	116	4.76	38.2	抗战	原陶礼湾村
		良口塅	208	5.48	43.33	抗战	
		湾角里	41	2	10	抗战	
		下　湾	105	8.6	18.5	抗战	
		老虎坳	24	2.1	9.7	抗战	
		乌子石	114	5.62	9.67	抗战	
	深渡水	下横岭	71	3.5	103.3	抗战	原横岭村
		锅洞赖屋	24	2.1	9.7	抗战	原锅洞村
		深渡水	371	20.53	533.33	抗战	
	长梅	冷水迳	162	7.73	400	抗战	
		禾花塘	359	24	533.33	抗战	
		长　梅	268	7.89	1733.3	抗战	
		瑶民场	171	6.33	1333.33	抗战	
		捐　坑	186	3.6	1333.3	抗战	原属瑶民村
		山　下	259	6.67	1733.33	抗战	
		圆　洞	226	4.67	1333.33	抗战	
		滩　洞	150	1.33	1000	抗战	原合水村

（续表）

所在乡镇	所在管理区	老区村庄名称	人口（人）	耕地（公顷）	山地（公顷）	类型	备注
罗坝	淋头	肖屋	84	4.8	33.5	抗战	原淋头村
		新屋	96	3.6	33.3	抗战	
		涂俚	88	3.6	30	抗战	
		抱干	90	4.6	36	抗战	
		上厅	105	3.8	35	抗战	
		竹头下	118	7	40	抗战	
		围足下	124	6.9	40	抗战	
		草坪	104	5	34	抗战	
		下厅	140	7.3	50	抗战	
		新大厅	107	6.7	50	抗战	
		老屋村	70	2.8	28	解放	
		早禾岭	137	4.5	30	解放	
		孔坝	81	2.9	60	解放	
	上岗	黄泥坳	100	4.1	400	解放	
		上迳	31	1.8	80	解放	
		榕树下	184	9.1	267	解放	
		大树下	96	5.6	47	解放	
		大园村	177	7.3	200	解放	
		沙路下	83	4.2	53	解放	
		黄丰塘	119	7.2	67	解放	
		横岭下	192	13.1	100	解放	
		张仙塘	119	6.3	67	解放	
		廖屋	90	7.5	67	解放	
		吴屋	75	5.3	47	解放	

（续表）

所在乡镇	所在管理区	老区村庄名称	人口（人）	耕地（公顷）	山地（公顷）	类型	备注
罗坝	上岗	陈屋	109	6.7	53	解放	
		中堂	195	9.5	400	解放	
		新围	145	5.3	85	解放	
		背坪	113	7.8	133	解放	
		老大厅	155	8.3	200	解放	
		嶂下	144		333	解放	
	东二	大湖	48	0.9	104	解放	
		岭一	115	2.4	274	解放	
		岭二	91	2	188.8	解放	
		兴和	232	6.7	668	解放	
		小安	344	6.5	713.5	解放	
		水一	219	4.2	291.8	解放	
		水二	225	4.2	291.8	解放	
		小台	110	4.6	257.3	解放	
		黄田迳	146	4.6	724	解放	
	瑶民	大安坑	50		680	解放	
		小安坑	450		500	解放	
		毛刀坑	70		200	解放	
	角田	南城坑	110	4.3	16.6	解放	
		小铁寨	63	4.8	233.3	解放	
	燎原	下塘	150	29.3	80	解放	

（续表）

所在乡镇	所在管理区	老区村庄名称	人口（人）	耕地（公顷）	山地（公顷）	类型	备注
沈所	沈北	新屋家	88	5.7	全管理区山地共582.07公顷	抗战	
		日田	89	4.89		抗战	
		陈屋	150	9.1		抗战	
		上围	97	5.83		抗战	
		郭屋	86	6.08		抗战	
		孔屋	161	7.72		抗战	
		张屋	88	5.11		抗战	
		司马	87	7.75		抗战	
		冯屋	96	5.08		抗战	
		河下	110	4.57		抗战	
		何屋	107	4.83		抗战	
		岭脚	155	9.82		抗战	
		水角	91	4.33		抗战	
		何西	85	4.68		抗战	
		李一	45	5.48		抗战	
		李二	80	6.05		抗战	
	围溪	刘屋	77	5.6	与林场联营共307公顷	抗战	
		谭屋	23	2.5		抗战	
		徐屋	78	5.3		抗战	
		曾屋	16	1.2		抗战	
		大围	98	7.8		抗战	
		岭下	65	5.3		抗战	
		田心	39	4.6		抗战	
		罗坑	101	6.1		抗战	

（续表）

所在乡镇	所在管理区	老区村庄名称	人口（人）	耕地（公顷）	山地（公顷）	类型	备 注
沈所	沈南	五栋屋	260	13.5	全管理区山地共333.33公顷	抗战	
		土 一	152	10.5		抗战	
		土 二	176	11.7		抗战	
		杨柳水	181	13.5		抗战	
		新 屋	118	7.48		抗战	
		米 街	115	6.31		抗战	
		水 湖	148	8.59		抗战	
		墟 肚	124	5.03		抗战	
		炭 街	129	6.14		抗战	
		锅头街	106	5.48		抗战	
		沈 屋	28	3.09		抗战	
		刘 屋	87	4.66		抗战	
		老 屋	84	5.69		抗战	
		岭 头	175	9.49		抗战	
		胡 屋	43	3.59		抗战	
		沙田一	91	4.35		抗战	
		沙田二	94	5.54		抗战	
		沙田三	74	4.83		抗战	
		米 一	108	6.23		抗战	
		米 二	76	3.06		抗战	
	石下	新 屋	47	6.03	0.5	抗战	
		老 屋	74	5.97	0.7	抗战	
		细 井	106	10.25	1.1	抗战	
		东 边	122	10.2	1.2	抗战	

（续表）

所在乡镇	所在管理区	老 区村庄名称	人口（人）	耕地（公顷）	山地（公顷）	类型	备 注
沈所	石下	细 白	60	6.33	0.5	抗战	
		白 一	83	5.13	0.4	抗战	
		白 二	59	4.87	0.6	抗战	
		老大一	155	11.4	1.3	抗战	
		老大二	158	12.33	1.1	抗战	
		坪 中	72	5.8	0.5	抗战	
		坪 李	90	6.27	0.6	抗战	
		进 一	103	7.07	0.4	抗战	
		进 二	71	5.87	0.3	抗战	
		新 富	90	7.6	0.5	抗战	
		老 富	103	8.13	0.7	抗战	
		河 东	53	5.4	0.4	抗战	
		何 屋	89	7.87	0.5	抗战	
		檐 下	65	6.36	0.3	抗战	
	八一	一 社	223	14.4	216	抗战	原外营村
		二 社	129	6.9	20	抗战	
		三 社	184	7.3	90	抗战	
		四 社	61	4.1	10	抗战	
		五 社	55	3.7	16	抗战	
	群星	俤公门	86	10.5	全管理区山地共100公顷	解放	
		石子下	168	12.6		解放	
		铜锣岭	229	22.5		解放	
		饭罗石	139	11.6		解放	
		富里坑	110	8.5		解放	

（续表）

所在乡镇	所在管理区	老区村庄名称	人口（人）	耕地（公顷）	山地（公顷）	类型	备　注
沈所	群星	吕　屋	15	3	全管理区山地共100公顷	解放	
		麦　屋	28	3.6		解放	
	石内	上　石	224	16	全管理区山地共93.33公顷	解放	
		丰　积	119	7		解放	
		大　坪	96	8		解放	
		夏　屋	71	7		解放	
		石　背	392	32		解放	
	独丰	曾　屋	129	7.7	全管理区山地共100公顷	解放	
		谭　屋	25	1.9		解放	
		饶　屋	100	5.5		解放	
		郭　屋	35	3.1		解放	
	群胜	圣光庙	208	13	20	解放	
		竹檐下	132	0.9	10	解放	
		富里坑	213	17	50	解放	
		冯　屋	65	3	30	解放	
		黄土岭	165	10	70	解放	
		刘　屋	108	10	60	解放	
隘宁	风度	严屋一	218	7.96	352	抗战	原严屋村
		严屋二	201	6.93	350	抗战	
		良　下	265	7.56	440	抗战	
		彩岭四	191	11.63	350	抗战	原彩岭村
		彩岭五	225	11.7	430	抗战	
		彩岭六	99	5.03	312.66	抗战	
		彩岭七	125	5.76	390	抗战	

（续表）

所在乡镇	所在管理区	老区村庄名称	人口（人）	耕地（公顷）	山地（公顷）	类型	备注
隘宁	风度	陈屋	118	7.9	330	抗战	从彩岭村分出
		障背	94	7.4	310	抗战	
	五星	何屋坝一	217	9.26	250	抗战	原合头村
		何屋坝二	98	5.53	230	抗战	
		新屋家	152	4.66	224	抗战	
		树头下	224	7.66	270	抗战	
		坑屋	110	3.53	220	抗战	
		田心	272	14.66	294	抗战	
		桃树坝	52	2.8	125.7	抗战	
		墩子桥	91	7.26	590.4	抗战	
		禾场下	90	3	200	抗战	原暖水村
		元村	97	3.53	215	抗战	
		水口	188	8.8	2.25	抗战	
	冷洞	围子	83	7.93	589	抗战	原合头村
		新屋	116	11.33	503	抗战	
		羊角山	70	2.13	370	抗战	
		椒子峯	214	8.93	650	抗战	
	联丰	河口	175	7.1	190	抗战	原谢屋村
		圳背	298	10.49	300	抗战	
		砾下	262	10.23	280	抗战	
		引下	204	8.86	201	抗战	原砾下村
		新围俚一	144	4.84	150	抗战	
		新围俚二	82	3.12	154.3	抗战	
		甲后	218	10.13	233	抗战	原隔口村

（续表）

所在乡镇	所在管理区	老区村庄名称	人口（人）	耕地（公顷）	山地（公顷）	类型	备　注
隘宁	联丰	卢　屋	109	3.64	160	抗战	原隔口村
		中心桃	259	10.28	360	抗战	
		高　断	117	5.07	177	抗战	原属中心桃村
	坪丰	坪丰畲	58	2.06	1400	抗战	原属坪丰峯村
		青楼下	193	8.13	1815	抗战	
		田坝下	104	4013	1800	抗战	
		排　子	123	4.46	1820	抗战	
		石　坪	129	5.73	1681.65	抗战	
	建国	下白石下	230	8.8	206	解放	原白石下村
		上白石下	320	15.83	294	解放	
		游　屋	93	4	174	解放	
		麻地湾	354	12.96	277	解放	
		坪头墩	349	13.53	273	解放	
		高墩围	250	9.93	201	解放	
		月光围	104	4	160.64	解放	
	沙桥	上　围	238	7.13	313	解放	原松树坪村
		塘　角	136	4	203	解放	
		上官屋	143	4	180	解放	
		水角楼围	61	1.8	163	解放	原书坊下村
		老屋子	119	4.54	231	解放	原茶屋社屋村
		内沙岗	133	4.18	170	解放	原沙岗头村
		外沙岗	144	3.52	152	解放	
		四老坪	268	11.41	254	解放	原晒禾石村
		十二渡桥	294	11.4	321	解放	

（续表）

所在乡镇	所在管理区	老区村庄名称	人口（人）	耕地（公顷）	山地（公顷）	类型	备注
隘宁	满堂	大围	182	12.66	84	解放	原满堂镇村
		白田	144	9	75	解放	
		坎下村	217	11.46	85	解放	
		铺下街	162	6.13	82	解放	
		石围	94	4.86	60	解放	
		围背	113	8.33	86	解放	
		新屋家	127	9.83	79	解放	
		田心屋	69	2.66	67	解放	
		马口圳	94	4.4	62	解放	
		屋围	47	3.6	68	解放	
		泥洋背	53	2.96	67	解放	
	瑶族	大鱼坑	87	4.46	4.87	解放	原何屋水村
		上科	39	1.53	289.2	解放	
		坪山	54	0.86	493	解放	
		龙斗峯	369	4.06	673	解放	
	石井	腊树园	121	5	276.4	解放	
		白一	65	4	169	解放	原白门楼村
		白二	195	8	221	解放	
		余屋	71	2.66	177	解放	
		老张屋	95	5	187	解放	原大张屋村
		围子	207	8.66	297	解放	
		俄头坵	101	4	193	解放	
		乌泥塘	225	8.66	318	解放	
		岭头	258	10.66	350	解放	

（续表）

所在乡镇	所在管理区	老区村庄名称	人口（人）	耕地（公顷）	山地（公顷）	类型	备　注
太平镇	浈江	天子地	274	24.4	231.9	抗战	
		大坝	134	10.7	113.45	抗战	
		大塘	611	54	517.3	抗战	
		神江	89	11.5	75.3	抗战	
		石下坝	63	5.3	53.34	抗战	
		饶屋	57	4.2	48.26	抗战	
		朱屋	71	5.6	60.11	抗战	
	新屋场	马荠塘	106	8.4	333	抗战	
		坳背	83	4.7	300	抗战	
		长岭	43	3.3	266.6	抗战	
		新屋	118	8.5	200	抗战	
		山口	54	6.9	300	抗战	
		李花坪	44	3.2	300	抗战	
		田尾山	54	3.1	266	抗战	
		海田	70	6.06	300	抗战	
		向阳	80	4.4	300	抗战	
		达塘	69	5	266.66	抗战	
		腊梨排	37	1.9	266.66	抗战	
	瑶村	莫屋新大厅	173	9.5		抗战	原瑶村莫屋
		莫屋老大厅	164	9		抗战	
		莫屋祠堂	141	6.4		抗战	
	罗围	一社	178	16	38	抗战	
		二社	204	16	23	抗战	
		三社	147	12.6	35	抗战	

（续表）

所在乡镇	所在管理区	老 区村庄名称	人口（人）	耕地（公顷）	山地（公顷）	类型	备 注
太平镇	斜潭	车头坪	204	18.8	17.13	解放	
		长 坑	132	10	11.08	解放	
		寮背坑	79	7	6.63	解放	
		塘 下	139	129	11.67	解放	
		背 尾	77	6	6.64	解放	原老屋村
		阙 屋	61	10	5.12	解放	
		何 屋	68	4.8	5.71	解放	
		罗 屋	123	8.2	10.16	解放	
		街 上	72	7.5	6.04	解放	原新屋村
刘张家山	柑梓园	坑 底	165		666.6	抗战	
		坳 背	69		600	抗战	
		何 屋	70	4.4	733.3	抗战	
		上营何屋	59	4	63.3	抗战	原属何屋村
	田心	冷水坑	57	1.4	37.33	解放	
		廖 屋	147	8.82	33.3	解放	
		鸟石下	109	6.38	18.4	解放	
		热水塘	306	18.92	101.24	解放	
		田 心	286	17.82	12.7	解放	
		何山下	43	2.79	0.67	解放	
		山 下	122	10.16	20	解放	
		兴福村	152	11.326	61.4	解放	
		店 背	151	9.8	67	解放	
		画眉岭	165	11.13	73.3	解放	

（续表）

所在乡镇	所在管理区	老区村庄名称	人口（人）	耕地（公顷）	山地（公顷）	类型	备注
刘张家山	上营	上、下何屋	184	13.4	155.5	解放	
		排上	143	7.66	3.5	解放	
		罗屋	164	9.33	22	解放	
	上下嵩	刘屋	175	11.25	350.4	解放	
		钟屋	281	16.15	370.6	解放	
		下嵩	297	19.3	367.3	解放	
城南	杨公岭	杨公岭	2404	113	14.33	二战	
	河南	大井头	942	83.73	9.2	二战	
	石桥头	石桥头	1487	91	9.8	二战	
	东南	上门	245	26.5	50	解放	
		下门	249	31.6		解放	
		牛头陂	437	48.1		解放	
		保营	89	7.6		解放	
		溜村	30	6.9		解放	
	东一	水村	280	67.86	16.6	解放	
		枧头	180			解放	
		良坝	610			解放	
	胆源	肖屋	142	1.8	1066	解放	原东洞村
		大坑山	56	3		解放	
		钟屋	81	4.13		解放	
		东何	142	6.33		解放	
		卢屋	73	3.86		解放	
		李屋	65	3.8		解放	
		胡屋	193	10.3	1066	解放	原西洞村

（续表）

所在乡镇	所在管理区	老 区村庄名称	人口（人）	耕地（公顷）	山地（公顷）	类型	备 注
城南	胆源	王 屋	182	8.13	1066	解放	原西洞村
		朱 屋	54	2.4		解放	
		西 何	30	1.8		解放	
	周前	街 上	80	17.2	100	解放	
		湖 芳	146			解放	
		瑶 前	113			解放	
		何 屋	409	80.6	26.66	解放	
		赖 屋	489			解放	
		林 屋	449			解放	
	皇沙	皇宜嵩	386	共有耕地99.46	共有山地73.33	解放	
		果 村	446			解放	
		沙 洲	375			解放	
		山园背	456			解放	
马市	涝洲水	丰 山	204	17.2	92	二战	
		大龙窝	250	24	200	二战	
		卢 屋	186	13.3	10.6	二战	
		新 屋	124	12.4	30.3	二战	
		李 屋	149	9	27.6	二战	
		台 头	47	6.4	171	二战	
		新 桥	60	6	13.3	二战	
		山 口	77	6.5	68.7	二战	
		坪 山	68	8	48	二战	
		店 俚	47	6.4	50	二战	
		吕 屋	120	10	57.7	二战	

（续表）

所在乡镇	所在管理区	老 区村庄名称	人口（人）	耕地（公顷）	山地（公顷）	类型	备 注
马市	涝洲水	雷 屋	199	15.9	58.5	二战	
		朱 屋	24	2.2	5	二战	
		瑶旱背	43	6.2	21	二战	
		窝 里	49	4.6	19	二战	
	溪丰	锡 塘	37	4.5	133.3	抗战	原溪丰村
		叶 屋	70	4.3	113.4	抗战	
		钟 屋	135	5.44	113.4	抗战	
		宋 屋	79	3.29	113.4	抗战	
		竹山下	17	1.75	13.3	抗战	
		横 坑	60	5	80	抗战	
		蛤蟆石	79	5.8	66.6	抗战	
		木坪水	20	2.2	46.6	抗战	
	联俄	冯 屋	317	23	127.66	抗战	原溪丰村
		蔡 屋	110	12.3	100	抗战	
		田 心	271	24.66	773.3	抗战	
		铺 背	299	40	66.66	抗战	
		上 俄	246	22.66	53.3	抗战	
		暗 塘	150	12	46.66	抗战	
		胡 屋	100	11.33	53.33	抗战	
		彭 屋	350	25.33	146.66	抗战	
		新 蔡	148	12.33	40	抗战	
		和 平	42	9.33	46.66	抗战	
	民丰	坑 尾	78	7.93	433.23	解放	
		上 湖	48	4.8	233.33	解放	

（续表）

所在乡镇	所在管理区	老区村庄名称	人口（人）	耕地（公顷）	山地（公顷）	类型	备注
马市	民丰	寨背	41	5.2	213.33	解放	
		中湖	16	1.66	100	解放	
		铜锣万	24	3.2	120	解放	
		上村	99	11	440	解放	
		下村	121	10.53	353.33	解放	
		老虎板	244	24.73	153.93	解放	
	群立	卢屋	95	5.6	240	解放	
		钟屋	92	6.9	120	解放	
		张屋	80	6.6	161	解放	
		水牛坑	28	2	94	解放	
		盘长应	51	6	228	解放	
		曾洞	24	2.4	147	解放	
	文路	岭排	277	22	466.66	解放	
		洞底	324	24.66	433.33	解放	
		中洞	51	3	56	解放	
		下洞	48	3	80	解放	
	坜坪	上门	48	3	60	解放	
		下门	133	12.26	56.66	解放	
		院背	155	15.2	64	解放	
		刘屋	97	11.6	46.66	解放	
		郭屋	76	10.53	40	解放	
		王屋	145	14.13	60	解放	
		姜坑	135	17	61.33	解放	
		围脚下	62	7.4	34	解放	

（续表）

所在乡镇	所在管理区	老区村庄名称	人口（人）	耕地（公顷）	山地（公顷）	类型	备 注
马市	坜坪	邱 屋	145	14.66	56.66	解放	
		花 屋	151	12.53	61.33	解放	
	岭头	甲 下	90	9.5	190	解放	
		彭 洞	90	9.5	190	解放	
		岭 头	80	9.6	190	解放	
		西 坑	130	10	250	解放	
		里 洞	56	4.5	180	解放	
		澄 洞	80	12	120	解放	
		河 坪	140	14	260	解放	
		杨梅坑	80	10	250	解放	
		乐 园	45	2	100	解放	
		靠 头	55	2.5	120	解放	
	黄田	老屋场	50	2.5	9.5	解放	
		坳 头	115	8.15	111	解放	
		刘 屋	630	197	128	解放	
		坝 俚	160	13.5	110	解放	
		张屋排	210	17.5	117	解放	
		老 华	62	4.7	50	解放	
		新 华	115	9.7	170	解放	
		钟 屋	185	10.4	110	解放	
		黄 屋	186	10.7	120	解放	
		新 邓	176	7.3	110	解放	
		老 邓	210	17.6	170	解放	
		谢 屋	27	2.1	11.5	解放	

（续表）

所在乡镇	所在管理区	老区村庄名称	人口（人）	耕地（公顷）	山地（公顷）	类型	备注
马市	黄田	井水圯	37	2.7	20	解放	
		下易屋	197	11.6	140	解放	
	猪洞迳	白水寨	51	5	473.33	解放	
		黄洞	65	7.35	373.33	解放	
		瑶头	11	3.1	233.33	解放	
	都塘	林黄屋	277	27.66	11.66	解放	
		陈屋	400	44.86	21	解放	
		肖谢屋	138	14.6	14.86	解放	
		坳背岭	137	6.2	7.86	解放	
		石子岭	305	18	29	解放	
		肖屋	97	6.93	6.8	解放	
		邓屋	124	10.66	10.86	解放	
		对门岭	171	8.53	24.6	解放	
		大村	243	20.53	6.8	解放	
		古录排	229	14.8	41.8	解放	
		围井	265	18.73	2	解放	
		围角	206	18.6	0.86	解放	
		东映	210	8	2	解放	
		新映	226	9	1.5	解放	
		邓塘下	190	9.73	0.73	解放	
	陆原	井下	513	33.26	286.66	解放	
		竹窝	148	9.13	93.33	解放	
		黄屋	128	9.26	106.66	解放	
		何屋	191	15.33	133.33	解放	

（续表）

所在乡镇	所在管理区	老区村庄名称	人口（人）	耕地（公顷）	山地（公顷）	类型	备　注
马市	陆原	牛岗坪	38	4	33.33	解放	
		石　阶	209	12.66	120	解放	
		老大门	268	18.13	133.33	解放	
		下大门	202	16.86	106.66	解放	
		旱　塘	88	7.93	120	解放	
		新塘坪	88	7.93	61	解放	
	候陂	下　汤	155	8.6	60	解放	
		上　汤	85	4.2	40	解放	
		田　心	303	17.3	120	解放	
		黄　岸	76	4.8	100	解放	
		候　陂	780	66.9	933	解放	
		流源水	299	27.7	26.66	解放	
		大　源	321	30.6	19.33	解放	
		庙　万	134	8.7	110	解放	
	赤谷	叶　屋	51	2.66	9.33	解放	
		赖　屋	75	4.33	9.33	解放	
		上　门	92	9	6.1	解放	
		下　门	66	4.4	3.19	解放	
		李　屋	76	4.53	3	解放	
		曾　屋	115	9.4	6.3	解放	
		张　屋	150	12.46	31.73	解放	
		坳　头	284	20.33	18.26	解放	
		围　上	127	7.26	7.35	解放	
		九子石	75	6.2	9.13	解放	

（续表）

所在乡镇	所在管理区	老区村庄名称	人口（人）	耕地（公顷）	山地（公顷）	类型	备注
马市	赤谷	长坪	169	10.4	53	解放	
		大河坪	173	10.4	738.73	解放	
		企鸡坪	393	25.86	103.86	解放	
		大坪	174	12.53	91.53	解放	
		坪石水	50	3	43.33	解放	
	远迳	庙背坑	230	22.6	36.86	解放	
		郭屋	129	11.86	8.33	解放	
		林屋	133	10.06	20.66	解放	
		刘屋	82	3.2	3.66	解放	
		酒铺	157	10.86	4.13	解放	
		大坪	57	3.4	4.13	解放	
		围脚下	158	10.6	15.66	解放	
		榕树下	68	4.8	11.33	解放	
		老屋	131	9.26	30.66	解放	
		曾屋	183	14.6	9.26	解放	
		禾场岭	58	5.46	11.8	解放	
		黄竹塘	108	10.26	13.93	解放	
		潭爷地	208	25.26	114.6	解放	
		杨陂迳	265	19.33	118.66	解放	
		胡洞坪	52	4.2	16.13	解放	
顿岗	贤丰	田一	103	5.7	20	抗战	原田心村
		田二	121	6.7	20	抗战	
		田三	107	7.9	20	抗战	
		田四	97	7.5	20	抗战	

（续表）

所在乡镇	所在管理区	老区村庄名称	人口（人）	耕地（公顷）	山地（公顷）	类型	备注
顿岗	贤丰	田五	63	6.9	20	抗战	原田心村
		冠背一社	243	13.8	6.7	抗战	原冠背村
		冠背二社	158	9.5	3.3	抗战	
		下菓	138	5.9	10	抗战	原下古村
	围下	大屋家	130	6.7	全管理区山地共64.7公顷	抗战	
		新屋	52	3.3		抗战	
		罗坪	90	4.5		抗战	
		七房	102	7.7		抗战	
		河唇	102	6.1		抗战	
		八房	86	6.1		抗战	
		祠堂门	32	2.5		抗战	
		上、下门	26	2.9		抗战	
		东小门	129	6.1		抗战	
		老大门	126	8.9		抗战	
		围俚	149	8.7		抗战	
		官厅	126	8		抗战	
		八字大门	126	5.1		抗战	
		肖屋	96	8.4		抗战	
		江屋	100	6.3		抗战	
		元背	99	6.3		抗战	
	大村	水晶寨一社	117	7.6	45.6	二战	原水晶寨村
		水晶寨二社	160	10.5	50	二战	
		吉龙湾	92	5.4	32.3	二战	
		横墩	144	11.4	56.7	解放	原大夫村

（续表）

所在乡镇	所在管理区	老区村庄名称	人口（人）	耕地（公顷）	山地（公顷）	类型	备注
顿岗	大村	坳　上	150	11.7	36.6	解放	原大夫村
		塘　肚	111	7	60.7	解放	
		何　屋	101	7.1	116.7	解放	
		白　围	126	10.2	66	解放	
		塘　下	126	6.8	90	解放	
		象　头	129	8	265.3	解放	
		新屋一社	72	4	23.3	解放	
		新屋二社	69	3.7	23.3	解放	
		新屋三社	65	3.5	23.3	解放	
	斗塘	斗　一	176	9.1	全管理区山地共166.7公顷	抗战	
		斗　二	145	9.2		抗战	
		斗　三	209	10.3		抗战	
		斗　四	160	9.1		抗战	
		东南岭	131	5.7		抗战	
	团群	团　一	107	6.9	全管理区山地共433.33公顷	抗战	原乌泥塘村
		团　二	103	6.9		抗战	
		团　新	113	6.9		抗战	
		团　老	113	6.7		抗战	
	坪石	坪　一	143	13.7	90	抗战	
		坪　二	134	14.9	94.7	抗战	
		新　一	124	8.3	82.7	抗战	
		新　二	98	7.4	76.7	抗战	
		老　屋	128	12.4	88	抗战	
		田　心	104	6.1		抗战	

（续表）

所在乡镇	所在管理区	老区村庄名称	人口（人）	耕地（公顷）	山地（公顷）	类型	备 注
顿岗	坪石	兴湖	57	4.5	50	抗战	
		竹子坝	64	4.1	53.3	抗战	
		龙江	19	1.4	16.7	抗战	
	佛坳	佛下	56	5	13.3	抗战	原坪石村
		佛一	75	5.7	26.7	抗战	
		佛二	126	9.3	26.7	抗战	
		竹头下	70	5.2	53.3	抗战	
		吉老	69	5.1	26.7	抗战	
		佛田	67	4.3	33.3	抗战	
		吉新	126	8.6	53.3	抗战	
		大坪	54	3.7	13.3	抗战	
		长坑	113	8.2	33.3	抗战	
	总村	上围	243	12.1	全管理区山地共20公顷	抗战	
		田心	87	5.2		抗战	
		新屋	39	3.3		抗战	
		大伙	187	7.2		抗战	
		大街	165	8.2		抗战	
		上间	78	4.1		抗战	
		下一	166	8.1		抗战	
		下二	169	9.5		抗战	
		五一	121	7.9		抗战	
		沈屋	313	15		抗战	
		黄一	92	5.6		抗战	
		黄二	113	5.5		抗战	
		郭屋	82	4.9			

（续表）

所在乡镇	所在管理区	老区村庄名称	人口（人）	耕地（公顷）	山地（公顷）	类型	备注
顿岗	寨头	梁　屋	106	6.1	13	抗战	
		李　屋	283	11.3		抗战	
		聂　屋	116	5.4		抗战	
		钟　屋	97	5.3		抗战	
		新　屋	131	7.1	133.3	抗战	
		张　屋	185	8.9		抗战	
		徐　屋	105	5.3		抗战	
		塘　背	63	3		抗战	
		庙　下	71	4.2		抗战	
	东流	东　一	275	14.1	16	抗战	原东流坝村
		东　二	261	12.1		抗战	
	上张	围　背	151	8.8	全管理区山地共616.7公顷	解放	原上睦村
		官　厅	104	7.9		解放	
		石　坪	148	8.7		解放	
		码　头	107	5.9		解放	
		三　村	66	4.1		解放	
		大　房	68	4.1		解放	
		二　房	63	4.9		解放	
		墙　背	68	4.3			
	石坪	上　门	127	5.6	全管理区山地共133公顷	抗战	
		下　门	83	4.8		抗战	
		兴　福	106	3.3		抗战	
		石　坪	181	8.1		抗战	
		北　街	144	5.6		抗战	

（续表）

所在乡镇	所在管理区	老区村庄名称	人口（人）	耕地（公顷）	山地（公顷）	类型	备注
顿岗	石坪	大房	197	6.1	全管理区山地共133公顷	抗战	
		墟上	205	6.6		抗战	
	高留	河下	172	12.8	全管理区山地共414公顷	二战	
		林屋	195	15.6		二战	
		老曾屋	96	7.1		二战	
		沙埂	99	10.5		二战	
		田心	169	9.9		二战	
		呈田	130	10.1		二战	
		新屋家	150	9.1		二战	
		老屋家	149	9.3		二战	
		罗屋	95	8.9		二战	
		东角龙	237	16.1		二战	
		深水龙	111	6.5		二战	
		谭屋	233	15.1		二战	
	千家营	井一	57	3.5	全管理区山地共373公顷	二战	
		井二	59	3.6		二战	
		井三	62	3.5		二战	
		大屋家	143	9.5		二战	
		新一	67	4.8		二战	
		新二	80	5		二战	
		新三	58	4.3		二战	
		新四	57	4.7		二战	
		大房	106	7.7		二战	
		三房	150	9.3		二战	

（续表）

所在乡镇	所在管理区	老区村庄名称	人口（人）	耕地（公顷）	山地（公顷）	类型	备注
顿岗	千家营	谭屋	100	7.3	全管理区山地共373公顷	二战	
		桥背	52	5.3		二战	
	净花	坝一	100	3.1	5	二战	
		坝二	101	3.3	11	二战	
		中陈	70	2.4	5.3	二战	
		上谢	97	3.1	16.7	二战	
		下谢	95	3.1	18.7	二战	
		上新	150	3.8	5.3	二战	
		下新	85	2.4	9	二战	
		新二	123	4	48.7	二战	
		新三	70	2.3	20	二战	
		大围	153	6.1	7.3	二战	
	宝溪	罗屋	185	13.6	213.3	解放	原宝溪村
		田心	1453	14.6	33.3	解放	
		上新	50	3.6	53.3	解放	
		坝下	142	9.7	53.3	解放	
		坝上	154	4.9	50	解放	
		坑背	217	15.5	66.7	解放	
		朱尾	67	5.5	40	解放	
	宝二	上张	161	11.1	10.7	二战	原宝溪下洞村
		下张	41	3.5	3.3	二战	
		上屋	116	7.4	7.3	二战	
		老屋	183	14.1	13.3	二战	
		下新	81	6.9	6.7	二战	
		围下	150	10.4	10	二战	

始兴县革命老区行政村和老区村庄分布表

（单位：个）

乡镇	红色根据地		抗日根据地		解放战争游击根据地	
	行政村	老区村庄	行政村	老区村庄	行政村	老区村庄
马市镇	1	15	2	18	10	118
太平镇			9	74	4	35
沈所镇			8	87	3	38
城南镇	3	3			5	28
顿岗镇	3	43	6	82	2	25
罗坝镇			1	11	8	53
澄江镇			6	86	1	3
深渡水乡			4	30		
司前镇			1	13	6	52
隘子镇			5	39	5	40
合　计	7	61	42	440	44	392

后记

　　为贯彻习近平总书记关于"发扬红色资源优势，深入进行党史、军史、老区革命史优良传统教育，把红色基因代代传下去"的指示精神，根据中国老区建设促进会的要求，按照广东省、韶关市老区建设促进会的统一部署，始兴县由县老区建设促进会牵头，县史志办公室负责组稿的形式，于 2017 年 8 月启动了《始兴县革命老区发展史》的编纂工作。一是以县委办、政府办两办名义下发了编写方案，成立了《始兴县革命老区发展史》编纂委员会，编委会主任由县委书记黄建华担任。二是做好编写队伍的组建工作，从相关部门抽调了政治思想过得硬、文字组织能力强、热爱写作的同志组成写作团队。三是做好大纲的拟定工作，及时完成书稿写作。大纲由县史志办拟定，然后交由县政协副主席邓炳光和县老区建设促进会把关，经多轮修改、多次会议讨论，才将编写大纲确定下来；在编写的过程中还根据国家、省、市老区建设促进会的要求和内容需要对大纲进行了适当调整。四是做好书稿的审读工作。革命老区县发展史要发挥资政、育人、存史的社会功能，就必须确保质量，严把审读关便成为编纂过程中重中之重的一环。因此，编审委员会成员对书稿进行认真的审读，提出修改意见；经数易其稿后，书稿基本成形，然后交由相关部门审核，又根据这些部门提出的修改意见，再次修改文本才定稿。

　　历经近两年的不懈努力，《始兴县革命老区发展史》终于与读者见面了。全书共有六章,其中,综述由官见全、温家胜负责;第一、二、三章由单小红、李莉优负责;第四、五、六章的林业、景区建设由何文娟、张熙恩负责,农业农村、扶贫的相关内容由钟良江、李富根负责,工业企业、园区建设由李炳强、邓斌负责,水利水电、交通运输等基础设施建设由吴婷负责,社会事业由邓旺山负责,老区建设促进会工作由阳日成撰稿;附录一由单小红负责、附录二、三由肖松华负责,附录四、五由阳日成负责。单小红和县老区建设促进会负责书稿的总纂、统稿。

编写《始兴县革命老区发展史》主要参考书目有《中国共产党始兴县历史》第一卷、第二卷,《始兴革命史迹通览》,《始兴县志》(1997年版和2010年版),《始兴县人民政府工作报告文献汇编》,2010年以来的《始兴年鉴》以及相关的档案材料。在编写的过程中,得到了县委、县政府、县政协的高度重视和支持;县委办公室、县政府办公室、史志办公室、发展和改革局、财政局、农业农村局、水务局、林业局、自然资源局、交通运输局、教育局、卫生健康局、文化广电旅游体育局、住房和城乡建设管理局、工业和信息化局、档案馆、人力资源和社会保障局、环境保护局、工业园区管理委员会等相关部门也给予了大量帮助;县政协副主席邓炳光对本书的编写,亲力亲为,给予具体指导,在此一并表示感谢。

编写革命老区县发展史,固化这些宝贵的精神财富和政治资源,在新时代具有重要的政治意义。它是传承红色基因,弘扬老区精神的实际行动;是讲好老区故事,展示老区形象的重要载体。由于编纂时间紧,缺乏编纂经验,不当之处,请批评指正。

《始兴县革命老区发展史》编纂委员会

2019年4月12日